南京大学CSSCI来源集刊

政治经济学报

The Chinese Journal of Political Economy

第9卷  Vol.9

孟 捷 龚 刚 主编

中国财经出版传媒集团
 经济科学出版社
Economic Science Press

图书在版编目（CIP）数据

政治经济学报. 第 9 卷 / 孟捷，龚刚主编. -- 北京：经济科学出版社，2017. 9
ISBN 978-7-5141-8386-3

Ⅰ. ①政… Ⅱ. ①孟… ②龚… Ⅲ. ①政治经济学—文集 Ⅳ. ①F0-53

中国版本图书馆 CIP 数据核字（2017）第 213250 号

责任编辑：范　莹
责任校对：王肖楠
责任印制：李　鹏

政治经济学报（第 9 卷）
孟　捷　龚　刚　主编
经济科学出版社出版、发行　新华书店经销
社址：北京市海淀区阜成路甲 28 号　邮编：100142
总编部电话：010-88191217　发行部电话：010-88191522
网址：www.esp.com.cn
电子邮箱：esp@esp.com.cn
天猫网店：经济科学出版社旗舰店
网址：http://jjkxcbs.tmall.com
北京财经印刷厂印装
787×1092　16 开　12.75 印张　240000 字
2017 年 9 月第 1 版　2017 年 9 月第 1 次印刷
ISBN 978-7-5141-8386-3　定价：42.00 元
（图书出现印装问题，本社负责调换。电话：010-88191510）

目录

CONTENTS

劳动价值论研究专辑：纪念《资本论》第一卷出版一百五十周年

劳动价值论与资本主义经济中的非均衡和不确定性

——对第二种社会必要劳动概念的再阐释*

孟　捷**

摘　要　20世纪初叶以来，在围绕马克思市场价值概念的争论中形成了两个不同的派别，以鲁宾为代表的第一个派别主张，市场价值概念是与均衡条件相对应的，仅仅取决于部门内的生产技术条件；以罗斯多尔斯基及国内魏埙、谷书堂等人为代表的另一派则主张，需求因素在市场价值的形成中扮演着重要作用，市场价值不必隶属于均衡条件。20世纪70年代，新李嘉图主义者斯蒂德曼对劳动价值论提出了一个著名的诘难，这个诘难恰好建立在第一派观点的基础上。要反驳斯蒂德曼，其前提是对社会必要劳动或市场价值的第二种概念重新加以阐释，并与第一种概念相协调。为此，本文试图在一个立足于资本积累基本矛盾的非均衡框架内，对市场价值的第二种概念作进一步阐释和发展。对于市场价值的决定起着重要作用的需求因素，在宏观层面是由资本家阶级的积累所决定的，因而相当程度上具有和价格变动无关的自主性。承认需求变动的这一自主性，是引入非均衡和接纳市场价值第二种概念的前提。对市场价值第二种概念的阐释表明，劳动价值论的分析功能不在于解释均衡价格水平，而旨在理解资本主义经济所固有的非均衡和不确定性。

关键词　劳动价值论　不确定性　非均衡　资本积累基本矛盾　第二种市场价值概念

---

*　本文是在旧作《劳动价值论与资本主义再生产中的不确定性》（发表于《中国社会科学》2004年第3期）的基础上，经修改扩充而成。尽管前后两篇论文在基本思想上是一致的，但也有如下重要区别：第一，本文接纳了罗斯多尔斯基、魏埙等人有关第二种市场价值的定义，并就第二种市场价值概念与非均衡的关系作了进一步探讨；第二，增添了有关市场价值概念的数理分析；第三，新撰了第2节的第2.4小节，以及第3节的第3.2、第3.3小节。文中还有多处补充或修改，这里不再一一枚举。为了显示与2004年旧文的区别，特地采用了现在的标题。本文将分别收入笔者的新著《价值和积累理论》（社会科学文献出版社）以及笔者与冯金华教授合著的《劳动价值新论》（中国人民大学出版社）中。

**　孟捷，复旦大学经济学院教授

20世纪70年代，英国学者斯蒂德曼出版了《按照斯拉法思想研究马克思》一书，从斯拉法的理论出发，对劳动价值论提出了一个著名的诘难。斯蒂德曼认为，以生产的标准技术条件和实际工资为前提，可以构造一个生产价格体系，直接求解出一组生产价格，而不必像《资本论》那样，先确立价值体系，然后再向生产价格体系转形。基于这种考虑，斯蒂德曼主张，既然劳动价值论的理论功用是为了得出生产价格理论，而生产价格可以在给定物量数据时直接求取，劳动价值论便是纯粹多余的，可以安然将其放弃。

本文的主要目的之一便是回答斯蒂德曼的这个诘难。虽然这个诘难早在半个世纪前就已提出，但自那时以来，马克思主义者一直没有达成一个足够充分并令人信服的反批判。针对斯蒂德曼的已有回应大都局限于指出，劳动价值论的分析功能在于理解资本主义的剥削关系；一旦放弃劳动价值论，我们将无法解释这种剥削的特殊性。[①] 在笔者看来，这类反批判就其本身而言固然是正确的，但把劳动价值论的分析功能局限于对剥削关系的解释，又造成了另一种片面性，即忽略了劳动价值论同时也是把握资本主义经济中固有的不确定性的理论工具，这种不确定性意指资本主义生产的手段和目的、条件和结果之间的联系的不确定性，它既存在于微观即个别企业的层面，也存在于宏观即整个经济的层面。价值概念所表达的这种不确定性，意味着劳动价值论是一个关于资本主义经济演化的非均衡理论的组成部分。

斯蒂德曼认为，《资本论》第一卷在起调节作用的（或标准的）生产技术条件与商品价值量之间建立了决定论式的因果关系。对《资本论》的这一解读，是斯蒂德曼得以提出上述诘难的理论出发点。令人遗憾的是，马克思主义者迄今为止并未对此解读提出一个透彻的批判，相反，许多人竟而默认了这种解读。《资本论》第一卷虽然详细考察了价值概念，但在那里价值概念仍是未完成的，必须结合在第三卷得到较多论述的市场价值概念，才能就生产的技术条件和商品价值量的关系达成一个全面的理解。在马克思经济学中，劳动价值论最终服务于建构一个关于资本主义经济的动态非均衡理论。而斯蒂德曼所倡导的那种对马克思价值概念的理解，只会将劳动价值论导向一种静态均衡理论。在此意义上，笔者以为，由斯蒂德曼引发的这场蔓延了半个世纪的争论，其意义远远超出了通常理解的价值转形问题的范围，而关涉到马克思经济学的理论特质和作为一种经济学范式的存在意义。

---

① 英国学者罗桑的下述论文代表了对斯蒂德曼的这一类回应，见 Rowthorn, B.,‘Neo-Classicism, Neo-Ricardianism and Marxism’, in *Capitalism, Conflict and Inflation*, London: Lawrance and Wishart, 1980. 在国内学者中，白暴力较早考察了斯蒂德曼的理论观点，他也提出："斯蒂德曼的实物利润理论不能说明利润的实体和资本主义社会的基本生产关系及社会本质——剥削。而马克思建立在劳动价值论基础上的剩余价值和利润理论则能完善地说明这些问题"。见白暴力:《论价格直接基础》，西北工业大学出版社 1986 年版，第 138 页。

1．问题的提出：斯蒂德曼对劳动价值论的诘难

在马克思主义经济学史上，有两次围绕“价值转形问题”（transformation problem）的争论。第一次争论肇始于20世纪初冯·鲍特基维茨对转形问题的研究。鲍特基维茨提出，马克思的转形方案仅限于将产出由价值转形为生产价格，投入或成本价格（不变资本和可变资本）则仍以价值来衡量，因而是不彻底的。基于这一考虑，鲍特基维茨重新设计了转形方案，将投入也由价值转形为生产价格。然而，在为模型求解时，鲍特基维茨发现，马克思针对价值转形提出的两个总量恒等式，即在转形之后全部产出的总价值等于总生产价格，总剩余价值等于总平均利润，无法同时得到满足，这便为后世的争论奠定了基础。[①]

由鲍特基维茨引发的这场争论，有时被称作“狭义转形问题”的争论。参与这一争论的学者——包括鲍氏本人在内——虽然在转形模型的设计上不同于马克思，但主观上仍然是坚持劳动价值论的，这一点与新李嘉图主义者斯蒂德曼迥然不同。斯蒂德曼认为由价值向生产价格转形，是逻辑上不必要的迂回，这便从根本上否定了劳动价值论，并开启了所谓“广义转形问题”的争论。[②]

为便于读者理解这些争论，这里引入一个由鲍特基维茨率先采用的包含三部门的经济体系，三部门分别是投资品、工资品和奢侈品部门。根据假设，工人只消费工资品，资本家只消费奢侈品。上述三部门年产品的价值构成为

$$C_1+V_1+S_1=W_1$$
$$C_2+V_2+S_2=W_2$$
$$C_3+V_3+S_3=W_3$$

其中，C、V、S分别代表不变资本、可变资本和剩余价值；W是各部门年产品的价值，记号的下标依次代表投资品、工资品和奢侈品部门。在这个价值体系的基础上，可以写出马克思的转形方案如下：

$$(C_1+V_1)(1+r)=W_1x$$
$$(C_2+V_2)(1+r)=W_2y$$
$$(C_3+V_3)(1+r)=W_3z$$

① 鲍特基维茨的研究在20世纪初发表后并未立即引起反响。20世纪40年代，斯威齐出版了《资本主义发展论》一书，向英语世界介绍了鲍特基维茨的理论观点。此后不久，即在50年代，出现了第一次、围绕转形问题的国际争论。自那时以来，转形问题的争论一直连绵不绝。关于转形问题的理论史，可参见张忠任：《百年难题的破解：价值向生产价格转形问题的历史与研究》，人民出版社2004年版。

② 斯蒂德曼：《按照斯拉法思想研究马克思》，商务印书馆1991年版。

此处r是一般利润率（严格讲来，这一利润率是所谓价值利润率，其定义为总剩余价值和总成本价格之比）；x、y、z分别是三个部门产品的生产价格—价值比率。依照鲍特基维茨开创的转形研究传统，可以假设第三个部门的生产价格—价值比率$z=1$，这样一来，我们就有三个方程和三个未知数（x，y，r），从而可以求出方程的唯一解。

鲍特基维茨对马克思的转形方案提出了批评，认为这一方案仅将产出加以转形，没有考虑投入或成本价格的转形。若将投入转形，则可写出鲍特基维茨的转形方案与马克思的方案不同，在这个体系中，不仅年产品的价值转形为生产价格，成本价格即$C+V$也同样实现了转形。相应地，在此体系中，一般利润率r也不再是通常理解的价值利润率，而是一种价格利润率。依然假设$z=1$，可求出该体系的三个未知数即x,y,r的唯一解。但问题是，正如鲍特基维茨所发现的，求解所得的结果，不能同时满足马克思为转形提出来的两个总量一致命题，即在转形后，总产品的价值等于其生产价格，总产品的剩余价值等于全部平均利润，从而引发了关于狭义转形问题的争论。不过，鲍特基维茨虽然是这场争论的发起者，其转形方案仍是从价值体系出发的，换言之，劳动价值论对他而言是默认的前提。与此不同，斯蒂德曼则进一步对劳动价值论本身提出了诘难。

$$(C_1x+V_1y)(1+r)=W_1x$$
$$(C_2x+V_2y)(1+r)=W_2y$$
$$(C_3x+V_3y)(1+r)=W_3z$$

斯蒂德曼首先追问，构成价值体系的各项价值量即是C,V,S,W如何被决定的。为此他诉诸《资本论》第一卷，在那里马克思写道："社会必要劳动时间是在现有的社会正常的生产条件下，在社会平均的劳动熟练程度和劳动强度下制造某种使用价值所需要的劳动时间"。[①]《资本论》第一卷的这一定义，通常被称为社会必要劳动的第一种含义，与社会必要劳动的第二种含义相对应。斯蒂德曼没有考虑社会必要劳动的第二种含义，而是直接从社会必要劳动的第一种含义出发，进一步提出产品的价值量取决于他所谓生产的物量数据（physical data of production），后者不仅包括以投入—产出消耗系数为代表的生产的技术条件，还涉及实际工资率。在斯蒂德曼看来，只要给出这样一套物量数据，就能计算出各部门产品的价值量，即得到一个价值体系。斯蒂德曼进而在马克思和斯拉法之间进行了比较，指出依照斯拉法的理论，给定一套生产的物量数据，还可以在撇开价值体系的前提下，直接得出一个生产价格体系。斯蒂德曼认为，既然《资本论》叙述逻辑的最终结果是为了得出生产价格体系，像马克思那样由生产的物量数据出发先

① 《资本论》第一卷，选自《马克思恩格斯全集》第23卷，人民出版社1972年版，第52页。

构筑一套价值体系，再将价值体系转形得出生产价格体系，就不如斯拉法的方法来得简洁，因而是逻辑上不必要的迂回。在此意义上，劳动价值论显得多余，"'转形问题'是一个虚幻的、无中生有的问题"。①

可以通过一个数例进一步说明斯蒂德曼的上述理论观点。假设经济中有三个部门，分别生产铁、谷物和黄金，三个部门的标准技术条件如表 1 所示。

表 1　　生产的物量数据：一个数例

部门	铁的投入	工作日	产出
铁	40	40	60
谷物	10	160	360
黄金	10	40	60
总计	60	240	

在表 1 的投入—产出关系中，铁是三个部门使用的唯一生产资料。工资率则假定为一天消费一单位谷物。由于工作日总量为 240，实际工资总量便为 240 单位谷物。在这个生产体系中，存在着物量形态的经济剩余，它由两部分构成，第一部分等于谷物的产量减去实际工资总量，即以 360 单位谷物减去 240 单位，等于 120 单位谷物；第二部分是奢侈品部门生产出来的 60 单位黄金，这部分黄金作为奢侈品完全由资本家消费。

现在我们从表 1 给定的物量数据出发，分别构造价值体系和生产价格体系。假设铁、谷物和黄金的单位价值量分别为 $\lambda_i, \lambda_c, \lambda_g$，可以写出下面的方程组：

$$
\begin{aligned}
40\lambda_i + 40 &= 60\lambda_i \\
10\lambda_i + 160 &= 360\lambda_c \\
10\lambda_i + 40 &= 60\lambda_g
\end{aligned}
$$

解此方程组，得 $\lambda_i = 2, \lambda_c = 1/2, \lambda_g = 1$，据此可求出上述三个部门的不变资本和总产品的价值。若再用各部门的工作日减去所对应的可变资本（后者等于各部门实际工资总额乘以谷物的单位价值），还可得出各部门的剩余价值，它们分别为 20 单位、80 单位、20 单位。三部门年产品的价值构成就可写为：

$$
\begin{aligned}
80C + 20V + 20S &= 120 \\
20C + 80V + 80S &= 180 \\
20C + 20V + 20S &= 60
\end{aligned}
\tag{1}
$$

该体系中的价值利润率（即总剩余价值 / 总成本价格）为 0.5。

① 斯蒂德曼：《按照斯拉法的思想研究马克思》，商务印书馆 1991 年版，第 2 页。

在马克思和鲍特基维茨那里，上述价值体系构成了向生产价格体系转形的起点。而在斯蒂德曼看来，在表1给定的物量数据的基础上，无需经过价值体系的中介，直接就可得出生产价格体系。假定w为货币工资率，p_i, p_c, p_g分别为铁、谷物和黄金的生产价格，按照斯拉法的方法可以写出：

$$\begin{aligned}(40p_i+40w)(1+r)&=60p_i\\(10p_i+160w)(1+r)&=360p_c\\(10p_i+40w)(1+r)&=60p_g\end{aligned}\qquad(2)$$

其中，r为价格利润率。由于假设工人每天消费1单位谷物，故而p_c和w相等，另设$p_g=1$，则可解得$r=0.37, p_i=3.15, p_c=w=0.305$。

依照斯蒂德曼的观点，上述结果和通过鲍特基维茨的转形方案最终得到的结果是等价的。鲍特基维茨的转形方案可以写为：

$$\begin{aligned}(80x+20y)(1+r)&=60x\\(20x+80y)(1+r)&=360y\\(20x+40y)(1+r)&=60z\end{aligned}\qquad(3)$$

其中，x,y,z是产品的生产价格－价值比率，求解结果见表2的第（2）列数字。将式（2）和式（3）相比较可以看到，根据鲍特基维茨模型得到的式（3）由式（1）所代表的价值体系脱胎而来，斯蒂德曼根据斯拉法方法得到的式（2）则无须价值体系的中介。然而，若从结果即最终得到的一组生产价格和价格利润率的数值来看，两种进路并无不同，表2说明了这一点。

表2　转形后的结果：数值比较

（1）	（2）	（3）
作为出发点的价值	鲍特基维茨方程中的价格—价值比率和价格利润率	转形后的生产价格＝（1）×（2）
$\lambda_i=2$	$x=1.575$	$p_i=\lambda_i\cdot x=3.15$
$\lambda_c=1/2$	$y=0.61$	$p_c=\lambda_c\cdot y=0.305$
$\lambda_g=1$	$z=1$	$p_g=\lambda_g\cdot z=1$
价值利润率$r=0.5$	价格利润率$r=0.37$	

将表2给出的价格利润率和生产价格与根据斯拉法体系解出的结果相比较，可以看到两者在数值上是完全一致的。斯蒂德曼就此得出结论："既然马克思的各种劳动量完全是以物质形式表现的实际工资和生产条件的衍生物，而这些物质的量本身足以决定利润

率和生产价格，我们马上就可以得出结论，对于利润率和生产价格的决定来说，劳动时间量是没有意义的。”①

斯蒂德曼的著作问世后，在西方政治经济学界产生了巨大影响。反对劳动价值论的人士自以为从他那里找到了有力的论据。而斯蒂德曼的马克思主义对手，一方面试图批判斯蒂德曼，另一方面却有意或无意地接受了他的理论预设，即在生产的物量数据和商品价值量之间所建立的单向的、决定论的关系。这样一来，马克思主义的批判就没有触及问题的要害，无法真正驳倒斯蒂德曼。

斯蒂德曼对劳动价值论的诘难，促使我们进一步反思生产的物量数据（尤其是生产的技术条件）和商品价值量之间的关系，并在全面考察马克思文本的基础上以一种不同于斯蒂德曼的方式解释这种关系。在此，有必要把本文的主要结论概括如下：在一个部门内起调节作用的生产技术条件，是不能脱离价值概念预先给定的，相反，价值概念是用来把握这种技术条件的必不可少的理论工具。美国著名马克思主义经济学家谢克曾提出了与此结论十分近似的观点，他写道：“什么决定了生产的物量数据呢？在马克思那里，答案是清楚的：这便是劳动过程。正是人类的生产活动，劳动的实际支出，把‘投入’变成了‘产出’，并且仅当劳动顺利地完成，我们才能有‘生产的物量数据’。此外，如果劳动过程是商品生产过程，价值在这个过程中会物化在使用价值的形式上。无论投入和产出都是体现为使用价值形式的物化价值，我们可以说，在实际过程中，是价值决定了生产的物量数据”。②遗憾的是，在谢克那里这样重要的观点并没有得到进一步的论证，尤其是谢克没有意识到，要论证这一观点还有赖于重建马克思的市场价值理论。斯蒂德曼对生产技术条件和商品价值量的关系的理解，是以《资本论》第一卷对社会必要劳动时间的定义为基础的，这个定义并没有穷尽价值概念的含义。《资本论》对价值概念的规定，经历了从抽象到具体的过程，这一过程最终在《资本论》第三卷才接近完成，在那里马克思提出了更为具体的市场价值概念和社会必要劳动的另一种含义。只有在全面考察和重建马克思市场价值理论的基础上，才有可能回应斯蒂德曼的诘难，这也是笔者在本文中为自己设定的任务。

① 斯蒂德曼：《按照斯拉法的思想研究马克思》，商务印书馆 1991 年版，第 42 页。

② Shaikh, A., 'Neo-Ricardian Economics—A Wealth of Algebra, A Poverty of Theory', *Review of Radical Political Economics*, vol. 14, no.2, 1982, pp.71-72.

2. 围绕两种市场价值概念的争论

2.1 两种市场价值概念与再生产均衡

在《资本论》里，尤其是在第三卷第十章，马克思为我们留下了两种社会必要劳动或两种市场价值理论。第一种理论可称作由生产的标准技术条件所决定的市场价值理论，用马克思的话来说："市场价值，一方面，应看作是一个部门所生产的商品的平均价值，另一方面，又应看作是在这个部门的平均条件下生产的、构成该部门的产品很大数量的那种商品的个别价值"。[①] 这个观点与《资本论》第一卷开篇对社会必要劳动时间的规定是一致的。依照这个观点，商品供求条件对市场价值自身的确定没有影响，只是造成市场价格围绕市场价值这个中心而波动。

第二种理论可称作由需求参与决定的市场价值理论，按照这个理论，需求条件的变化，对商品市场价值的决定有直接影响。在《资本论》第一卷第三章讨论货币和商品的形式变换即 W-G-W 这个公式的时候，马克思就已涉及这个理论。马克思提出，假定有一个织麻布者，生产出为社会所需要的麻布，这些麻布能吸引多少货币呢？马克思就此回答道：

"当然，答案已经由商品的价格即商品价值量的指数预示了。……假定他（引者注：织麻布者）耗费在他的产品上的只是平均社会必要劳动时间。因此，商品的价格只是物化在商品中的社会劳动量的名称。但是，织麻布业的以往可靠的生产条件，没有经过我们这位织麻布者的许可而在他的背后发生了变化。同样多的劳动时间，昨天还确实是生产一码麻布的社会必要劳动时间，今天就不是了。货币所有者会非常热心地用我们这位朋友的各个竞争者定出的价格来说明这一点。真是不幸，世上竟有很多织麻布者。最后，假定市场上的每一块麻布都只包含社会必要劳动时间。即使这样，这些麻布的总数仍然可能包含耗费过多的劳动时间。如果市场的胃口不能以每码2先令的正常价格吞下麻布的总量，这就证明，在全部社会劳动时间中，以织麻布的形式耗费的时间太多了。其结果就象每一个织布者花在他个人的产品上的时间都超过了社会必要劳动时间一样。"[②]

在这里，"每一码的价值也只是耗费在麻布总量上的社会劳动量的一部分的化身"[③]，这个"社会劳动量"所带来的使用价值量，有可能在现行价格下过剩，这样一来，每一

① 《资本论》第三卷，选自《马克思恩格斯全集》第25卷，人民出版社1974年版，第199页。

② 《马克思恩格斯全集》第23卷，人民出版社1972年版，第125~126页。

③ 《马克思恩格斯全集》第23卷，人民出版社1972年版，第126页编者注2。

码麻布的价值量，或生产每一码麻布所需要的社会必要劳动时间，就必须同这种商品的社会需要的规模相适应而重新加以确定。

在《资本论》第三卷，马克思进一步发挥了这些观点。在地租篇的一段重要论述中，马克思提出社会必要劳动时间还“包含着另一种含义”：

“事实上价值规律所影响的不是个别商品或物品，而总是各个特殊的因分工而互相独立的社会生产领域的总产品；因此，不仅在每个商品上只使用必要的劳动时间，而且在社会总劳动时间中，也只把必要的比例量使用在不同类的商品上。这是因为条件仍然是使用价值。但是，如果说个别商品的使用价值取决于该商品是否满足一种需要，那末，社会产品总量的使用价值就取决于这个总量是否适合于社会对每种特殊产品的特定数量的需要，从而劳动是否根据这种特定数量的社会需要按比例地分配在不同的生产领域。……在这里，社会需要，即社会规模的使用价值，对于社会总劳动时间分别用在各个特殊生产领域的份额来说，是有决定意义的。但这不过是已经在单个商品上表现出来的同一规律，也就是：商品的使用价值，是它的交换价值的前提，从而也是它的价值的前提。……社会劳动时间可分别用在各个特殊生产领域的份额的这个数量界限，不过是整个价值规律进一步发展的表现，虽然必要劳动时间在这里包含着另一种意义。为了满足社会需要，只有这样多的劳动时间才是必要的。在这里的界限是通过使用价值表现出来的”。①

围绕两种市场价值概念的争论，在某种程度上源于对规定和定义这两种方法的不同理解。从辩证方法的角度看，规定和定义是不同的，市场价值的双重含义事实上是两个具有互补性的规定，而不是彼此无关的、呆板的定义，这些貌似不同的规定在从抽象到具体的叙述过程中，最终将被综合为一个具体整体。匈牙利哲学家卢卡奇曾就规定和定义的区别作过一个透彻的说明，不妨引述如下：“我们是从规定的方法而不是从相反地从定义的方法出发的。这样我们就能回到辩证法的真实性基础上，回到对象的外延和内涵的无限性及其关系上来。……定义是将其自身的局部性固定为终极的东西，这就必然歪曲现象的基本特性。而规定从一开始就将其自身视为多少带有暂时性的、需要补充的、其本质是在不断发展不断形成的、具体化的东西。……我们只能逐渐地、一步一步地接近对象，且对同一对象要在不同的联系中、在与各种其他对象的不同的关系中开展考

① 《马克思恩格斯全集》第 25 卷，人民出版社 1974 年版，第 716~717 页。重点标识为引者添加。

察，并不否定这种方法在起始时的规定——把它作为错误的——而是相反地使它不断丰富、不断去接近该对象的无限性”。[①] 这段话有助于我们在方法论上理解两种市场价值规定之间的关系。这两种规定不是相互矛盾的，沿着第二种市场价值概念的方向发展马克思的市场价值理论，并非要否定第一种概念，将其视为错误，而是使其与新的规定相综合，得以丰富和发展。第一种市场价值概念是以均衡为前提的，当叙述过程进一步展开时，市场价值又会受到与非均衡相伴随的需求因素的影响，但即便如此，生产的技术条件仍然是市场价值的决定因素之一。

在马克思主义经济学史上，围绕市场价值概念的争论最早发生在20世纪20年代的德国和苏联，当时非常活跃的俄国经济学家鲁宾（又译卢彬）的著作记录了这场争论。[②] 70年代，鲁宾的著作首度翻译为英文，随即产生了广泛的国际影响。鲁宾将第二种社会必要劳动称作“社会必要劳动的‘经济’概念”，并对争论双方的立场做了如下概括：“社会必要劳动的‘经济’概念是指，……商品的价值不仅取决于生产率（它表现为在给定的平均技术条件下生产一种商品所必须的劳动量），而且取决于社会需要或需求。这个概念的反对者（即那些认为社会必要劳动时间由‘技术’决定的人）则反对道，需求的变化，如果没有伴随着生产率和生产技术的变化，只能带来市场价格对市场价值的暂时的偏离，而不会给平均价格带来长期的永久的变化，也就是说，不会带来价值本身

① 卢卡奇:《审美特性》第一卷，徐恒醇译，中国社会科学出版社1986年版，前言，第16~17页。卢卡奇在该书前言里还提到，德国社会学家韦伯（卢卡奇曾是他的学生）在致卢卡奇的一封信中，曾将马克思的这种辩证方法比作易卜生的戏剧——直至剧终人们才理解它的开端的含义。

② 《资本论》第三卷问世后，上述两种市场价值概念的差异乃至矛盾并没有立即在马克思主义内部或外部引发争论。庞巴维克是第一个从外部对劳动价值论发起攻讦的资产阶级经济学家，他曾就价值转形、复杂劳动还原等一系列劳动价值论的核心问题提出了尖锐的批评，却唯独没有触及市场价值的两种概念。与庞氏展开论战的希法亭也没有区分这两种概念，但是，希法亭依靠正确的理论本能，看到了将两种市场价值概念结合起来的必要性，他写道：“经验能帮助我确定的，是为生产一种具体产品所需要的劳动的具体支出。这个具体劳动在多大程度上是社会必要劳动，也就是说，在多大程度上影响着价值的形成，要在下述条件下才能决定，也就是说，我需要知道生产率的实际平均水平、这一生产力所要求的强度，还需要知道社会需要多大数量的这种产品。而这意味着，我们在向个人询问社会所执行的职能。因为社会是唯一有能力计算价格水平的会计，而且社会为此目的所使用的方法是竞争的方法。在市场的自由竞争中，社会把一种产品的所有生产者所耗费的具体劳动当作一个整体，而且社会只偿付那些其耗费是社会必要耗费的劳动，因此正是社会表明了，具体劳动在多大程度上真正参与了价值形成和价格的确定。而‘劳动券’和‘构成价值’的乌托邦则是建立在下述幻想的基础上：理论上的衡量尺度同时直接就是实际中的衡量尺度。与这种观念相适应的是把价值理论看作获得一张价目表的手段，这张价目表越稳定越公平越好，而不是把价值理论看作‘发现现代社会运动规律的工具’”。Hiferding, R.,‘Bohm- Bawerk’s Criticism of Marx’, in Sweezy, P., ed., *Karl Marx and the Closure of His System,* New York: Augstus M. Kelley Publishers, 1966, pp.146-147（重点号为引者所加）。希法亭在此谈到的“劳动券”和“构成价值”的观念，分别来自空想社会主义者格雷等人和小资产阶级社会主义者蒲鲁东，并为马克思所批判。

的变化”。[①] 此后，在马克思主义经济学中间一直存在着两种相互对立的立场，但相较而言，市场价值的第一种概念具有更大的影响。日本著名马克思主义经济学家伊藤诚试图分析造成这一现象的原因，他写道:“如果供给和需求的比率决定市场价值的水平，那么价值由生产这种商品的内含的抽象劳动量所决定这一点就会受到损害，而且这样做类似于边际主义以供给和需求决定价格的理论。为了避免这一立场，多数马克思主义者在传统上偏爱马克思对市场价值的第一种定义，把市场价值理解为由生产一种给定商品在技术上所需要的平均劳动时间所决定的”。[②] 然而，第二种市场价值理论与边际主义理论的相似性只是表面的，双方对需求及其作用的理解截然不同，在边际主义看来，需求变动是与产品价格严格地成反比的，而在第二种市场价值理论中，需求的改变在相当程度上具有和价格无关的自主性。更重要的是，边际主义的最终目的是要达成一种均衡理论，以说明资本主义经济天然具有内在的稳定性；而第二种含义的市场价值是揭示资本主义经济演化所固有的非均衡和不确定性特点的理论工具。在研究旨趣上，两种理论可谓截然相反。事实上，与边际主义的理论旨趣和分析假设真正体现出某种近似性的，反而是市场价值的第一种理论，这一点通常易为人忽略。这种近似性体现在，第一种市场价值理论依赖于均衡假设，并把劳动价值论理解为一个关于资本主义经济的均衡理论的组成部分。

在斯蒂德曼诘难提出以后，继续坚持第一种市场价值概念就变得十分困难了。由新李嘉图主义者挑起的这场论战，暴露出市场价值第一种理论的局限性，同时也使第二种市场价值理论成为唯一合理的发展方向。但令人遗憾的是，并不是所有马克思主义者都明确意识到这一点。

市场价值的第一种概念是与部门，乃至整个经济的供求均衡相对应的；在供求失衡时，市场价格与市场价值相偏离，但市场价值本身仍由平均的技术条件所决定。从文本来看，这一理论和马克思的观点不尽符合。在《资本论》第三卷第十章，马克思曾明确将市场价值的决定和需求因素联系了起来:“在一定的价格下，一种商品只能在市场上占有一定的地盘；在价格发生变化时，这个地盘只有在价格的提高同商品量的减少相

① Rubin, I.I., (1928) *Essays on Marx's Theory of Value*, Detroit: Black and Red, 1972, p.185. 在我国经济学界，对两种社会必要劳动概念的探讨最早是由魏埙和谷书堂在 1955 年进行的，后者在 20 世纪 50 年代初接受过苏联专家的培训（见魏埙、谷书堂:“价值规律在资本主义各个阶段中的作用及其表现形式”,《南开大学学报（经济科学版）》1955 年第一期；以及魏埙、谷书堂:《价值规律在资本主义各个阶段中的作用及其表现形式》，上海人民出版社 1961 年三版）。此后，在 1956~1958 年、1962 年前后及 1982 年前后，分别出现了三次围绕该问题的争论。对这几次争论的简要介绍，可参见谷书堂、杨玉川:“对价值决定和价值规律的再探讨”，载于《经济研究》1982 年第 2 期，第 18 页附注。

② Itoh, M., *Value and Crisis,* New York: Monthly Review Press, 1980, p.84.

一致，价格的降低同商品量的增加相一致的情况下，才能保持不变。另一方面，如果需求非常强烈，以致当价格由最坏条件下生产的商品的价值来调节时也不降低，那末，这种在最坏条件下生产的商品就决定市场价值。这种情况，只有在需求超过通常的需求，或者供给低于通常的供给时才可能发生。最后，如果所生产的商品的量大于这种商品按中等的市场价值可以找到销路的量，那末，那种在最好条件下生产的商品就调节市场价值”。[①] 在这段话里，马克思同时提到了需求变动和商品价格的两种关系：第一，需求变动和价格成反比，即当价格上升时需求下降，价格下降时需求上升；第二，需求的变化具有与价格无关的自主性，这意味着，即便价格提高，需求也有可能不减少，反之，即便价格下降，需求也可能不扩张。假如需求严格地伴随价格升降而反向变动，就不会出现马克思所分析的两种极端情形，即由最坏条件或最好条件下形成的个别价值调节市场价值，而只会出现市场价格与市场价值的偏离；在出现这种偏离后，市场还会自动调整，最终使产量和价格稳定在一个均衡点，形成由均衡产量和均衡价格（市场价值）构成的稳定组合。正如我们在下一节将要看到的，鲁宾就是利用需求和价格的这种函数关系，来论证市场价值第一种理论的。反之，如果我们承认需求的变动具有与价格无关的自主性，市场的这种自动调整机制及其所带来的唯一稳定的均衡组合就变得没有意义了。

在上述论断中，马克思没有进一步讨论与两种极端情形相对应的需求条件是如何形成的，而只是抽象地谈论了这类需求条件存在的可能性。一方面，价格下降，需求却不扩张，是与部门内产品的结构性过剩相联系的；另一方面，价格提高，需求却不减少，对应于部门的结构性稀缺。在《资本论》的地租篇，我们可以发现后一类情形的实例；至于前一类情形，则存在于那些出现周期性生产过剩的工业部门中。结构性过剩和结构性稀缺的并存和在一定条件下的相互转化，正是经济增长过程中结构性转变的特征，也是经济非均衡的表现形式。[②]

在其名著《马克思〈资本论〉的形成》中，罗斯多尔斯基以马克思的前引论述为依据，主张在下述意义上理解市场价值，以及市场价格和市场价值的关系：“市场价值只能在由三种生产类型中的某一种所决定的生产条件（引者注：从而也是由个别价值决定）的限度内运动。”“如果由于市场的变动，大多数商品按照高于在较坏条件下生产的商品的个别价值出售，或者相反，按照低于在较好条件下生产的商品的个别价值的价值出

① 《马克思恩格斯全集》第25卷，人民出版社1974年版，第199~200页。

② 在《资本论》第三卷第十章，需求变动和价格无关的假设，与需求是价格的函数这一假设是杂然并存的，马克思虽然意识到两者的区别，但没有充分展开以讨论两种假设的意义。

售，市场价格就会在实际上偏离市场价值”。[①]

根据罗斯多尔斯基的解释，第一，市场价值对应于部门内某种既有的个别价值，但未必等于由平均的生产条件所决定的个别价值；第二，供求因素可以参与市场价值的决定，但其影响被局限在一个限度内，即供求只能导致市场价值在最坏或最好的生产条件之间变动；一旦超出这个范围，供求变化就只影响市场价格与市场价值的偏离，而不影响市场价值本身。

在我国，魏埙和谷书堂在20世纪50年代中期也提出了类似观点。他们写道：“供求状况在一定条件下（劳动生产率不变）可以调节社会价值，使之或是与社会平均条件下的个别价值相一致，或是和优等或劣等条件下的个别价值相一致。”[②]以罗斯多尔斯基、魏埙和谷书堂为代表的这类解释，代表了以第二种市场价值概念为前提、协调市场价值两种理论的重要尝试。笔者赞同并试图发展这种解释。值得强调的是，罗斯多尔斯基在讨论市场价值的形成时，没有为其附加任何均衡条件，这意味着，当市场价值由较高或较低的生产率水平调节时，该部门（乃至整个社会生产）可能处于市场供求失衡乃至再生产失衡的状态。在一篇发表于1982年的论文里，谷书堂和杨玉川更为明确地指出：应该在商品供求不均衡的前提下开展对第二种市场价值概念的分析；在非均衡的前提下，市场价值可能和通过加权平均得到的市场价值无关，而直接等于最优或最劣生产条件下的个别价值。[③]然而，无论罗斯多尔斯基还是谷书堂等人，都没有从方法论上明确提出前文所指的关键问题，即对需求和价格的关系应作出有别于传统的解释，并以此为前提讨论非均衡与市场价值决定的关系。

为了后文讨论的方便，这里需要对马克思经济学中的均衡概念略作讨论。在笔者看来，马克思的均衡概念不仅包含通常意义的市场供求均衡（即在市场上以现行价格出清其产出），而且涉及再生产均衡，后一概念是马克思在考察再生产图式时提出来的。从再生产图式可以看到，两大部类的均衡条件一方面涉及年产品的价值量均衡，另一方面涉及实物供求平衡，这两者构成了再生产均衡的双重维度。在马克思对再生产图式的分析中，由于抽象了价格调整机制，价值量均衡和实物供求均衡是同时实现或同时破坏

---

① 罗斯多尔斯基：《马克思〈资本论〉的形成》，山东人民出版社1992年版，第三章第五节，尤见第102~105页。

② 魏埙、谷书堂（1956）：《价值规律在资本主义各个阶段中的作用及其表现形式》，上海人民出版社1961年版，第6页。不过，在和第一种理论的拥护者辩论时，谷书堂等人有时陷入了误区，以为供求只影响价格与价值的偏离，而不涉及市场价值决定本身，例如他们说：“第二种含义的社会必要劳动时间参与价值决定，而市场供求只决定市场价格与价值的差额，只决定价值实现，两者怎么可以混同呢？”参见谷书堂、杨玉川：“对价值决定和价值规律的再探讨”，载于《经济研究》1982年第2期，第22页。

③ 谷书堂、杨玉川：“对价值决定和价值规律的再探讨”，载于《经济研究》1982年第2期，第20~21页。

的，换言之，两者是互为条件的。如果引入价格调整机制，则有可能出现以下情况：当价值量平衡条件不能实现时，可以通过价格调整实现实物量的供求均衡。以生产投资品的第一部类为例，在扩大再生产条件下，第一部类可能出现下述价值量的非均衡：

$$C_1 + V_1 + S_1 > C_1 + C_2 + S_{1c} + S_{2c}$$

其中，C, V, S 分别代表不变资本、可变资本和剩余价值；S_c 代表投资；下标中的数字分别代表两个部类。此时通过价格向下调整，可实现投资品的市场供求均衡（即实物供求均衡），但问题是，投资品的价值量并未因此全部得到实现。另一种调整途径是产量调整，第一部类此时可以限制产量，即通过降低产能利用率，来实现市场或实物的供求均衡。在这些情况下，尽管可实现市场供求均衡，但都不存在完整意义的再生产均衡。在凯恩斯经济学中，类似情形被称为非充分就业的均衡。①

在马克思那里，两大部类是由不同部门组成的，对均衡的讨论也可以拓展到部门这一层次。在市场或实物供求均衡之外，各部门同样存在与其他部门的价值量均衡问题。这种价值量均衡可以用部门总产出的个别价值总额与市场价值总额相等来定义。在由最好或最坏技术条件下的个别价值调节市场价值的情形中，不存在这种意义的部门再生产均衡。

均衡概念和假设在马克思经济学中具有双重意义：第一，马克思对资本主义生产方式运动规律的分析要以市场均衡和再生产均衡为前提，因为只有在均衡前提下，这些规律和现象才能在“它们的合乎规律的、符合它们的概念的形态上来进行考察”。②第二，正如马克思所说，在现实中，均衡几乎是不存在的，在科学上的意义等于零。③作为理论假设，均衡条件只是分析非均衡的参照系和出发点，非均衡才是全部分析的最终目标。这意味着，在一定的分析阶段，必须放弃与均衡相关的假设，转向对非均衡的分析。

应予指出的是，均衡概念和均衡假设的双重意义，在马克思那里并未得到令人满意的协调。一个突出的例子是他对利润率下降的分析，在笔者考察置盐定理的时候，曾专

① 谷书堂和杨玉川也试图界定马克思的均衡概念，但他们的局限是：第一，没有足够清晰地区分再生产均衡和市场供求均衡；第二，对再生产均衡的双重含义——即同时包含价值量均衡和实物均衡——也未作分梳，而只着重谈论了再生产中的实物量均衡；第三，片面地强调了市场供求均衡与再生产实物均衡的区别，相对忽略了市场供求均衡与再生产均衡的联系。参见谷书堂、杨玉川：“对价值决定和价值规律的再探讨，”载于《经济研究》1982年第2期，第21~22页。

② 《马克思恩格斯全集》第25卷，人民出版社1974年版，第212页。

③ 例如马克思说：“供求实际上从来不会一致；如果它们达到一致，那也只是偶然现象，所以在科学上等于零，可以看作没有发生过的事情。”参见《马克思恩格斯全集》第25卷，人民出版社1974年版，第212页。

门讨论了这一问题。[①] 利润率下降本来应该作为非均衡的表现形式，而在马克思那里，对此规律的讨论却是以假设再生产均衡为前提的。后世马克思主义者对待均衡假设的态度，更常常出现偏差，一方面，一些马克思主义者从均衡假设的重要性出发，忽略或排斥对非均衡的分析。在劳动价值论研究中，这一点体现在，他们往往坚持价值概念要以均衡条件为前提，忽略了价值或市场价值同时也是分析非均衡的概念工具。俄国学者鲁宾便是这类倾向的突出代表。另一方面，也有一些马克思主义者从非均衡着眼，批评马克思仅仅探讨了保持均衡所需的条件，而忽略了对非均衡的分析。罗莎·卢森堡对《资本论》第二卷再生产图式的批评便是这种态度的典型例子。在后文的分析中，我们将尝试把均衡概念的双重意义辩证地统一起来。在方法上，这意味着必须明确揭示均衡分析所依赖的假设，弄清必须在何时放弃这些假设，以便及时地转向非均衡分析。

2.2 鲁宾对市场价值第二种理论的批判

鲁宾的著作提供了对市场价值第一种理论的全面辩护，以及对市场价值第二种理论的全面批判。鲁宾主张，市场价值的形成是与正常的供求形势或市场均衡状态相对应的。在他看来，马克思在《资本论》第三卷第十章的讨论区分了下述两种情形：第一，生产率最先进的那类企业的产品在市场上占据多数，市场价值也由这类企业的个别价值所决定；第二，市场价值在正常条件下由该部门的平均价值所决定，但由于过度供给，市场价格低于市场价值，且市场价格由生产率最先进的那类企业的个别价值所决定。

在第一种情形下，产品按照先进企业的个别价值出售，意味着市场处于正常状态，在该部门与社会生产其他部门之间存在着长期而稳定的均衡。在第二种情形下，产品虽然也按照先进企业的个别价值来出售，但这是由不正常的过度供给引起的，并将不可避免地造成该部门产量的缩减，也就是说，在该部门和社会生产其他部门之间存在非均衡。在第一种情形下，产品按照市场价值出售；在第二种情形下，市场价格偏离了由社会必要劳动时间决定的市场价值。[②]

鲁宾对上述两种情形的区分是否契合马克思的文本，是非常值得怀疑的。在前文的引述中，马克思就表达了与鲁宾不同的观点："如果所生产的商品的量大于这种商品按中等的市场价值可以找到销路的量，那末，那种在最好条件下生产的商品就调节市场价值"。在这里，马克思丝毫没有提及在极端条件下生产的产品是否居于多数，以及该部门是否存在市场供求均衡。

---

① 孟捷、冯金华："非均衡与平均利润率的变化：一个马克思主义的分析框架"，载于《世界经济》2016年第6期。

② Rubin, I. I., (1928) *Essays on Marx's Theory of Value,* Detroit: Black and Red, 1972, p.182.

表3　部门内三种生产条件下的个别价值、产出和市场价值

生产条件	个别价值	产出	通过加权平均取得的市场价值（λ^a）	需求参与决定的市场价值（λ^*）
最好	2	200	2.27	2.04
中等	4	10		
最坏	6	10		

可以借助一个数例，来表达依据产出所占比重而求得的第一种含义的市场价值与第二种含义的市场价值的区别。设经过加权平均求得的市场价值为λ^a，根据表3的数字可得

$$\lambda^a = \frac{2\times200+4\times10+6\times10}{200+10+10} = \frac{500}{220} = 2.27$$

由于最优条件下的产出所占权重最大，所求得的市场价值也最接近于该生产条件下的个别价值，换言之，最优条件下的个别价值此时起着调节市场价值的主要作用。

再假设该部门总产出的个别价值总和（等于500）不能全部实现，即存在部门再生产的非均衡，且通过价格调整，全部产品销售后可以实现450单位的价值量。在这种情况下，第二种含义的市场价值（假设为λ^*）就等于可实现个别价值总量除以部门总产出，即有

$$\lambda^* = \frac{450}{220} = 2.04$$

这一结果低于经过加权平均得到的市场价值，但接近于最优条件下的个别价值。在鲁宾看来，最优条件下的个别价值此时只决定市场价格；而在市场价值的第二种理论看来，只要需求不会进一步增加，最优条件下的个别价值就是市场价值。①

鲁宾坚持认为，市场价值的确定要以再生产均衡和市场均衡的成立为前提，这一见解在方法论上具有典型意义。他写道："市场价值是与理论上界定的各个生产部门之间的均衡状态相适应的。如果商品按照市场价值出售，均衡就得到维持。或者说，该部门的生产就不会不顾其他部门而扩张或收缩。不同生产部门之间的均衡，社会生产和社会需要之间的协调，市场价格和市场价值的一致——所有这些因素都是相互密切联系和共存的。"②在此观点的指引下，鲁宾对第二种市场价值概念，即他所谓"市场价值的经济概

---

① 需要指出的是，第二种含义的市场价值还可以这样来求取，即以第一种含义的市场价值乘以产品价值的实现率ϕ，根据前面的数值，$\phi = \frac{450}{500}$，从而有$\lambda^* = \phi\lambda^a$，即$2.27\times\frac{450}{500} = 2.04$。

② Rubin, *op cit.*, pp.178-179. 在鲁宾看来，不同部门之间的均衡（实际上就是包括价值量和实物量双重均衡的再生产均衡）是长期而稳定的市场供求均衡的前提。

念”——展开了细致的批判。由于第二种市场价值概念主张需求因素参与市场价值的形成，对需求概念的讨论就成为鲁宾关注的重点。鲁宾认为，对某种商品的均衡需求量取决于该商品的均衡价格即市场价值。他写道：“倘若我们假设一个既定的需要（needs）水平和既定的人口所有的收入水平，那么技术的状况决定了产品的价值（引者注：或均衡价格），而价值又进而决定了正常的需求量（引者注：或均衡产量），以及相应的供给量。”[①] 实际的市场价格和需求量围绕上述均衡价格和均衡产量而波动。如果市场价格低于市场价值（或均衡价格），需求就会增加，面对扩大的需求量，供给便会缩减，此时资本流到其他部门，并导致价格和需求量的进一步调整；如果市场价格高于市场价值，则有相反的调整过程。在商品的需求曲线上，尽管存在各种价格和产量的组合，但从长期看，只有均衡价格和均衡产量这一组合是稳定的。

依照鲁宾的上述观点，生产力或技术的发展水平决定商品的单位价值量（或其均衡价格），单位价值量决定需求量，需求量又决定供给即产量。将此观点和马克思相比较，会发现两者间的明显差异。《资本论》第一卷讨论了劳动生产率进步与商品单位价值量和使用价值量变动的关系，马克思提出，生产率进步与单位价值量的变动成反比，与使用价值量的变动成正比。在《资本论》第三卷，马克思进而指出，在剥削率不变的前提下，单位商品价值量的下降会造成单位利润的减少。在这种情况下，要维持利润总量的增长，使用价值量的实现就变得至关重要。换言之，劳动生产率与单位价值量成反比，与使用价值量成正比这两个规律，潜在地构成了资本积累内在矛盾进一步发展的动力。[②] 与马克思的见解不同，鲁宾只承认生产率的变动会影响单位商品价值量，而刻意回避了生产率进步对供给量的影响。在他那里，生产率进步以价值或均衡价格的变动为中介，在调节需求的同时也调节供给，最终在供求之间自动达成均衡。这一观点明显地更接近新古典经济学，而不同于马克思。[③]

值得注意的是，鲁宾在提出上述命题时，还从概念上区分了需求（demand）和社会需要（social needs）。在他看来，需求取决于价格，即与价格成反比，而社会需要则可因价格以外的原因而变动。[④] 对需求和需要的这种区分是武断的，但正由于这种区分，他才得以把需求严格定义为均衡价格乃至生产率的函数，而把社会需要的变动作为外生的、偶然出现的情况在分析上予以排除。后文将进一步指出，需求并不只是价格或生产

① Rubin, *op cit.*, p.190.

② 参见孟捷：《马克思主义经济学的创造性转化》，经济科学出版社 2001 年，第 4 章里的讨论。

③ 鲁宾承认，他在论证市场价值第一种概念时所采用的一些术语，如“均衡价格”和“均衡产量”，均来自马歇尔。Rubin, *op cit.*, p.189 and note 4.

④ 例如，鲁宾提到，天气变化可以导致对棉布的需要发生变化。*Ibid*, pp.186, 188,192.

率变动的函数，对需求具有决定性影响的是资本家阶级的积累活动。由于积累的规模和方向是无法预先确定的，有效需求的形成也是不确定的。如果依从鲁宾的主张，认为需求的变动仅仅取决于商品的价格或价值，而价值又取决于生产率发展的水平，则给定生产的物量数据，需求至少在理论上是可以预测的，这显然不符合资本主义市场经济的实际情况。

2.3 市场价值是隶属于均衡的概念吗

在上述讨论的基础上，鲁宾将市场价值第二种理论的“弊端”概括如下：第一，这一派理论混淆了市场的正常状态和非正常状态，在长期内，不同部门之间有达成均衡的趋势，这一趋势虽然有可能出现崩溃，但这种崩溃是暂时的，第二种理论混淆了长期规律和暂时的崩溃；第二，由于前述混淆，社会必要劳动时间的概念就被破坏了，因为这个概念预设了各部门间的均衡；第三，第二种理论忽视了市场价格偏离市场价值的机制，当市场出现不正常状况时，产品可以任一价格销售，第二种理论不恰当地理解这一点，把在这种状况下据以销售的价格当作与价值相符的价格，从而混淆了价值与价格；第四，第二种理论切断了社会必要劳动和生产力之间在概念上的联系，在第二种理论看来，即便生产力没有改变，社会必要劳动也能发生变化。①

这些批评的核心（第一点和第二点），是把市场价值看作隶属于均衡的概念。在鲁宾看来，只有在均衡条件下，运用价值概念才是有意义的。用他的话来说：“我们把供求之间达到均衡的阶段称作商品按照其价值出售的状态。……供求均衡只有当不同生产部门之间达到均衡时才会发生。”② 鲁宾的分析始终包含这样的假定：均衡是资本主义经济的主导趋势，价值概念则是用来理解这种均衡的比较静态概念。

在探讨市场价值两种理论的关系时，下述问题具有极为重要的意义：市场价值概念是否应隶属于均衡条件？劳动价值论是否应作为某种一般均衡理论的组成部分？这些问题之所以重要，还在于它们在鲁宾之后一再被人提出来。例如，日本学者森岛通夫就认为，可以将马克思和瓦尔拉相提并论，因为两者各自独立而同时表述了一般均衡理论。③

在《资本论》里，马克思的确频繁地使用过均衡（中译文一般译为平衡）这一术语。但是，他对均衡概念的理解和运用与新古典经济学截然不同。对新古典经济学而言，均衡是整个经济应该趋向的一种状态；作为经济理论中的隐喻（metaphor），它暗示了新古典经济学家对资本主义经济的内在稳定性的信仰。而在马克思看来，均衡的实

① Rubin, *op cit.*, pp.183-184.

② *Ibid*, p.190. 在鲁宾那里，均衡同时涵盖了市场均衡和再生产均衡。

③ Morishima, M., *Marx's Economics: A Dual Theory of Value and Growth*, Cambridge: CUP, 1979, pp.1-2.

现是偶然的，他说：“供求实际上从来不会一致；如果它们达到一致，那也只是偶然现象，所以在科学上等于零，可以看作没有发生过的事情。”① 在他那里，均衡和非均衡是用于解释经济演化过程的分析工具，在概念上具有某种互补性，下面这段话里我们可以清晰地看到这一点：“在（引者注：资本主义）工场手工业中，保持比例数或比例的铁的规律使一定数量的工人从事一定的职能；而在商品生产者及其生产资料在社会不同劳动部门中的分配上，偶然性和任意性发挥着自己的杂乱无章的作用。诚然，不同的生产领域经常力求保持平衡，一方面因为，每一个商品生产者都必须生产一种使用价值，即满足一种特殊的社会需要，而这种需要的范围在量上是不同的，一种内在联系把各种不同的需要量联结成一个自然的体系；另一方面因为，商品的价值规律决定社会在它所支配的全部劳动时间中能够用多少时间去生产每一种特殊商品。但是不同生产领域的这种保持平衡的经常趋势，只不过是对这种平衡经常遭到破坏的一种反作用”。② 这种“保持平衡的经常趋势”与“平衡经常遭到破坏的”趋势，是一对具有互补性的矛盾。关于这类矛盾的特点，马克思在论及商品交换过程中的矛盾的时候，曾有如下方法论的说明，他说：“商品的发展并没有扬弃这些矛盾，而是创造这些矛盾能在其中运动的形式。一般说来，这就是解决实际矛盾的方法。例如，一个物体不断落向另一个物体而又不断离开这一物体，这是一个矛盾。椭圆便是这个矛盾借以实现和解决的运动形式之一”。③ 在马克思经济学中，上述矛盾的互补性，还意味着它们可以相互转化，譬如，危机——这是非均衡的表现形式，同时又是均衡的瞬间恢复。

美国学者纳尔逊和温特是当代演化经济学的代表人物，他们指出：自亚当·斯密以来，经济学所关注的首要问题，是由各种分散决策派生的经济活动，如何形成了整个经济中的秩序。④ 对于演化经济学来说，秩序并不等于均衡，秩序毋宁说存在于均衡和非均衡的互补性之中。演化经济学的另一知名人物弗里曼及其合作者，也在方法论上论述了与此相关的问题，他们使用“协调”这一概念（coordination）以代替均衡：“协调概念解释了，为什么存在非均衡过程，以及非均衡过程为什么会受到约束；……为什么结构性的不稳定性持续地存在着，但又不会驱使整个系统朝向爆炸性毁灭。”“存在协调这一事实并不意味着存在和谐或均衡，不管均衡在意识形态的意义上指的是资本主义经济的一般特征，或者在其精确意义上指的是市场体系所具有的持久的动态稳定性特征”。两

① 《马克思恩格斯全集》第 25 卷，人民出版社 1974 年版，第 212 页。

② 《马克思恩格斯全集》第 23 卷，人民出版社 1972 年版，第 394 页。

③ 《马克思恩格斯全集》第 23 卷，人民出版社 1972 年版，第 122 页。

④ Richard R. Nelson and Sidney G. Winter, ‘Evolutionary Theorizing in Economics’, *Journal of Economic Perspectives*, Spring 2002.

位作者还写道："马克思已经预见到'资本主义作为整体'的协调过程的重要性，并把协调解释为各种基本趋势和反趋势——也就是冲突——的结果。"①

劳动价值论作为马克思经济学的基石，旨在分析社会生产的自组织或"协调"过程，而不应成为一般均衡理论的工具。从这一点看，鲁宾对马克思市场价值理论的解释有着明显的缺陷，他完全忽视了市场价值形成的动态性和不确定性，丢失了劳动价值论在分析功能上的一个重要维度。在下一节里，我们将联系再生产图式对此问题做进一步的分析，这里仅限于指出，将市场价值隶属于静态均衡条件的做法，与马克思的下述思想是直接相冲突的——马克思曾把资本规定为"处于运动过程中的价值"②，这个提法表明，价值决定是一个动态过程，隶属于资本主义经济的各种矛盾；与价值的动态决定过程相伴随的是资本的价值革命，后者给个别资本的价值决定带来了根本的不确定性。马克思就此写道："资本主义生产只有在资本价值增殖时，也就是在它作为独立价值完成它的循环过程时，因而只有在价值革命按某种方式得到克服和抵销时，才能够存在和继续存在。……如果社会资本的价值发生价值革命，他个人的资本就可能受到这一革命的损害而归于灭亡，因为它已经不能适应这个价值运动的条件。价值革命越是尖锐，越是频繁，独立价值的那种自动的、以天然的自然过程的威力来发生作用的运动，就越是和资本家个人的先见和打算背道而驰，正常的生产过程就越是屈服于不正常的投机，单个资本的存在就越是要冒巨大的风险"。③

现代马克思主义经济学家曼德尔也指出，由运动中的价值所经历的价值革命可以推断："投入层次上的价值并不能自动地决定产出层次上的价值。只在一定的时间间隔以后，才能表明'投入'的一个部分是否已被浪费。"④这一见解提出了价值决定的动态整体性问题，这种整体性是指，一方面，投入的价值是产品价值形成的前提；另一方面，产品的价值决定也会影响投入的价值。产品的价值决定不仅要以生产中投入的劳动量为前提，还与产品的实现条件有关，而个别部门产品的实现条件最终取决于全社会年产品的实现条件。价值决定的动态整体性也从理论上规定了价值转形的实质和意义。如果投入的价值自动决定产品的价值，则作为转形出发点的产品的价值，就可还原为投入的价值，换言之，在转形研究中将投入即成本价格加以转形——这是自鲍特基维茨以来在转

① Freeman, Ch., and F. Louca, *As Time Goes By: From Industrial Revolutions to Information Revolution*, Oxford, 2002, pp.120-121. 另见弗里曼、卢桑：《光阴似箭》，沈宏亮等译，中国人民大学出版社 2007 年版。

② 马克思说："资本在某种意义上，可以称为处于运动过程中的价值，……从自身出发并以加大的量回到自身。"选自《马克思恩格斯全集》第 26 卷第 3 册，人民出版社 1974 年版，第 147 页。

③ 《马克思恩格斯全集》第 24 卷，人民出版社 1972 年版，第 122 页。

④ 曼德尔：《〈资本论〉新英译本导言》，中央党校出版社 1991 年版，第 94~95 页。

形研究中常见的作法——就是正确的；反之，如果投入的价值不能自动地决定产品的价值，反而要受到产品价值决定的影响，则投入的价值就不能看作预先给定的量，从而也不宜作为价值转形的出发点。

鲁宾在将市场价值与均衡条件相联系时暗含了一点，即把劳动价值论看作解释商品绝对价格水平的理论。马克思则表示，解释绝对价格水平在理论上只是次要的问题，他更关注的是用劳动价值论解释商品价格的长期运动："不同商品的价格不管最初用什么方式来互相确定或调节，它们的变动总是受价值规律的支配。在其他条件相同的情况下，如果生产商品所必需的劳动时间减少了，价格就会降低；如果增加了，价格就会提高"。[①] 在这里，马克思明显地给价值规律的作用做了限定：它只影响价格的变动；至于变动之初的价格水平，则可任由其他因素来调节。希法亭在回应庞巴维克对劳动价值论的批判时，更为明确地阐述了这个问题，他写道："马克思不是把价值理论看作确定价格的手段，而是把它看作发现资本主义社会的运动规律的工具。经验教给我们，绝对价格水平是这个运动的出发点，但是，对别的问题来说，这个价格的绝对高度只具有次要的意义，我们所关注的只是研究其运动的规律。……价值规律向我们揭示的是，归根结底，生产力的发展控制了价格的运动，我们有可能把握这些变化的规律；并且，由于所有的经济现象都通过价格的变化而使自己表现出来，进而就可能达到对所有经济现象的理解"。[②]

如果希法亭的阐释是正确的，劳动价值论的功能在于解释劳动生产率的变动与商品交换价值或价格变动之间的长期联系，均衡条件对于市场价值概念就未必是不可或缺的。相反，劳动价值论是一个动态经济理论的组成部分，它被用来解释生产活动及其实现条件的变化，以及这些变化如何通过竞争和交换影响到社会经济的各个部门。鲁宾本人对这一点也曾有过深刻的理解，例如他写道："由于他们（引者按：指商品生产者）依靠劳动产品在交换中相互联系，他们在其生产过程中、在其劳动活动中也是相互联系的，因为在直接生产过程中，他们必须考虑到市场上可推测的条件。通过交换商品的价值，某些商品生产者的劳动活动影响着其他人的劳动活动，并引起确定的改变。另一方面，这些改变也影响着这些劳动活动本身。社会经济的各个领域之间互相进行着适应性调节。而这种调节只有当一个领域通过市场上的价格运动影响到另一领域时才是可能

---

① 《马克思恩格斯全集》第 25 卷，人民出版社 1974 年版，第 198 页。

② Hiferding, R., "Bohm- Bawerk's Criticism of Marx", in Sweezy, P., ed., *Karl Marx and the Closure of His System*, New York: Augstus M. Kelley Publishers, 1966, pp.139-140. 布哈林也曾指出："在马克思那里，价值是两种社会现象之间、劳动生产率与价格之间社会联系的表现。" 参见布哈林：《食利者政治经济学》，郭连成译，商务印书馆 2002 年版，第 62~63 页。

的，而价格的运动取决于‘价值规律’。……价值是传送带（transmission belt），它把社会一个领域的生产过程的运动传送到另一领域，使社会成为调节着的整体”。[①] 如果说鲁宾的理解有什么不足的话，那便在于，他仅限于把各种变化之间的相互关系理解为空间上并存的、共时性的关系，而不是历时性的关系。价值作为“传送带”，不仅仅把变化从社会经济的一个部门传送到另一个部门，而且使得在不同时间维度发生的变化彼此相互影响。

2.4 日本宇野学派对市场价值理论的研究

在结束这一节之前，我们还拟就日本宇野学派（the Uno School）的市场价值理论略作讨论。与鲁宾不同，宇野学派试图按照第二种市场价值理论的方向协调马克思的两种市场价值理论。[②] 根据该派代表伊藤诚的介绍，宇野学派的市场价值理论大致包括如下要点：

第一，宇野学派主张，不能脱离市场竞争的动态过程，单纯依据现有生产条件的静态组合得出市场价值。供求的波动并非只影响市场价格，相反，只有通过供求波动和市场价格的变化，才能最终揭示用于满足社会需求的产量是在何种技术条件下生产出来的。[③] 基于这一观点，伊藤诚批评了新李嘉图主义者：“新李嘉图主义者片面强调生产的技术条件是价格的决定因素，忽略了市场竞争的作用”。必须借助动态化的市场竞争，才能发现起调节作用的标准技术条件和市场价值。[④]

第二，在部门内起调节作用的标准技术条件，不仅要依靠部门内竞争来确定，还要借助于部门间竞争的作用。宇野学派认为，市场价值和生产价格的确定并不是分别独立进行的过程，两者统一在“市场生产价格”的形成过程中。部门内竞争从一开始就应看作是生产价格理论的一部分。与此相应，市场价值理论不应置于生产价格理论之前，而应置于生产价格理论之后来考察。[⑤]

宇野学派的第一个观点是值得称道的。但该学派同时又认为，在竞争中最终被发现的市场价值仍然对应于市场均衡条件，用该学派的创立者宇野弘藏的话来说：“市场价

---

① Rubin, I.I., *op cit.*, pp. 80-81.

② 此处对宇野学派的介绍，参考了伊藤诚的下述著作：Itoh, M., *Value and Crisis*: *Essays on Marxian Economics in Japan*, New York: Monthly Review Press, 1980. 以及 *The Basic Theory of Capitalism*, Basingstoke, Hampshire: Macmillan Press, 1988.

③ Itoh, M., *Value and Crisis*, pp.86, 87.

④ *Ibid*, pp.178-179, note 11.

⑤ 伊藤诚：“相较而言，对于把价值规律发展为资本主义社会再生产的规律来说，生产价格理论比市场价值理论更为重要。”“市场价值理论应该置于生产价格理论之后来讨论，并且应该作为生产价格理论的内在组成部分。” *Ibid*, p.90.

值作为市场价格的引力中心，是在供给和需求均衡的基础上被决定的。这意味着，当市场价格高过这个中心时，一个商品的供给就会因为对它的需求而增加，情况相反时则减少。这样，一个商品的市场价值就决定于下述生产条件，在这个生产条件下，商品的供给条件相对于波动的需求得到了调整”。[①] 这样一来，宇野学派的观点就是不彻底的。在均衡条件下，生产的技术条件是市场价值的唯一决定因素。一旦把均衡条件和市场价值的确定联系在一起，发展第二种市场价值理论的尝试必然走向自我否定。宇野学派一方面试图发展第二种市场价值理论，但另一方面，在这个关键问题上却重蹈了鲁宾的覆辙，最终陷入自相矛盾。

再来看宇野学派的第二个观点。这个观点的合理之处，在于强调两类竞争是互相结合的，其缺陷则在于主张将生产价格置于市场价值概念之前来论述。在马克思那里，第二种含义的市场价值在《资本论》第一卷就提出来了（参见前文的引述），远早于生产价格理论的提出。这种市场价值不仅是适用于部门内竞争的概念，同时也是解释资本主义经济的非均衡和不确定性的工具。将第二种市场价值作为生产价格的前提，首先意味着价值转形是与非均衡兼容的，而不必局限于均衡条件；其次，转形的结果实际上是市场生产价格，而不必是在平均生产条件下形成的生产价格。这样价值转形就获得了和鲍特基维茨传统不同的含义——转形实质上和均衡条件无关，即便在非均衡前提下，也存在价值转形。这一结论可以从马克思地租理论中得到证明。在级差地租理论中，劣等地的个别生产价格同时也是市场生产价格，在此基础上，一方面形成了相对稳定的谷物供求关系和市场价格，另一方面产生了虚假的社会价值，后者度量了在谷物和其他部门之间存在的再生产非均衡。值得注意的是，由于谷物部门的结构性稀缺，即便谷物价格上涨并超过市场生产价格水平，谷物的供给也可能不增加，而只是造成绝对地租乃至垄断地租的形成。在形成绝对地租的场合，劣等地的个别价值将作为市场价值调节谷物的市场价格；若以虚假的社会价值来衡量，前述非均衡此时不仅依然存在，而且变得更为严重，因为虚假的社会价值进一步增加了。马克思地租理论潜在地包含着如下重要结论：第一，非均衡与利润率平均化（从而价值转形）是可以并存的[②]；第二，非均衡与市场价

① Rubin, I. I., op cit, p.87.

② 从资本主义生产当事人的角度看，生产价格也是均衡价格，因为利润率平均化意味着资源配置的一种均衡状态。但这种均衡纯然是以资本主义生产当事人的眼光来看的，与马克思所说的再生产均衡迥然不同。在马克思那里，即便实现了利润率平均化，也会出现再生产非均衡，利润率下降规律和危机就是明证。在马克思主义经济学中，一直有一种观点在下述意义上主张生产价格是“长期均衡价格”，一个最近的例子是美国学者莫斯里，他在其新著中提出，生产价格作为“长期均衡价格”具有下述特点：除非劳动生产率或工资发生变化，否则生产价格作为市场价格围绕其波动的中心将不会有任何改变。见 Moseley, F., *Money and Totality: A Macro-Monetary Interpretation of Marx's Logic in Capital and the End of the 'Transformation Problem'*, Leiden, Netherlands: Brill, 2016.

值的形成也是可以并存的。令人遗憾的是，在围绕两种市场价值理论的争论中，包括鲁宾在内的许多人都忽略了马克思地租理论的重要意义。

3. 市场价值的决定与资本积累基本矛盾

3.1 一个基于再生产图式的分析框架

在资本主义生产方式中，生产是以交换价值为目的的，劳动也因之以社会合目的性为依归。社会必要劳动概念是与劳动的社会合目的性联系在一起的。卢森堡曾就私人劳动与其社会合目的性的关系写道："（个别生产者）是否实际完成了社会必要的劳动，唯一办法就是看他的产品是否有人购买。因此，不管你的劳动是多么辛勤，多么顺利，其产品并不一定都预先具有从社会观点上来看的价值和社会合目的性。只有能够交换的东西才有价值；而什么人都不愿交换的东西，虽然做得很好，还是无价值，还是一种被浪费的劳动。"[①] 劳动的这种社会合目的性植根于劳动作为目的论活动的一般规定中。在《资本论》里，马克思从两个层面规定了劳动一般：一方面，劳动是在社会与自然之间开展的物质变换；另一方面，在观念中进行的目的论设定在劳动中起着先导的作用。[②] 在其本体论著作中，卢卡奇对劳动中的目的论设定及其实现做了更为细致的分析。他指出，劳动过程可视为由以下两个环节构成，第一个环节是设定目的，第二个环节是确定手段；一个成功的劳动过程，必须扬弃目的和手段之间的异质性，促成"设定的目的"和"设定的因果性"之间的"同质化"，即"造成某种自身同质的东西：劳动过程以及最终的劳动产物"。卢卡奇写道："人们不应忽略这样一个朴素的事实，即设定的目的能否实现，这仅仅取决于在确定手段时究竟在多大程度上把自然的因果性转变成了——本体论意义上的——设定的因果性。目的的设定产生于社会的人的需要；然而为了使它成为一种真正的目的设定，对于手段的确定，即对于自然的认识，必须达到一定的与这些手段相适应的水平；如果这些手段尚未获得，那么目的的设定就仅仅是一项乌托邦工程，一种梦想。"[③] 卢卡奇在此谈到的手段和目的之间的矛盾关系，有助于我们理解经济生活中的不确定性。一般而言，可以将不确定性界定为人类经济活动中的手段和目的、条件和结果之间的联系的不确定性。在上面这段引文中，造成不确定性的原因仅仅涉及

① 卢森堡：《国民经济学入门》，三联书店 1962 年版，第 184 页。

② 针对后面一点马克思说："最蹩脚的建筑师从一开始就比最灵巧的蜜蜂更高明的地方，是他在用蜂蜡建筑蜂房以前，已经在自己的头脑中把它建成了。劳动过程结束时得到的结果，在这个过程开始时就已经在劳动者的表象中存在着，即已经观念地存在着。他不仅使自然物发生形式变化，同时他还在自然物中实现自己的目的，这个目的是他所知道的，是作为规律决定着他的活动的方式和方法的，他必须使他的意志服从这个目的。"《马克思恩格斯全集》第 23 卷，人民出版社 1972 年版，第 202 页。

③ 卢卡奇：《关于社会存在的本体论》下卷，重庆出版社 1993 年版，第 16 页、第 19 页。

对自然规律的认知水平，而与其他社会因素无关。这一类型的不确定性有时被称作技术的不确定性，以别于另一类型的不确定性——市场不确定性。①

市场不确定性是随着商品交换和劳动的社会合目的性的发展而发展的。在资本主义生产方式中，市场不确定性的影响通常远甚于技术不确定性。②在市场不确定性发挥作用的场合，个别目的论设定所发动并赖以实现的那些因果关系，不再像简单劳动过程那样仅仅来自于自然界；由于生产以交换价值为目的，通过交换在商品生产者背后编织起复杂的社会联系，这些社会联系以盲目的客观规律的形式作用于商品生产者。马克思在谈论这类因果规律时有时也称之为“自然规律”，借以强调其客观性，并指出“自然规律是根本不能取消的”“可能改变的只是它的表现方式”。③隶属于社会存在的这类因果规律，归根结底是由资本主义生产当事人的目的论活动发动的，是这些个别目的论活动的社会综合。在目的论设定和由此发动的因果规律之间存在的这种辩证联系，使卢卡奇得出如下结论：社会存在以及作为其物质基础的经济领域的特征，是“以观念的形式引起的人的活动与由此产生的物质经济规律两者的辩证的整体性、相关性和不可分割性”。④

在《资本论》第二卷，马克思利用再生产图式，具体而深入地分析了资本主义社会存在中的上述整体性。在再生产图式中，个别目的论活动表现为个别资本的流通，无数个别资本流通的社会综合则造成了社会总资本再生产及其年产品的实现规律，后者作为具有因果性质的规律制约了个别资本主义生产当事人的活动，并从本体论意义上界定了社会必要劳动的含义——所谓“社会必要”，指的是以社会年产品的实现条件为中介，在事后得到证实的劳动的社会合目的性。

根据曼德尔的概括，再生产图式具有以下特点。第一，它把无数分散进行的生产过程综合为社会生产，从而以高度简化的方式在理论上再现了社会与自然之间的物质变换。曼德尔说：“（引者注：马克思的两部类图式）是与人类生产一般的基本性质相适应的——不单单是与人类生产一般在资本主义生产方式下的特殊表现相适应。如果不建立与自然界的物质变换，人类便不能生存。而如果不使用工具，人类便不可能实现那种物质变换。因此，人类的物质生产总是至少要由工具和生存资料构成。马克思再生产图式

① 演化经济学家弗里曼等人使用了这两个术语，见弗里曼、苏特:《工业创新经济学》，华宏勋等译，柳卸林校，北京大学出版社 2004 年版，第 309 页。

② 弗里曼、苏特:《工业创新经济学》，北京大学出版社 2004 年版，第 317 页。

③ 马克思：“这种按一定比例分配社会劳动的必要性，决不可能被社会生产的一定形式所取消，而可能改变的只是它的表现方式，这是不言而喻的。自然规律是根本不能取消的。”马克思 1868 年 7 月 11 日致库格曼的信，选自《马克思恩格斯选集》第 4 卷，人民出版社 1995 年版，第 580 页。

④ 卢卡奇:《关于社会存在的本体论》下卷，重庆出版社 1993 年版，第 372、373 页。

的两大部类无非是人类生产一般划分的特殊的资本主义形式。”[①]第二，再生产图式同时也是一个市场模型，它概括了社会年产品的供给和需求之间的关系：“《资本论》第二卷有一个副标题:《资本的流通过程》，而第一卷的副标题是:《资本的直接生产过程》。初看起来，区别是明显的。第一卷集中论述工厂、劳动场所的问题。它说明资本主义制度下商品生产既当作物质生产过程又当作价值增殖过程（即剩余价值生产过程）的性质。与此相对照，第二卷则集中论述市场问题。它不是说明价值和剩余价值是怎样生产出来的，而是说明它们是怎样实现的”。[②]利用再生产图式，我们有可能从总体上分析资本主义生产及其流通之间的矛盾，这种矛盾的性质是前文谈论过的，它是个别目的论活动与这些活动的社会综合所发动的因果规律之间的矛盾。但理论上的分歧也恰好在此产生了。一种理解认为，再生产图式表达了资本主义再生产顺利进行所应遵循的均衡条件，因此不宜用来分析资本积累过程中的矛盾，伊藤诚就清晰地表达了这种观点：“再生产图式的功能不在于揭示资本主义的内在矛盾，而在于表明，只要满足了适用于各种不同社会的再生产的基本物质条件，资本主义生产能够持续地存在下去”。[③]另一方面，曼德尔则提供了相反的观点：“滥用（再生产）图式的最自相矛盾的一种形式就是应用它们来证明，‘只要’保持各部类间正确的‘比例’（‘平衡条件’），资本主义就能和谐地、无限地增长。持有这种糊涂观念的作者们忽视了马克思所作的根本假定：资本主义生产方式的结构本身及其运动规律包含着这些‘平衡条件’不可避免的破坏；对于不平衡和不平衡增长的常态来说，‘平衡’和‘和谐的增长’只是一种罕见的例外（或长期的平均数）。……在资本主义制度下，价值决定的动态性和消费者支出的不确定性两者都使人们不可能在两大部类间保持如此确切的比例，以至可以达到和谐的增长”。[④]除了应在“消费者支出”前面加上投资支出外，我们赞同这段话的所有观点。曼德尔的论述指向再生产图式的第三个特点：再生产图式不仅表达了再生产的均衡条件，而且是分析各种矛盾和由此带来的非均衡的理论工具。在马克思主义经济学史上，首先提出这一问题的是卢森堡。不过，在卢森堡那里，问题是以矛盾的形式提出来的：一方面，她体认到，马克思经济学的分析重心，是《资本论》第三卷所考察那些矛盾，特别是剩余价值生产和剩余价值实现的矛盾；另一方面，她又错误地对再生产图式采取了批判的立场，在她看来，《资本论》第二卷提出的再生产图式无法用于分析这些矛盾，并和第三卷的论述

① 曼德尔:《〈资本论〉新英译本导言》，中央党校出版社 1991 年版，第 92~93 页。

② 曼德尔:《〈资本论〉新英译本导言》，中央党校出版社 1991 年版，第 77 页。

③ Itoh, M., *Basic Theory of Capitalism*, p.183.

④ 曼德尔:《〈资本论〉新英译本导言》，中央党校出版社 1991 年版，第 94 页。

相抵触。[①] 在笔者看来，卢森堡是在不正确的理论形式上发现了马克思没有来得及完成的任务——应该利用再生产图式分析资本积累过程中的矛盾，并据以分析价值决定的动态性和不确定性。[②]

与卢森堡互为对立面的是鲁宾。在卢森堡看来，马克思经济学的分析重心是资本积累内生的非均衡趋势，鲁宾则强调均衡概念的意义，以及劳动价值论作为一种均衡理论的重要性。在鲁宾看来，长期而稳定的供求均衡是以社会生产各部门间的再生产均衡为前提的；鲁宾还批评新古典经济学仅仅分析——而且是在错误的形式上分析了——供求均衡，忽略了再生产均衡。[③] 这些见解单独来看无疑是有价值的，但问题是，鲁宾从来没有思考过纠缠着卢森堡的那些问题，在鲁宾看来，马克思经济学的分析重心不是资本积累过程中的矛盾，而是社会生产的平衡规律，这样一来，他就不可能意识到以再生产图式为工具，在资本积累基本矛盾的基础上阐释市场价值第二种概念的必要性。从思想史的角度看，鲁宾错失了利用卢森堡的观点发展马克思市场价值理论的机会。

初看起来，再生产图式是由价值总量之间的均衡条件构筑起来的，这很容易诱导人把价值的决定过程看作均衡条件的形成过程。然而，通过对再生产图式的一个拓展将会发现，均衡只是资本主义经济的特例，其常态是动态的非均衡。

根据再生产图式，两大部类在扩大再生产前提下的总量均衡条件为：

$$C_1+V_1+S_1=C_1+C_2+S_{1c}+S_{2c}$$
$$C_2+V_2+S_2=V_1+V_2+S_{1k}+S_{2k}+S_{1v}+S_{2v}$$

其中，C、V、S 分别代表不变资本、可变资本、剩余价值；S_k 代表资本家的消费，可假定 S_k 在积累过程中一直保持不变；S_c和S_v分别代表追加不变资本和追加可变资本。在这两个等式的基础上，可以写出一个新的定义式，以其表征资本积累的基本矛盾——剩余价值生产和剩余价值实现的矛盾[④]

$$\alpha S_1^t+\alpha S_2^t=S_{1c}^{t+1}+S_{2c}^{t+1}+S_{1v}^{t+1}+S_{2v}^{t+1} \quad (4)$$

式（4）左端是两大部类各自生产的、未用于资本家消费的那部分剩余价值，也可看作

① 卢森堡：《资本积累论》，三联商店 1959 年，第 262、269 页。

② 曼德尔也指出：马克思没有解决再生产的所有问题，“他没有时间去研究这样一个难题，在把那些有名的资本的‘运动规律’（特别是第三卷中论述的规律）都包括进来的情况下，如何使扩大再生产达到暂时的均衡。”曼德尔：《〈资本论〉新英译本导言》，中央党校出版社 1991 年版，第 76 页。

③ 见 Rubin, *op cit.* pp.213f.

④ 日本学者置盐信雄较早提出了这个定义式，并对其做了正确的阐发。见 Okishio, N., “On Marx’s Reproduction Scheme”, in *Kobe University Economic Review*, 1988, vol. 34, p.7. 与本文采用的记号不同，置盐用 1–*a* 代表资本家阶级的意愿储蓄率，*a* 是资本家消费与全部剩余价值的比率。

两大部类资本家的意愿储蓄，α 为意愿积累率（这里假设两部类的意愿积累率相等）；式（4）右端代表那些影响剩余价值实现的需求项目，这些需求项目恰好等于两大部类资本家的实际积累。上标 t 和 $t+1$ 将等式两端区分为两个不同的再生产时期。现在，让我们引证马克思就资本积累基本矛盾所作的著名论述，并与式（4）相对照："直接剥削的条件和实现这种剥削的条件，不是一回事。二者不仅在时间和空间上是分开的，而且在概念上也是分开的。前者只受社会生产力的限制，后者受不同生产部门的比例和社会消费力的限制。但是社会消费力既不是取决于绝对的生产力，也不是取决于绝对的消费力，而是取决于以对抗性的分配关系为基础的消费力；这种分配关系，使社会上大多数人的消费缩小到只能在相当狭小的界限以内变动的最低限度。这个消费力还受到追求积累的欲望的限制，受到扩大资本和扩大剩余价值生产规模的欲望的限制"。[①] 在这段引文里，马克思列举了三项决定剩余价值实现条件的因素，其中不仅包括各个生产部门间的比例和群众的消费力，还涉及资本家的积累欲望。在这三项因素中，资本家积累的欲望是具决定性的因素，因为由此决定的积累会以其规模和方向重塑部门间的比例，并透过某种乘数效应改变群众的消费力。积累的这种作用在式（4）得到了直观的体现：等式的右端，即决定剩余价值实现的因素，恰恰归结为两部类资本家阶级的实际积累。在《资本论》第一卷，马克思曾提出，剩余价值是资本积累的源泉；式（4）则揭示了与之互补的另一重关系：两部类资本家阶级的实际积累是资本家阶级的剩余价值或利润的实现条件。因此，式（4）也表明，后凯恩斯主义经济学家卡莱茨基最先倡导的观点——资本家阶级的利润决定于他们自己的投资，而不是相反——实际上蕴涵于再生产图式之中。[②]

再生产图式所表征的均衡条件，代表了资本主义生产当事人的个别目的论活动赖以实现的社会条件。这些条件的确立远非资本主义经济的常态，因为资本家阶级的积累欲望和实际积累都是经常变动而不确定的，这种不确定性的后果体现为下面的不等式

$$\alpha S_1^t + \alpha S_2^t > (<) S_{1c}^{t+1} + S_{2c}^{t+1} + S_{1v}^{t+1} + S_{2v}^{t+1} \tag{5}$$

资本产品的价值决定在时间上的动态性，通过这些符号的上标清楚地显示出来。价值规律（鲁宾眼中的资本主义生产方式的平衡规律）不仅仅涉及劳动量在不同部门的共时性分布，而且涉及劳动量在历史时间中，即在再生产前后时期的动态分布。从不等式（5）可以看到，前一个再生产时期的产品价值，是通过后一个时期的实际积累来实现

① 《马克思恩格斯全集》第25卷，人民出版社1974年版，第272~273页。

② 卡莱茨基的观点可参阅 Kalecki, M., 'Determinants of Profit', in *Selected Essays on the Dynamics of the Capitalist Economy,* Cambridge: CUP, 1980.

的；资本家阶级的实际积累水平提供了前一时期资本产品的对等价值，并决定了后者的实现程度。

可以借助式（4）回答前文提出的重要问题：何以需求的变动具有和商品价格无关的自主性？从宏观角度来看，需求的变动归根结底取决于资本家阶级的积累，尽管产品价格因素在一定程度上影响积累，但对后者直接产生影响的是预期利润率。在第 3.3 节中，通过对明斯基的讨论还会看到，资本家的预期主要是借助资本资产市场的价格波动而形成的，普通产出市场的价格对于积累只有相对次要的影响。在经济衰退时期，由于实际积累增速放慢，一部分剩余产品面临实现困难，这一点解释了马克思所说的，即使价格下降，需求也不会增加。反之当积累欲望提高，实际积累加快时，即使价格上升，需求也不会减少。

3.2 非均衡与市场价值的决定：理论及数理分析

这一节将运用简单的数理分析，进一步考察资本积累基本矛盾所引致的非均衡对市场价值决定造成的影响。假定存在一个两部门经济。令生产第 i 种 $(i=1,2)$ 产品所需劳动量（包括物化劳动和活劳动）为 t_i，这一劳动量带来的产出为 q_i，在生产中形成的单位内含价值为 λ_i，在市场上实现的单位价值为 λ_i^*。在再生产均衡的前提下，两个部门总产出在市场上实现的价值总量，必然等于在生产中形成的内含价值总量，即有

$$\sum_{i=1}^{2}\lambda_i^* q_i = \sum_{i=1}^{2}\lambda_i q_i = \sum_{i=1}^{2} t_i \qquad (6)$$

接下来要讨论，单位商品的实现价值 λ^* 是如何决定的。这里引入一个由冯金华教授发展的关于产品实现价值决定的模型，后文简称之为冯金华实现价值方程或冯金华方程。[①] 从定义来看，单位产品的实现价值（λ_i^*）应当等于用单位产品交换到的货币的价值（以劳动量衡量），换言之，即等于产品的交易价格与单位货币价值（后者用 m^* 表示）的乘积。若用 p_i 表示第 i 种产品的价格，则可写出如下交易方程：

$$\lambda_i^* = p_i m^* \qquad (7)$$

将公式（7）代入公式（6），可解出产品的单位实现价值 λ_i^*，即得到下述冯金华实现价值方程

$$\lambda_i^* = \frac{p_i}{\sum_{i=1}^{2} p_i q_i}\sum_{i=1}^{2} t_i \qquad (8)$$

---

① 冯金华：“价值的形成和实现：一个新的解释”，载于《学习与探索》2015 年第 5 期；冯金华：《价值决定、价值转形和联合生产》，社会科学文献出版社 2014 年版。

式（8）意味着，单位产品实现价值是全社会在生产中耗费的总劳动量按照一个比率分布而形成的，这个比率等于单位产品价格与全社会总产出价格的比率。若在式（8）两边乘以产出 q，冯金华方程还可写为

$$\lambda_i^* q_i = \frac{p_i q_i}{\sum_{i=1}^{2} p_i q_i} \sum_{i=1}^{2} t_i \tag{9}$$

冯金华实现价值方程在最初提出时并没有考虑非均衡的情况。在非均衡条件下，用于生产全部产品而投入的劳动量未必都转化为市场价值，这意味着将有可能出现以下不等式

$$\sum_{i=1}^{2} \lambda_i^* q_i < \sum_{i=1}^{2} t_i = \sum_{i=1}^{2} \lambda_i q_i$$

或

$$\sum_{i=1}^{2} \lambda_i^* q_i = \phi \sum_{i=1}^{2} t_i \tag{10}$$

其中，ϕ 为度量非均衡时价值量偏离的系数，且 $0 < \phi \leqslant 1$。这样一来，若将式（7）代入式（10），便有

$$\lambda_i^* = \frac{\phi p_i}{\sum_{i=1}^{2} p_i q_i} \sum_{i=1}^{2} t_i$$

另据式（9），有

$$\lambda_i^* q_i = W_i^* = \frac{\phi p_i q_i}{\sum_{i=1}^{2} p_i q_i} \sum_{i=1}^{2} t_i \tag{11}$$

其中，W_i^* 代表非均衡条件下第 i 个部门产出的实现价值总量。从社会总资本再生产角度看，$\sum_{i=1}^{2} t_i$ 造成的年产品价值的构成为 $\sum_{i=1}^{2}(C_i + V_i + S_i)$；由前述两大部类的总量平衡条件可知，这一年产品的实现（其实物和价值补偿）取决于由以下项目所代表的有效需求：$\sum_{i=1}^{2}(C_i + V_i + S_{ik} + S_{ic} + S_{iv})$。据此可写出：

$$\lambda_i^* q_i = W_i^* = \frac{p_i q_i}{\sum_{i=1}^{2} p_i q_i} \sum_{i=1}^{2}(C_i + V_i + S_{ik} + S_{ic} + S_{iv})$$

其中，$\sum_{i=1}^{2}(C_i + V_i + S_{ik} + S_{ic} + S_{iv})$ 决定了社会年产品价值的实现程度，易言之，

$$\phi = \frac{\sum_{i=1}^{2}(C_i + V_i + S_{ik} + S_{ic} + S_{iv})}{\sum_{i=1}^{2} t_i}。$$

λ_i^*作为单位产品的实现价值尽管在数量上可能等于市场价值，但在概念上与后者并不一致。如果我们假设消费品部门存在三种技术水平各异的企业，依其生产率高低，三种企业单位产品的个别价值就可分别表示为$\lambda_2^{\min}$、λ_2^{mid}、$\lambda_2^{\max}$，并有$\lambda_2^{\min} < \lambda_2^{mid} < \lambda_2^{\max}$。依照罗斯多尔斯基所代表的观点，这三种个别价值在不同的供求形势下分别充当起调节作用的市场价值。这样一来，在考察单位实现价值λ^*与市场价值的关系时，就可区分如下三种情况：第一，单位实现价值恰好等于和平均技术水平相对应的单位个别价值，从而有$\lambda^* = \lambda^{mid}$，这种情形事实上意味着均衡的存在；第二，单位实现价值等于和较高技术水平相对应的个别价值，即有$\lambda^* = \lambda^{\min}$，此时部门内存在非均衡； 第三，单位实现价值等于和较低技术水平相对应的个别价值，即有$\lambda^* = \lambda^{\max}$，此时也存在非均衡。

第一种情形对应于鲁宾支持的观点，即市场价值是与再生产均衡相对应的概念，由部门平均技术条件所决定的单位产品个别价值与市场价值必然相等。第二种和第三种情形对应于罗斯多尔斯基所代表的观点，即市场价值可能与非均衡相对应，在供给大于需求时，生产率较高企业的个别价值可以成为起调节作用的市场价值，且此时需求并不因市场价格的下降而增长；在供给小于需求时，生产率较低企业的个别价值成为起调节作用的市场价值，且需求并不因市场价格的提高而下降。

鲁宾和罗斯多尔斯基所代表的观点虽然不同，但在他们那里，市场价值都等于某种既有的个别价值，从而与现有的技术水平相对应。罗斯多尔斯基没有进一步考虑如下情形：市场价格进一步偏离起调节作用的最优或最劣生产条件，从而使得通过市场价格而得到的单位产品实现价值λ^*不再等于最好或最坏条件下的个别价值，而是持续地小于$\lambda^{\min}$或大于$\lambda^{\max}$。这类极端情形在理论上有什么意义呢?

当市场价格由最好或最坏条件下的生产条件（即$\lambda^{\min}$或$\lambda^{\max}$）调节时，该部门存在两个进一步变化的方向：或者回归由某种平均生产条件所决定的个别价值，或者进一步发散，持续地小于$\lambda^{\min}$或大于$\lambda^{\max}$。假设需求的变动具有和价格无关的某种自主性，为第二种情形的发生创造了条件。在后面这种情形下，协调可以采取如下形式：通过竞争发现一种新的生产条件和新的个别价值，并与实现价值（λ^*）相平衡。例如，当通过市场价格实现的λ^*持续小于$\lambda^{\min}$，且需求也不因此扩大时，该部门可能通过技术创新，造就一种新的生产技术条件，使其产品的个别价值降低到与λ^*相等，从而成为新的起调节作用的市场价值；或者反过来，当借助市场价格而实现的λ^*持续大于$\lambda^{\max}$，且需求并不因此减少时，一些具有较劣技术条件的企业可能加入该部门，其个别价值成为起调节作用的市场价值。[①] 不过，即便通过上述协调过程发现了新的市场价值，也不意味着该部门一定会重建再生产均衡（以部门总产出的个别价值总额和市场价值总额相等来衡量）。[②]

市场价值的第一种理论始终假定，市场价格只能围绕既有的市场价值这一引力中心而调整，而不存在上文指出的市场价值追随价格而调整的情况。第一种理论的这种假定，是以《资本论》第一卷开篇的观点为依据的。在那里马克思假设，第一，价格只是价值的货币表现，在此基础上，马克思在生产率变动和这种被严格限定的价格概念之间建立了直接联系，即在长期内，后者必将伴随生产率进步而下降；第二，在讨论货币作为价值尺度的功能时，马克思又补充了一个观点：这种直接价格可以围绕价值而波动，但其长期趋势（或统计意义上的平均数）是向既有价值水平收敛。[③] 马克思的这些假设，对于在理想条件下分析资本主义经济长期运动规律，或者用他的话来说，在“它们的合乎规律的、符合它们的概念的形态上来进行考察”，是完全必要的。但与此同时，这些假设也让马克思付出了一个代价，使他难以在分析中纳入以部门的兴衰更迭为特征的经济结构变迁。假设价格最终向第一种意义的市场价值收敛，意味着假设部门再生产处于正常或均衡状态。在这种状态下，那些其生产条件起调节作用的企业享有正常利润，其他企业以此为参照，或者通过部门内竞争取得超额利润，或者承担一部分亏损。从总体来看，部门产出的个别价值总和与实现价值总和大致相当，换言之，相关部门在整个经济中的相对地位没有根本的变化。而在我们指出的那种极端非均衡情形中，由于市场价格不再对应于部门内任一种既有的生产条件，因而也不存在起调节作用的市场价值，部门内竞争此时已在相当程度上失去了意义，占主导地位的是部门间竞争。在整个部门内，要么所有企业同时亏损，要么所有企业取得超额利润。这种过渡情形的出现，

---

① 马克思提到过这种可能性，他说：在市场价格降低时，“可能导致这样的结果：由于某种发明缩短了必要劳动时间，市场价值本身降低了，因而与市场价格平衡”。反之，当市场价格上升时，将“引起市场价值本身的提高，因为所需要的一部分产品在这个期间内必须在较坏的条件下生产出来”。选自《马克思恩格斯全集》第25卷，人民出版社1974年版，第213页。

② 鲁宾认为，市场价值的第二种理论否定了价值作为价格波动的重心的意义，同时也混淆了价值与价格（Rubin, *op cit*, pp.198-199）。这一批评是片面的，依照我们的阐述，第一，价值作为价格波动的重心，应可容纳上述反向调整机制，即发现新的市场价值以适应市场价格和实现价值，而不是单纯地调整价格以适应既定的市场价值；第二，透过区分单位产品实现价值（对应于市场价格）和市场价值，市场价值的第二种理论完全可以避免对价值和价格的混淆。

③ “价格偏离价值量的可能性，已经包含在价格形式本身中。但这并不是这种形式的缺点，相反地，却使这种形式成为这样一种生产方式的适当形式，在这种生产方式下，规则只能作为没有规则性的盲目起作用的平均数规律来为自己开辟道路。”选自《马克思恩格斯全集》第23卷，人民出版社1972年版，第120页。

意味着相关部门在整个经济中的相对重要性正在发生根本的改变，这种改变恰好定义了经济的结构性变迁。在部门出现普遍亏损时，重大产品创新将成为竞争的重要手段，这种创新有可能开辟一个崭新的部门；反之，在部门内所有企业都能获得超额利润时，该部门要么是一个正在成长的新部门，要么便是出现了非同寻常的需求条件，诱使其大举扩张。假定市场价值可以追随市场价格进行调整，恰好为分析这种结构性变迁提供了可能。因此，市场价值的第二种理论和第一种理论的区别还在于，前者有助于扩大马克思经济学的解释范围，使之不仅能在给定部门的基础上解释资本主义经济的运动规律，而且能用于解释演化经济学所注重的经济的结构性变迁。

现在让我们再转来看式（4），其表达的资本积累基本矛盾左右了个别当事人的目的论行为，这类行为——即积累——的结构可以借用利润率的定义式 $r=\dfrac{S}{C+V}$ 来表征。在这个定义式中，分母 $C+V$ 不仅代表了预付资本的数量，而且通过资本有机构成刻画了生产的技术条件，在此双重意义上，可将分母视为目的论设定中所确定的手段；另一方面分子即剩余价值则代表了行为的目的。在此比率中，无论分子及分母的数量，还是分母与分子间的相互联系，都渗透了不确定性。先来看分子，由式（4）可看到，利润率定义里的分子即剩余价值的实现，在宏观上是由整个资本家阶级的积累所决定的，由于资本家阶级的投资意愿可能不足以保证等式（4）的成立，这就造成了利润实现的不确定性。用卡莱茨基的话说，资本家可以决定其支出的规模，但不能决定取得利润的多寡，就是指的这种不确定性。进而言之，在利润率的定义中，不仅分子即利润的实现受到不确定性的影响，分母自身也包含着不确定性。在《资本论》第二卷，马克思曾谈到，由于技术变革等因素的影响，固定资本价值面临经常性的贬值，这一现象被马克思称作资本循环中的价值革命。伴随这种价值革命，分母即预付资本的价值以及资本的价值构成也是不确定的。这样一来，在资本主义生产当事人的目的论行为中，目的及其手段都受到不确定性的左右，目的和手段之间的相互联系就更是如此了。①

总之，在何为生产的物量数据这个问题上，我们也看到了卢卡奇所谈到的那种联系：一方面，生产的技术条件是个别资本家的目的论活动据以进行的手段；另一方面，成功的目的论活动要求实现手段和目的的同质化，并根据社会合目的性对手段加以选择和调整。在部门内起调节作用的标准技术条件是一个相对的概念，只有置于目的论活动的结构中、相对于社会合目的性结果才能确定下来。这种标准技术条件和市场价值之间

① 参看笔者在《历史唯物论与马克思主义经济学》一书的第 4 章就此问题所作的论述，社会科学文献出版社 2017 年版，第 130 页。

的关系，要比斯蒂德曼乃至鲁宾所理解的更为复杂，其中不仅包含生产的技术条件调节市场价值这一重关系，还包含恰好相反的另一重关系，即通过市场价值的形成来选择生产的标准技术条件。这种反向关系在罗斯多尔斯基那里就已经在一定意义上存在了，沿用上文的记号，当个别价值λ^{min}或λ^{max}调节该部门的市场价格时，它们也就成为市场价值；而一旦λ^{min}或λ^{max}成为部门的市场价值，它们所代表的生产条件就同时确立为部门内起调节作用的标准技术条件。在我们讨论的实现价值（λ^*）与个别价值（λ^{min}或λ^{max}）极度偏离的情形中，上述反向关系变得更为明显。两者的极度偏离意味着市场价值以及部门内起调节作用的技术条件此时根本不存在，或言之，部门内既有的技术条件对于市场价格的变动完全不起任何调节作用。当出现这种偏离时，式（4）所代表的社会选择机制将推动部门间竞争和经济—技术的结构变迁，最终发现或造就一个新的起调节作用的标准技术条件，重建个别价值与市场价值的联系。

可以通过一个数例进一步说明本节讨论的观点。为简便起见，假定一个生产小麦和钢铁的两部门经济，其投入和产出的技术关系如表4所示。

表4　小麦和钢铁部门的投入产出条件

部门	小麦	钢	活劳动	产出
小麦	0	1/4	1	1
钢	0	1/2	1	1

令钢和小麦的单位价值分别为λ_s和λ_w，根据表4给出的生产条件，两部门的单位价值生产方程如下：

$$\begin{aligned}\lambda_s &= \frac{1}{2}\lambda_s + 1 \\ \lambda_w &= \frac{1}{4}\lambda_s + 1\end{aligned} \quad (12)$$

解方程组（12），得$\lambda_s = 2$，$\lambda_w = 3/2$。要注意的是，在构造这个方程时，丝毫没有涉及总量平衡条件。可以假设，此时两个部门的产量均为10000单位，剩余价值率为100%，两部门产品的价值构成如表5所示。

表5　小麦和钢铁部门的产品价值构成

部门	C	V	S	W
小麦	5000	5000	5000	15000
钢铁	10000	5000	5000	20000

由表 5 可知，全社会总劳动量为 35000 单位，故可写出以下总量平衡条件

$$10000\lambda_s + 10000\lambda_w = 35000$$

即社会总产品的市场价值总量等于投入生产的总劳动量。由于在再生产均衡的前提下，有 $\lambda^* = \lambda$，故而市场价值总量与实现价值总量也相等（即 $10000\lambda_s^* + 10000\lambda_w^* = 35000$）。表面上看，上述总量平衡条件对于单位市场价值的决定似乎不起作用，后者单纯依靠表 4 的投入产出技术条件即可得出（这正是新李嘉图主义的见解），但这其实是假象，如果引入非均衡，便可立即发现总量均衡条件对于市场价值和标准技术条件的决定所起的重要作用。

假设因再生产失衡，投入于生产的全部劳动量只能实现 $4/7$；同时假设此时产量仍可出清，但存在价格调整。在这些前提下可以写出

$$10000\lambda_s^* + 10000\lambda_w^* = 20000 \tag{13}$$

此时若仍假设 $\lambda^* = \lambda$，并将方程（13）和方程组（12）联立，则方程组不存在有经济意义的解。在理论上，这意味着，此时不存在起调节作用的市场价值。然而，在没有市场价值的情况下，仍然存在市场价格。假设此时两种产品市场价格的相对比例为 3∶2，即 $p_w = \frac{3}{2} p_s$ 根据冯金华实现价值方程，可写出：

$$\lambda_w^* = \frac{p_w}{10000 p_w + 10000 p_s} \times 20000$$

$$\lambda_s^* = \frac{p_s}{10000 p_w + 10000 p_s} \times 20000$$

$$10000\lambda_w^* + 10000\lambda_s^* = 20000$$

$$p_w = \frac{3}{2} p_s$$

据此解得 $\lambda_s^* = 0.8$，$\lambda_w^* = 1.2$。若假设两个部门此时有新的更为先进的企业加入，且这些先进企业的个别价值（分别为 λ_s^{min} 和 λ_w^{min}）恰好为 $\lambda_s^{min} = 0.8$，$\lambda_w^{min} = 1.2$，则先进企业的个别价值此时就成为部门内起调节作用的市场价值，其生产的技术条件也相应地成为部门内新的标准技术条件。

表 6　　小麦和钢铁部门新进入企业的投入产出条件

部门	小麦	钢	活劳动	产出
小麦	0	1/4	1	1
钢	0	3/8	1/2	1

表6为加入两个部门的新企业的个别生产条件（此时亦为标准的技术条件）。根据这一组条件可构造一组价值生产方程，其中$\lambda_s^{'}$和$\lambda_w^{'}$分别为先进企业的个别价值（此时亦为市场价值）

$$\lambda_w^{'}=\frac{1}{4}\lambda_s^{'}+1$$
$$\lambda_s^{'}=\frac{3}{8}\lambda_s^{'}+\frac{1}{2}$$

解此方程，求出$\lambda_s^{'}=0.8$，$\lambda_w^{'}=1.2$。这意味着，通过一种反向调整，两部门重新找到了新的市场价值和标准的技术条件。

在部门内起调节作用的技术条件的确立，是通过个别价值、市场价值、实现价值的对立统一关系而实现的，这种相互关系大致包含以下要点：

第一，在均衡前提下，中等技术条件所生产的单位产品的个别价值，与其市场价值或实现价值是相等的。就整个部门而言，全部产出的个别价值之和，与全部产出的市场价值或实现价值之和也是相等的。在此情形下，个别生产率最高的企业可以获得超额利润，但整个部门没有超额利润。

第二，当单位产品的市场价值由生产率较高或较低企业的个别价值所代表时，单位产品市场价值与生产率较高或较低企业的个别价值和实现价值也是相等的，但就整个部门而言，其总产出的市场价值（亦为实现价值），却不再等于总产出的个别价值之和，前者要么小于后者（当市场价值由生产率最低企业的个别价值调节时），要么大于后者（当市场价值由生产率最高企业的个别价值调节时）。这种偏离定义了再生产非均衡的存在。

第三，如果非均衡进一步发展，单位产品实现价值偏离部门内一切既有的个别价值，对市场价格起调节作用的市场价值也将不复存在，因而也不存在与之对应的、起调节作用的技术条件。在一个竞争性部门中，此时必然会出现进一步的调整，以发现或造就新的技术条件，重建单位产品的个别价值和市场价值的联系。这种重建虽然是一种演化经济学意义上的“协调”过程，但其结果并非一定带来相关部门的再生产均衡。

可以借助冯金华方程，对第二和第三点作一补充说明。在冯金华实现价值方程中，除非假定价格是直接价格，即价格恰好与单位产品的内含平均价值成比例（这是《资本论》第一卷采用的假定），否则单位产品的实现价值不等于其内含平均价值。为此可在式（11）的基础上写出任一部门单位产品实现价值（λ_i^{*}）与其内含平均价值（λ_i^{a}，见前文定义）的关系式为

$$\lambda_i^* = \frac{\phi p_i}{\sum_{i=1}^{2} p_i q_i} \sum_{i=1}^{2} t_i = \varphi_i \lambda_i^a \tag{14}$$

φ是度量两者偏离程度的系数。由式（14）可以看出，φ此时也度量了因非均衡造成的实现价值与内含平均价值的偏离。当价格为直接价格时，因此时处于均衡条件下，故ϕ和φ都等于1。由于单位产品的市场价值可以在（$\lambda^{\min},\lambda^{\max}$）这一区间内变动，任一部门单位产品实现价值只要满足式（15）所刻画的条件，就可视为市场价值

$$\lambda_i^{\min} \leqslant \lambda_i^* \leqslant \lambda_i^{\max} \tag{15}$$

将式（14）的第二个等式代入式（15），可得φ的变动范围为

$$\frac{\lambda_i^{\min}}{\lambda_i^a} \leqslant \varphi \leqslant \frac{\lambda_i^{\max}}{\lambda_i^a}$$

这意味着，当非均衡产生的φ的变动处于这一范围内时，需求的变化直接影响部门内市场价值的决定；一旦超出该范围，需求的变化就只调节价格和价值的偏离，而不再影响市场价值本身。但在后面这种情况下，竞争会带来进一步的调整，以造就或发现新的市场价值和标准的技术条件。

需要强调的是，在前述第一种和第二种情形中，单位产品的市场价值必须联系总产出的市场价值来决定，易言之，部门总产出的市场价值是单位产品市场价值得以决定的前提。[①] 初看起来，这个原则和《资本论》的叙述方法似乎是矛盾的，因为马克思的叙述是从单个商品的价值决定出发的，进而又以单位商品的价值乘以总产出，得到总产出的价值。但是，这种表面的矛盾只不过反映了《资本论》的叙述方法和研究方法的区别。从过程的内在联系来看，正如马克思在第三卷里所指出的："不仅在每个商品上只使用必要的劳动时间，而且在社会总劳动时间中，也只把必要的比例量使用在不同类的商品上"。从这个观点看，单位商品的个别价值只是市场价值形成的必要而非充分的前提，市场价值的最终决定，是在部门总产出乃至式（4）所表达的宏观层面实现的。

然而，正是在这个问题上，市场价值的两种理论存在着尖锐的对立。依照鲁宾支持的第一种理论，单位商品的市场价值决定于部门内的平均技术条件。在其他条件不变时，单位商品市场价值（即均衡价格）决定了该部门商品的总销量。由于在均衡条件下部门的总销量等于总产出，单位商品价值与总产出的乘积便是该部门在生产中所耗费的总劳动量或总价值。鲁宾认为，在此有三个起调节作用的变量，既均衡价格（市场价

① 在第三种情形中，总产出的实现价值同样也是新的单位市场价值和相对应的标准技术条件得以确立的前提。

值）、与均衡价格相适应的均衡产量、分配于该部门的均衡总劳动量，三者分别构成了在经验中经常波动的市场价格、产量和总劳动量的引力中心。而按照市场价值的第二种理论，首先被决定的是该部门商品的总销量（或销量乘以价格）及其市场价值总量，单位商品的市场价值等于市场价值总量除以总销量。如果说在第一种理论中，社会认可的、分布于该部门的总劳动量是由乘法得来的（即以单位价值乘以可实现产出），在第二种理论中，这一总劳动量则是预先得到的前提，然后再用除法，即以社会承认的总劳动量或市场价值总量除以可实现产量，得到单位产品的市场价值。①

冯金华通过以如下方式改写的式（8），表达了马克思提出的“除法”观

$$\lambda_i^* = \frac{p_i}{\sum_{i=1}^{2} p_i q_i} \sum_{i=1}^{2} t_i = \frac{1}{q_i} \cdot \frac{p_i q_i}{\sum_{i=1}^{2} p_i q_i} \sum_{i=1}^{2} t_i = \frac{W_i}{q_i} \tag{16}$$

其中，$W_i = \frac{p_i q_i}{\sum_{i=1}^{2} p_i q_i} \sum_{i=1}^{2} t_i$。在非均衡条件下，$W_i$转化为$W_i^*$，即转化为式（11）。由式（16）可以看出，市场价值决定中的“除法”意味着，首先被决定的是W_i或W^*，即部门产出的市场价值总量，然后再决定单位产品的市场价值λ_i^*，以及与之对应的生产技术条件。②

值得指出的是，式（11）中的比率$\frac{\phi p_i q_i}{\sum_{i=1}^{2} p_i q_i}$决定了特定部门在社会总劳动量的“事后”分布中所占据的比重，因而可直接用于度量该部门在整个经济中的相对地位的变化。在此意义上，式（11）也可视为从劳动价值论的角度分析前文谈及的经济结构变迁的概念工具。

3.3 价值决定中的主观因素

式（4）的深刻含义在于，它揭示了社会年产出的市场价值是由资本家阶级的实际积累所决定的。由于实际积累取决于马克思所说的积累的欲望，而后者在很大程度上等于资本家对未来利润的主观预期，这就意味着主观性在市场价值的决定中扮演了重要作用。

对第二种市场价值概念的讨论，必然涉及主观性和经济价值的关系问题。为便于讨论这一问题，不妨先从价值概念的一般含义着手。这里所称的一般含义，指的是价值

① 此处的“乘法”和“除法”一说来自马克思：“他（引者注：指个别资本家）是先确定单个商品的价格，然后用乘法决定总产品的价格，可是本来的过程是除法的过程，而且乘法只是作为第二步即以这种除法为前提才是正确的。”选自《马克思恩格斯全集》第25卷，人民出版社1974年版，第257页。

② 冯金华：《价值决定、价值转形和联合生产》，社会科学文献出版社2014年版，第93页。

概念在人类生活各个领域（如伦理、宗教、艺术、政治等）通行的含义。在社会存在的上述各个领域，价值都是由主体选择、设定和评价的结果。最早发展起来的经济价值概念，如使用价值和交换价值，也符合这一特点。例如，在率先分析经济价值的古代思想家亚里士多德那里，经济价值指的就是财物对人的有用性，这种有用性既包括使用价值，也包括交换价值。亚里士多德以鞋为例，指出鞋子的有用性一方面是穿着；另一方面是用于交易其他物品。[①] 经济价值向一种客观性范畴的转变，是在商品经济发展的过程中，尤其是资本主义生产方式崛起之后出现的。随着资本主义生产方式的发展，一方面，使用价值开始脱离单纯作为简单劳动过程的评价尺度，以及作为相对于生产者本人的有用性这种狭隘的形式，日益发展成为社会有用性或马克思所谓社会使用价值；另一方面，交换价值在货币、最终在资本上取得的独立性的发展，使其成为支配商品形态变化和决定商品相对价格运动的纯粹客观性范畴。经济价值的设定和实现从此依赖于由复杂的因果关系构成的社会整体，并因之具有不确定性这一特点。卢卡奇就这种不确定性曾写道："从一定的阶段开始，这个整体就不再是进行设定和作出可选抉择的诸多单个经济主体所能盲目把握的了，所以，主体就不再能象进行简单的、创造使用价值的劳动那样，按照价值进行抉择。须知，在大多数情况，人们几乎不能正确地把握他们自己的决定所产生的结果。那么，他们的价值设定怎么能够造成经济价值呢？但价值本身毕竟是客观地存在着的，而且正是它的这种客观性，也在规定着诸多个别的目的论的、根据使用价值进行的设定——尽管这种规定在客观上没有相应的肯定性，在主观上没有相应的理解。"[②]

在古典经济学家，尤其是马克思那里，诸如价值、运动中的价值（资本是运动中的价值）、市场价值乃至价值规律等一系列适用于资本主义生产方式的经济价值概念，都具有古代思想家所不曾体认到的客观性，当事人如果不遵守这种客观性，就会受到类似于重力这样的自然规律的惩罚。然而，承认经济价值的客观性最终也助长了下述认识，即劳动价值论似乎是一种纯粹强调价值的客观性的理论，主观选择和主观评价在价值的形成中不起任何作用。这种认识自然是错误的。在《资本论》里，正如马克思一再提出的，价值形成是以劳动过程的合目的性为前提的；所谓劳动两重性，是形成价值的抽象劳动和合目的的具体劳动的两重性，这意味着，如果没有劳动的合目的性这一前提，具

① 亚里士多德：《政治学》，商务印书馆 1965 年版，第 25 页。和亚里士多德大约同时代的中国古代思想家墨子，也有类似的思想。

② 卢卡奇：《关于社会存在的本体论》下卷，重庆出版社 1993 年版，第 86~87 页。

体劳动就不会转化为抽象劳动，不会形成价值。[①]

需要强调的是，马克思不仅结合个别劳动过程阐明了经济价值所包含的主观性维度，而且结合社会生产，利用再生产图式说明了这一点。让我们再回到式（4），该式展现出一种集体目的论行为（即资本家阶级的积累活动）的结构：等式左边的各项构成了集体行为的客观条件，即可用于投资和消费的物质对象；等式右边则是资本家阶级用于积累的支出（追加投资支出和追加消费支出），后者作为有效需求认可并实现了前一期产出的市场价值及其中包含的利润。在这个等式中，左边的各项即一部分剩余产品的价值，是在新的积累活动中被选择、评价、进而得到实现的。主观因素，即资本家阶级的积累欲望，在此成为实现他们自己的剩余产品及其利润的必要环节。因此，市场价值这一概念，事实上构成了经济价值的客观维度（生产中耗费的活劳动和物化劳动）与主观维度（对劳动的合目的性的社会评价）的合题。然而，在经济理论中，市场价值的这两个维度却常被认为是对立的：一方面，那些坚持只从客观维度理解价值的观点，被称作生产费用论或客观价值论；另一方面，片面地从主观评价和主观选择的维度理解价值，则构成了主观价值论或效用价值论。这两种立场都是错误的。在《资本论》里，马克思超越了这两种立场，并在市场价值概念中达成了价值规定的客观维度和主观维度的辩证统一：一方面，在生产中耗费的物化劳动和活劳动是市场价值形成的基础；另一方面，代表主观因素的有效需求构成了市场价值形成的必要条件。

我们还可借助于后凯恩斯主义经济学家明斯基的观点，进一步阐明在市场价值的决定中，主观因素和有效需求所发挥的作用。根据上文的分析，在再生产图式中，资本家阶级的积累所代表的有效需求，是市场价值形成的必要条件。那么资本家阶级的积累欲望是由哪些因素决定的呢？已实现利润率是其决定因素之一，但是，已实现利润率是一客观事实，如果只承认这一因素对积累的推动作用，则积累的欲望就是被机械地决定的，主观评价、预期和选择的意义将大打折扣。根据明斯基所阐发的观点，积累的欲望还取决于他所谓的资本资产（capital asset）价格的变化。根据他的理论，资本品或投资品存在两种价格，即作为普通产出的价格和作为资本资产的价格，他将前者称为供给价格，后者称为需求价格，当需求价格高于供给价格时，就会刺激积累，当需求价格低于供给价格时，就会妨碍积累。[②] 明斯基的需求价格在相当大程度上受到资本市场的心理

① 在《资本论》里，马克思很少单独使用具体劳动一词，总是采用“具体有用劳动”的提法，这一点常常受到忽视。对经济价值问题的分析，还可参见孟捷：《马克思主义经济学的创造性转化》，经济科学出版社 2001 年版，第 33 页。

② Minsky, H.,*Stabilizing an Unstable Economy*, New Haven and London: Yale University Press, 1986.

预期因素的主宰。需求价格相对于供给价格的变化，以及由此带来的投资需求或积累的波动，是这些心理因素得以影响市场价值形成的中介。我们可以通过图 1 直观地理解资本资产价格的形成和投资品市场价值的确定之间的关系。

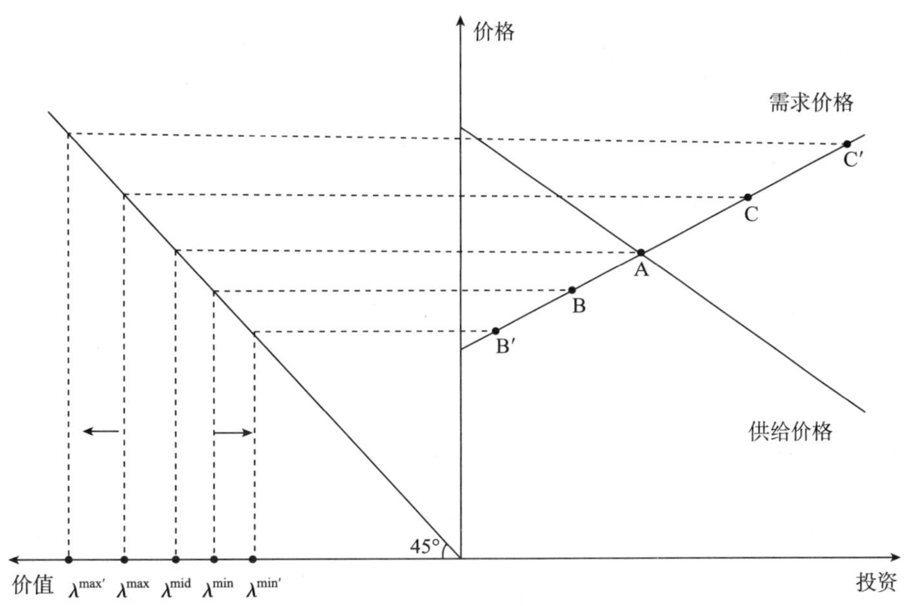

图 1　资本资产市场的主观预期与商品的市场价值的形成

图 1 纵坐标的右侧代表了资本资产市场，左侧代表了普通产出市场。在资本资产市场，分别有向上倾斜的需求价格曲线和向下倾斜的供给价格曲线。当某一资本品部门的需求价格位于 A,B,C 时，在左侧图上分别有三种个别价值 $\lambda^{mid},\lambda^{\min},\lambda^{\max}$ 与其对应，这三种个别价值也就是罗斯多尔斯基意义上的三种可能的市场价值，其中 λ^{mid} 相当于鲁宾意义上的处于均衡位置的市场价值。当需求价格位于图中的 B' 和 C' 点时，在左侧图上不存在与之对应的个别价值，这意味着，此时不存在对市场价格起调节作用的市场价值和标准的技术条件。以 C' 点为例，在这种情况下，资本资产市场对于资本品价值的估价，造成其实现价值高于最劣条件下的个别价值，如果此时有新企业进入，并以其个别价值 $\lambda^{\max'}$ 调节市场价格，则 $\lambda^{\max'}$ 就成为新的市场价值，其生产条件也成为起调节作用的标准技术条件。另一方面，以 B' 点为例，此时对投资品价值的估价，造成其实现价值低于最优条件下的个别价值，这将诱导该部门出现技术进步，以新出现的个别价值 $\lambda^{\min'}$ 作为新的市场价值。在图 1 里，市场价格向着作为引力中心的市场价值（$\lambda^{mid},\lambda^{\min},\lambda^{\max}$）的收敛，以及在出现过度偏离的市场价格（以及通过这一价格取得的实现价值）时通过某种调节机制而发现新的市场价值，构成了一个动态过程的两个方面。一些传统理解由于

片面注重前一方面，忽略了后一方面，从而有意无意地将劳动价值论变成了静态均衡理论，淡化了马克思经济学和新古典经济学的界限。

4. 作为一种演化理论的劳动价值论

在尾论里，我们要提出两个具有结论性的意见，其一针对的是斯拉法主义者斯蒂德曼；其二针对的是演化经济学家霍奇逊。

部门内给定的生产技术条件与商品价值量之间的关系，并不像斯蒂德曼所理解的那样，是一种单向的、决定论的关系。究竟哪一种技术条件成为起调节作用的技术条件，是不能脱离市场价值的形成而预先决定的。在马克思经济学中，市场价值的概念是与资本主义经济固有的非均衡和不确定性联系在一起的。这里所说的不确定性，首先是指资本主义生产的手段和目的、条件和结果之间的联系的不确定性。生产的技术条件是价值增殖这一目的的手段或前提，但问题在于，资本主义生产当事人不仅事先无法确知价值增殖的程度，甚至不能预先了解什么是为社会认可的、在部门内起调节作用的标准技术条件。在其进一步的发展中，这种不确定性又体现为供给和需求、剩余价值生产和剩余价值实现的相互联系的不确定性。马克思经济学不仅解释了这种不确定性产生的根源，而且试图通过价值范畴来把握这种不确定性。由于价值概念（以及用价值概念规定的资本概念）是这种不确定性在理论上的反映，其本身就具有如下特点：商品的价值量是无法依据物质消耗系数而预先测算的。这当然不是说价值永远不能以某种方式得到测度（价值量具有某种"事后的"可观测效应）[①]，而只是强调不能单凭生产中的物质消耗系数来推算产品的价值。因此，在马克思经济学中，劳动价值论既是分析资本主义经济运动规律的理论工具，同时也反映了人类认知的某种限度，这就像量子世界中的不确定性会反映在海森堡的"测不准原理"上一样。一位捷克哲学家泽勒尼在谈及马克思主义认识论时曾指出："在对人类理性的界限的看法上，马克思接近康德甚于接近黑格尔。"[②]这一论断是十分深刻的。泽勒尼在谈论这一问题时没有片言只字涉及劳动价值论，而在我们看来，劳动价值论恰恰是支撑他的论断的最有力的论据。我们还可为泽勒尼的论断再补充一点：这种认识论意义的界限，反映了在特定历史条件下人类实践活动的本体论

① 这里所谓"事后"，指的是在商品实现之后。"新解释"学派（the New Interpretation）采用以净量值度量的劳动时间的货币表现（MELT），并用其定义货币的价值和劳动力价值，便属于一种事后的测度方法。

② 泽勒尼：《马克思的逻辑》，中央党校出版社 1986 年版，第 237 页。

限度。[①]

英国学者霍奇逊是当代著名演化经济学家，有趣的是，20世纪70年代，他还一度是斯蒂德曼的追随者。在转变为演化经济学家之后，霍奇逊又调转矛头，批判了作为斯蒂德曼理论基础的斯拉法主义。[②] 不过，霍奇逊晚年虽然反对斯拉法主义，却一直默认斯蒂德曼站在斯拉法的立场上对马克思劳动价值论所作的批判，并根据这种批判将马克思经济学排斥在演化经济学的谱系之外。在《经济学与演化》一书里，他这样写道："在马克思经济学中，价值被假定是与既定时刻所具有的最有利可图的技术相关的。价值量与这种技术所包含的'社会必要'劳动时间联系在一起。按照这个理论，在经济过程中起着重要作用的多样性就不见了。而没有这种持久的多样性，自然选择就没有原料。饶有意味的是，马克思和古典及新古典经济学一样，仅仅关注于单一技术的产生及其如何获得统治地位"。[③] 这段引文充分暴露了霍奇逊对劳动价值论的误解。与霍奇逊的批评相反，在马克思那里，价值并不是由最有利可图——即能取得超额利润——的技术决定的。对市场价值的决定起调节作用的技术条件，并不会给具备这种技术的企业带来超额利润。更为重要的是，在决定哪一种技术在部门内起调节作用时，某种与技术因素无关的社会选择过程也扮演着重要作用。在《资本论》第三卷讨论农产品市场价值的决定时，马克思明确表达了这种观点，他写道："产品（也包括土地产品）市场价值的决定，是一种社会行为，虽然这是一种不自觉的、盲目的社会行为。这种行为必然不是以土地及其肥力的差别为依据，而是以产品的交换价值为依据"。[④] 在这里，生产的技术条件（在农业生产中即指土地的肥力）虽然构成了市场价值形成的必要前提，但绝非其根本的原因。正如马克思所承认的，即便技术条件没有发生任何变化，市场价值仍会随着供求形势和交换价值（即实现价值）的变动——其背后是资本积累基本矛盾的作用——而不断改变。[⑤]

---

① 在这个问题上，亦可将马克思经济学和新古典经济学加以比较——后者通过"理性选择"概念提倡一种在认识上没有限度的经济学。新古典经济学的僭妄尤其体现于完全竞争市场的一般均衡理论，这个理论等于宣布，人类可以为其经济组织找到一劳永逸的解决办法。在"冷战"结束后，这一理论自然就成为福山所谓"历史终结论"的理论支柱之一。接纳一般均衡论意味着赞同人类经济组织的"历史终结论"，这大概是许多新古典微观经济学的信奉者没有料到的。

② 霍奇逊对斯拉法主义的批判，见于 Hodgson, G. M., *Evolution and Institutions,* Cheltenham, U.K: E. Elgar, 1998, pp.52f, 尤见 note 7. 霍奇逊早年一度接受了斯拉法主义，并据以批评马克思，参见《资本主义、价值和剥削》，于树生、陈东威译，商务印书馆 1990 年。

③ Hodgson, G. M., *Economics and Evolution*, University of Michigan Press, 1997, p.75.

④ 《马克思恩格斯全集》第 25 卷，人民出版社 1974 年版，第 744~745 页。

⑤ 在马克思讨论的谷物部门里，市场价值的决定是与再生产失衡相伴随的，这一失衡表现为"虚假的社会价值"的存在，后者被马克思称为："被看作消费者的社会对土地产品支付过多的东西"。参见《马克思恩格斯全集》第 25 卷，人民出版社 1974 年版，第 745 页。

值得一提的是，演化经济学家梅特卡夫在讨论经济生活中代表性行为的含义时，曾提出了与马克思的上述论断非常近似的观点，他说：“（引者注：与新古典经济学的理解不同，所谓代表性行为）是经济过程产生的结果，而不是这个过程的给定前提。”“所谓代表性取决于各种相关行为的协调方式，即便‘现实’行为者的各种个别行为是固定的，所谓代表性也会随着经济过程而改变”。[①] 梅特卡夫的这些观点有助于我们在方法论上理解第二种含义的市场价值概念。在一个部门内，某种特定的技术条件或其产品的个别价值转化为标准技术条件或市场价值的过程，就构成了梅特卡夫意义上的代表性行为；这种代表性行为是经济过程选择的结果，而非单纯由部门内既有的技术条件所决定。因此，马克思经济学并非像新古典经济学那样，仅仅关注“单一技术的产生及其如何获得统治地位”，而是要解释特定的技术条件或其产品的个别价值何以在部门内具有代表性（即成为市场价值），以及这种代表性又何以伴随资本积累基本矛盾的发展而改变。换言之，劳动价值论的分析功能在于解释技术和经济的协同演化。[②] 在此意义上，劳动价值论决非如霍奇逊所指摘的那样，有违演化经济学的宗旨，反而应视为“演化的”价值理论，为理解资本主义经济的演化奠定了坚实的基础。

参考文献

[1] 白暴力:《论价格直接基础》，西北工业大学出版社 1986 年版。

[2] 布哈林:《食利者政治经济学》，郭连成译，商务印书馆 2002 年版。

[3] 弗里曼、卢桑:《光阴似箭》，沈宏亮等译，中国人民大学出版社 2007 年版。

[4] 弗里曼、苏特:《工业创新经济学》，华宏勋等译，柳卸林校，北京大学出版社 2004 年版。

[5] 冯金华:“价值的形成和实现：一个新的解释”，载于《学习与探索》2015 年第 5 期。

[6] 冯金华:《价值决定、价值转形和联合生产》，社会科学文献出版社 2014 年版。

[7] 谷书堂、杨玉川:“对价值决定和价值规律的再探讨”，载于《经济研究》1982 年第 2 期。

[8] 霍奇逊:《资本主义、价值和剥削》，于树生、陈东威译，商务印书馆 1990 年版。

[9] 卢卡奇:《关于社会存在的本体论》下卷，白锡堃、张西平、李秋零等译，重庆出版社 1993 年版。

---

① Metcalfe, S., ‘Knowledge of Growth and the Growth of Knowledge’, *Journal of Evolutionary Economics*, 2002, vol.12, p. 8.

② 梅特卡夫曾经提出了一个三阶段模型，用以概括一切经济演化过程的特点。根据这一模型，经济演化或其结构性转变包含下述三个阶段：第一阶段是行为的变异或微观多样性的形成；第二阶段是使变异转变为一种经济变迁模式的选择过程；第三阶段则是行为变异再度发生的过程。梅特卡夫同时也将第二阶段称为“协调过程”。笔者在先前的著作里，曾简略比较了这个模型和马克思相对剩余价值生产理论的近似之处，指出后者以劳动价值论为前提，分析了梅特卡夫所指的“协调过程”。参见孟捷:《历史唯物论与马克思主义经济学》，社会科学文献出版社 2016 年第二次印刷版，第 222~223 页。

[10] 卢卡奇:《审美特性》第1卷，徐恒醇译，中国社会科学出版社1986年版。
[11] 卢森堡:《国民经济学入门》，彭尘舜译，三联书店1962年版。
[12] 卢森堡:《资本积累论》，彭坐舜、吴纪先译，三联商店1959年版。
[13] 罗斯多尔斯基:《马克思〈资本论〉的形成》，山东人民出版社1992年版。
[14]《资本论》第一卷，选自《马克思恩格斯全集》第23卷，人民出版社1972年版。
[15]《资本论》第二卷，选自《马克思恩格斯全集》第24卷，人民出版社1972年版。
[16]《资本论》第三卷，选自《马克思恩格斯全集》第25卷，人民出版社1974年版。
[17] 马克思:《剩余价值理论史》，选自《马克思恩格斯全集》第26卷第3册，人民出版社1974年版。
[18] 马克思：1868年7月11日致库格曼的信，选自《马克思恩格斯选集》第4卷，人民出版社1995年版。
[19] 曼德尔:《〈资本论〉新英译本导言》，仇启华、杜章智译，中央党校出版社1991年版。
[20] 孟捷:《马克思主义经济学的创造性转化》，经济科学出版社2001年版。
[21] 孟捷:《历史唯物论与马克思主义经济学》，社会科学文献出版社2017年版。
[22] 孟捷、冯金华:"非均衡与平均利润率的变化：一个马克思主义的分析框架"，载于《世界经济》2016年第6期。
[23] 斯蒂德曼:《按照斯拉法思想研究马克思》，商务印书馆1991年版。
[24] 魏埙、谷书堂:"价值规律在资本主义各个阶段中的作用及其表现形式"，载于《南开大学学报（经济科学版）》1955年第1期。
[25] 魏埙、谷书堂:《价值规律在资本主义各个阶段中的作用及其表现形式》，上海人民出版社1961年版。
[26] 亚里士多德:《政治学》，商务印书馆1965年版。
[27] 泽勒尼:《马克思的逻辑》，中央党校出版社1986年版。
[28] 张忠任:《百年难题的破解：价值向生产价格转形问题的历史与研究》，人民出版社2004年版。
[29] Freeman, Ch., and F. Louca, *As Time Goes By: From Industrial Revolutions to Information Revolution*, Oxford, 2002.
[30] Hiferding, R., "Bohm- Bawerk's Criticism of Marx", in Sweezy, P., ed., *Karl Marx and the Closure of His System,* New York: Augstus M. Kelley Publishers 1966.
[31] Hodgson, G. M., *Evolution and Institutions,* Cheltenham, U.K: E. Elgar, 1998.
[32] Itoh, M., *Value and Crisis:Essays on Marxian Economics in Japan,* New York: Monthly Review Press, 1980.

[33] Itoh, M., *The Basic Theory of Capitalism*, Basingstoke, Hampshire: Macmillan Press, 1988.

[34] Kalecki, M., 'Determinants of Profit', in *Selected Essays on the Dynamics of the Capitalist Economy,* Cambridge: CUP, 1980.

[35] Metcalfe, S., "Knowledge of Growth and the Growth of Knowledge", *Journal of Evolutionary Economics*, 2002, vol.12 no.3.

[36] Minsky, H., *Stabilizing an Unstable Economy*, New Haven and London: Yale University Press, 1986.

[37] Morishima, M., *Marx's Economics: A Dual Theory of Value and Growth*, Cambridge: CUP, 1979.

[38] Moseley, F., *Money and Totality: A Macro-Monetary Interpretation of Marx's Logic in Capital and the End of the 'Transformation Problem'*, Leiden, Netherlands: Brill, 2016.

[39] Okishio, N., "On Marx's Reproduction Scheme", in *Kobe University Economic Review*, 1988, vol. 34.

[40] Nelson, Richard R. and Sidney G. Winter, 'Evolutionary Theorizing in Economics', *Journal of Economic Perspectives,* 2002, vol.16 no.2.

[41] Rowthorn, B., 'Neo-Classicism, Neo-Ricardiannism and Marxism', in *Capitalism, Conflict and Inflation*, London: Lawrance and Wishart, 1980.

[42] Rubin, I.I., (1928) *Essays on Marx's Theory of Value*, Detroit: Black and Red, 1972.

[43] Shaikh, A.,"Neo-Ricardian Economics—A Wealth of Algebra, A Poverty of Theory", *Review of Radical Political Economics*, 1982, vol. 14 no.2.

社会必要物化劳动和转移价值的决定 *

冯金华 **

摘　要 社会必要劳动时间决定商品价值量的原理不仅适用于活劳动和新增价值的创造，同样也适用于物化劳动和转移价值的形成。然而，以往的文献大都集中于讨论活劳动与新价值的创造，很少涉及物化劳动与旧价值的转移，特别是很少说明物质投入中原有的旧价值与其再现于产品中的转移价值之间的具体数量关系。本文根据社会必要劳动时间的第一种含义，从讨论最简单的即只包括劳动投入的情况开始，然后分析与产出相同的自身投入的情况，最后研究与产出不同的其他投入的情况，得出关于价值决定的更加一般的理论。

关键词　社会必要物化劳动　转移价值　自身转移价值　其他转移价值

一、引言

社会必要劳动时间决定商品的价值量是马克思劳动价值论的一个基本原理。这个原理不仅适用于活劳动和新增价值的创造，同样也适用于物化劳动和转移价值的形成。换句话说，该原理可以被进一步分解为两个更加具体的原理，一个针对活劳动和新增价值，即社会必要的活劳动决定商品中的新增价值；一个针对物化劳动和转移价值，即社会必要的物化劳动决定商品中的转移价值。对此，马克思曾有过生动的说明："如果纺 1 磅纱只需要 1 磅棉花，那么，纺 1 磅纱就只应当消耗 1 磅棉花，纱锭也是这样。如果资本家异想天开，要用金锭代替铁锭，那么在棉纱的价值中仍然只计算社会必要劳动，即生产铁锭所必要的劳动时间。"①"浪费了的材料或劳动资料是多耗费的对象化劳动量，不被计算，不加入形成价值的产品中"。②

然而，以往的文献大都集中于讨论活劳动（或劳动投入）与新价值的创造，很少涉及

---

* 本文系国家社会科学基金项目"一般均衡价格与价值研究"（15BJL007）。

** 冯金华，上海财经大学马克思主义学院教授，博士生导师。

① 《资本论》第一卷，人民出版社 2004 年版，第 220 页。

② 《资本论》第一卷，人民出版社 2004 年版，第 228~229 页。

及物化劳动（或包括物化劳动的物质投入）与旧价值的转移，特别是很少说明物质投入中原有的旧价值与其再现于产品中的转移价值之间的具体数量关系。一些与物化劳动有关的分析也主要是解决“定性”的问题，即物化劳动是否创造价值。尽管大多数人坚持认为，物化劳动只能转移价值而不能创造价值（李秉濬，1999；李善明，2003；马镔，2004；陈冠玉，2007），但仍然有一部分人试图“证明”，物化劳动也创造价值（温志宏，1998；王莉霞等，2001；钱伯海，2002）。还有一些人则从不同的角度来看待物化劳动与价值创造的关系。例如，张峰（2007）认为，物化劳动转移价值效率的提高和活劳动创造价值效率的提高是相辅相成的过程；王卫华（2016）把物化劳动分为完成时的“死劳动”和进行时的“活劳动”，并认为前者不创造价值，只转移自身的价值，而后者创造价值，是剩余价值的真正来源。

在分析物化劳动与转移价值之间关系上的一个进展来自黄新生、赵晓文（2006）：“如果生产资料过去生产的劳动价值与现在生产的劳动价值发生变化，生产资料的转移价值是当前生产该生产资料的劳动价值。只有当前生产该生产资料的劳动价值才能被社会承认。……死劳动的转移价值必然要还原为现时生产的活劳动价值计入到商品价值中。”然而，可惜的是，他们没有把这里的思想作进一步的“量化”处理。

本文根据社会必要劳动时间的第一种含义，将社会必要劳动时间决定商品价值量的原理运用于分析生产中的物质投入与转移价值的关系，即认为，不仅决定商品中新增价值部分的是社会必要劳动，不是单个企业的个别劳动，而且决定商品中转移价值部分的也是“社会必要的物化劳动”或“社会必要消耗”，也不是单个企业的“个别消耗”。这里，仿照马克思关于第一种含义的社会必要劳动时间的定义，可以把社会必要的物化劳动或社会必要消耗定义为“是在现有的社会正常的生产条件下，在社会平均的劳动熟练程度和劳动强度下制造某种使用价值所需要的”物化劳动或包括这些物化劳动的物质消耗。①

从企业的角度来看，如同投入不等于产出一样，物质投入的价值一般来说也不等于由消耗这些物质投入而形成的转移价值。前者是由再生产这些物质投入所花费的社会必要劳动决定的，而后者则由这些物质投入在生产其他商品时的“社会必要消耗”决定。拿马克思所说的那个在纺纱中使用金锭代替铁锭的“异想天开”的资本家来说，他的物质投入的价值显然远远大于由这些物质投入所形成的转移价值，因为在纺纱中，决定社会必要消耗的是铁锭，而不是更加昂贵的金锭。

① 《资本论》第一卷，人民出版社2004年版，第52页。

本文的具体讨论步骤：首先研究最简单的即只包括劳动投入时的新增价值的决定问题，然后研究除劳动投入之外还包括所谓“自身投入”（即与产出相同的物质投入）的情况，得出关于新增价值和“自身转移价值”（即由自身投入而形成的转移价值）的决定理论，最后研究除劳动投入和自身投入之外还包括所谓“其他投入”（即与产出不同的物质投入）的情况，得出更加一般的关于新增价值、自身转移价值和其他转移价值（即由其他投入而形成的转移价值）的决定理论。

二、劳动投入和新增价值

我们从一个简单的数字例子开始。考虑这样一个行业，它包括两个企业，生产同一种商品，其中，企业 1 用 10 个小时的劳动生产了 15 件商品，企业 2 用 20 个小时的劳动生产了 45 件商品。由于整个行业总共用了 30 个小时生产了 60 件商品，故每件商品中包含的社会必要劳动量或价值量为 30/60=0.5（小时）。于是，企业 1 生产的 15 件商品的价值等于 15 × 0.5=7.5（小时），小于它投入的自然的或个别的劳动时间 10 个小时；企业 2 生产的 45 件商品的价值等于 45 × 0.5=22.5（小时），大于它投入的自然的或个别的劳动时间 20 个小时，两个企业总共生产的 60 件商品的价值为 7.5 × 22.5=30（小时），正好等于全部的劳动投入。

一般的（见表 1），若某个行业只包括两个企业，且两个企业投入的劳动量分别为 l_1 和 l_2，生产的商品量分别为　和 q_2，从而整个行业投入的劳动量和生产的商品量为 $l_1+l_2=L$ 和 $q_1+q_2=Q$，则根据社会必要劳动时间决定商品价值量的原理，由表 1 的最后一行可以得到如下的价值体系或方程：

$$L=\lambda Q$$

这里，λ 表示每一单位商品中包含的社会必要劳动量或价值量；λQ 是整个行业创造的价值量。它意味着，在不考虑物质投入和由物质投入形成的转移价值的条件下，整个行业创造的新增价值量就等于全部的劳动量（亦即社会必要劳动量）。解该方程则得到：

$$\lambda=\frac{L}{Q} \tag{1}$$

式（1）表示，单位商品的价值量与整个行业的总劳动量成正比，与总产出量成反比。[①]

① 参见冯金华：“马克思劳动价值论的数学原理”，载于《财经科学》2006 年第 8 期；《马克思主义经济学的数学原理》，上海人民出版社 2010 年版，第 6 页。

表 1　　劳动投入和产出

	劳动投入	产出
企业 1	l_1	q_1
企业 2	l_2	q_2
行业	L	Q

根据单位商品价值量的决定公式（1）企业 1 和企业 2 创造的价值分别为：

$$\lambda q_1 = \frac{L}{Q} q_1$$

$$\lambda q_2 = \frac{L}{Q} q_2$$

从这里可以看到，每一企业投入的劳动量（即“自然的或个别的劳动量”）通常并不等于由它形成的社会必要劳动量或价值量。例如，企业 1 投入的劳动量为 l_1，由它形成的价值量为 λq_1，若要二者相等就必须：

$$l_1 = \lambda q_1$$

或者

$$\frac{l_1}{q_1} = \lambda = \frac{L}{Q}$$

这意味着，除非企业 1 的劳动与产出的比率恰好等于整个行业的劳动与产出的比率，否则，它投入的劳动量就不会等于由它形成的价值量。

另外，整个行业创造的价值为：

$$\lambda q_1 + \lambda q_2 = \lambda Q = L$$

换句话说，尽管每一企业投入的劳动量通常不等于由它形成的价值量，但整个行业投入的总劳动量却一定等于由它形成的总价值量，见表 2。

表 2　　劳动投入和新增价值

	劳动投入	新增价值
企业 1	l_1	λq_1
企业 2	l_2	λq_2
行业	L	$\lambda q_1 + \lambda q_2 = \lambda Q = L$

三、自身投入和自身转移价值

现在来看更加复杂一点的情况：每个企业在生产过程中不仅使用了劳动投入，而且还使用了与产出相同的物质投入，即所谓的“自身投入”。在生产过程中，自身投入的全部或一部分会被消耗掉，其原有的旧价值会被转移到产出中去，形成所谓的“自身转移价值”。我们要讨论的问题是自身投入的价值与由它们形成的自身转移价值之间是什么样的关系？自身转移价值与劳动所创造的新增价值又是如何共同决定商品的价值量的？

假定整个行业只有两个企业，生产同一种商品，企业 1 和企业 2 分别投入了 10 个和 20 个小时的劳动生产了 15 件和 45 件商品，但与此同时，它们还分别使用了 2 个和 3 个单位的与产出相同的自身投入。为简单起见，假定所有的投入（包括劳动投入和自身投入）都在一个生产周期中被完全消耗掉。

此时，由于在产出中既包含了由劳动投入创造的新增价值，也包含了通过消耗自身投入的价值而形成的自身转移价值，故需要分别就这两个部分来讨论商品价值量的决定。

首先，与以前一样，用总共 30 个小时的劳动量去除总共 60 个单位的产出，得到每一单位产出中包含的社会必要劳动量或新增价值量为 0.5。

其次，用总共 5 个单位的自身投入的价值 5λ（λ 代表每一单位自身投入的价值，同时亦代表单位产出的价值）去除总共 60 个单位的产出，得到每一单位产出中包含的自身转移价值为 $5\lambda/60$。正如新增价值是劳动投入中属于“社会必要劳动”的部分一样，自身转移价值也是自身投入中属于“社会必要消耗”的部分。

最后，将每一单位产出中的新增价值和自身转移价值加在一起，得到每一单位产出的价值：

$$\lambda = 0.5 + \frac{5\lambda}{60}$$

其解为 $\lambda = 6/11$。

容易看到，现在对任何一个企业来说，不仅它投入的劳动不等于新增价值，而且它消耗的自身投入的价值也不等于自身转移价值（即并非所有自身投入价值的消耗都是“社会必要”的消耗）。例如，企业 1 消耗的自身投入的价值为 $2\lambda = 2\times(6/11) = 12/11$，不等于它的自身转移价值 $15\times(5\lambda/60) = 15\times(5/60)\times(6/11) = 15/22$，消耗的自身投入价值与劳动投入之和为 $(12/11)+10 = 122/11$，不等于自身转移价值和新增价值之和 $(15/22)+(15/2) = 90/11$。

在上面的例子中，尽管对于任何一个企业来说，投入的劳动与新增价值、消耗的自身投入价值与自身转移价值都不相等，但是，对于包括全部两个企业在内的整个行业来说，它们仍然是相等的。例如，整个行业的新增价值为 $(1/2)\times15+(1/2)\times45=30$，等于总的劳动投入；自身转移价值为 $15\times(5\lambda/60)+45\times(5\lambda/60)=5\lambda$，等于总的自身投入的价值；新增价值与自身转移价值之和为 $30+5\lambda$，等于总的劳动投入与总的自身投入的价值之和。

一般的（见表3），若设企业1和企业2的劳动投入分别为 l_1 和 a_1；自身投入分别为 a_1 和 a_2；产出分别为 q_1 和 q_2。整个行业的劳动投入为 $l_1+l_2=L$；自身投入为 $a_1+a_2=A$；产出为 $q_1+q_2=Q$，则由表3的最后一行可以得到如下的价值体系或方程：

$$L+\lambda A=\lambda Q$$

或者，写成“平均”的形式为：

$$\frac{L}{Q}+\frac{\lambda A}{Q}=\lambda$$

这里，λ 表示每一单位产出中的价值量（包括新增价值和自身转移价值），L/Q 和 $\lambda A/Q$ 分别是单位产出中的新增价值和自身转移价值。

由价值体系方程可解得：

$$\lambda=\frac{L}{Q-A} \tag{2}$$

它意味着，单位商品的价值量与总的劳动量成正比，与总的净产出量成反比。当然，这里要求 $Q>A$，否则，投入的劳动就没有任何意义——因为劳动的净产出此时为零或负数。公式（2）是公式（1）的推广：当自身投入为零时，公式（2）就退化为公式（1）。

表3　自身投入和产出

	投入		产出
	劳动投入	自身投入	
企业1	l_1	a_1	q_1
企业2	l_2	a_2	q_2
行业	L	A	Q

不难看到，现在对某一企业来说，不仅它投入的劳动通常不等于由此形成的新增价值，而且它消耗的自身投入的价值通常也不等于由此形成的自身转移价值。

仍然以企业1为例。它消耗的自身投入的价值为 λa_1，由此形成的自身转移价值为

$(\lambda A/Q)q_1$，若要二者相等就必须：

$$\lambda a_1=\frac{\lambda A}{Q}q_1$$

或者

$$\frac{a_1}{q_1}=\frac{A}{Q}$$

这意味着，除非企业 1 的自身投入与产出之比恰好等于整个行业的自身投入与产出之比，否则，它消耗的自身投入的价值就不会等于由它形成的自身转移价值。

进一步还可看到，对于任意一个企业来说，不仅它投入的劳动或消耗的自身投入的价值通常不等于它形成的新增价值或自身转移价值，而且它投入的劳动与消耗的自身投入的价值之和通常也不等于它形成的新增价值和自身转移价值之和。例如，企业 1 投入的劳动与消耗的自身投入的价值之和为 $l_1+\lambda a_1$，形成的新增价值与自身转移价值之和为 λq_1，若要二者相等就必须：

$$l_1+\lambda a_1=\lambda q_1$$

亦即

$$\frac{l_1}{q_1-a_1}=\lambda=\frac{L}{Q-A}$$

这意味着，除非企业 1 的劳动与净产出的比率恰好等于整个行业的劳动与净产出的比率，否则，它投入的劳动与消耗的自身投入的价值之和就不会等于新增价值与自身转移价值之和。

另外，尽管每一企业投入的劳动与消耗的自身投入的价值之和通常不等于由此形成的新增价值和自身转移价值之和，但整个行业投入的总劳动与消耗的自身投入的总价值之和却一定等于由此形成的总的新增价值与总的自身转移价值之和（见表 4）。

表 4　　自身投入和自身转移价值

	劳动投入	自身投入价值	总投入	新增价值	自身转移价值	总产出
企业 1	l_1	λa_1	$l_1+\lambda a_1$	$\frac{L}{Q}q_1$	$\frac{\lambda A}{Q}q_1$	$\frac{L+\lambda A}{Q}q_1$
企业 2	l_2	λa_2	$l_2+\lambda a_2$	$\frac{L}{Q}q_2$	$\frac{\lambda A}{Q}q_2$	$\frac{L+\lambda A}{Q}q_2$
行业	L	λA	$L+\lambda A$	L	λA	$L+\lambda A$

四、其他投入和其他转移价值

最后来看既包括劳动投入和自身投入也包括其他投入的价值决定问题。如假定企业1用10个单位的劳动投入和2个单位的自身投入生产15件商品；企业2用20个单位的劳动投入和3个单位的自身投入生产45件商品，与此同时，两个企业还分别使用了1个和2个单位的另外一种商品作为投入（即“其他投入”）。为简单起见，同样假定所有的投入（包括劳动投入、自身投入和其他投入）都在一个生产周期中被完全消耗掉。

求解单位产出价值量的方法与以前一样：首先，用总共30个单位的劳动去除总共60个单位的产出，得到每个单位产出中包含的新增价值为0.5；其次，用总共5个单位的自身投入的价值5λ（与前一样，λ代表每一单位自身投入的价值，同时也代表产出的价值）去除总共60个单位的产出，得到每个单位产出中包含的自身转移价值为$5\lambda/60$；再次，用总共3个单位的其他投入的价值$3x$（x代表每一单位其他投入的价值）去除总共60个单位的产出，得到每个单位产出中包含的由其他投入而形成的转移价值（即“其他转移价值”）为$3x/60$。与自身转移价值一样，其他转移价值也是其他投入中属于“社会必要消耗”的部分；最后，将每个单位产出中的新增价值、自身转移价值和其他转移价值加在一起，得到每个单位产出的价值：

$$\lambda = 0.5 + \frac{5\lambda}{60} + \frac{3x}{60}$$

或者

$$\lambda = \frac{3x}{55} + \frac{6}{11}$$

可以看到，现在对于每一个企业来说，不仅它投入的劳动不等于新增价值，它消耗的自身投入的价值不等于自身转移价值，而且，它消耗的其他投入的价值也不等于其他转移价值。

例如，企业1消耗的其他投入的价值为$1\times x = x$，不等于其他转移价值$15\times(3x/60)$；消耗的其他投入价值与自身投入价值之和为$x+2\lambda$，不等于其他转移价值与自身转移价值之和$15\times(3x/60)+15\times(5\lambda/60)$；消耗的其他投入价值、自身投入价值与劳动投入之和为$x+2\lambda+l_1$，不等于其他转移价值、自身转移价值与新增价值之和$15\times(3x/60)+15\times(5\lambda/60)+15\times0.5$。

在上面的例子中，尽管对任意一个企业来说，其他投入的价值不等于其他转移价值（以及自身投入的价值不等于自身转移价值、劳动投入不等于新增价值），但是，对于包括全部两个企业在内的整个行业来说，它们仍然是相等的。例如，整个行业的其他投入的价值为$3x$等于其他转移价值为$(3x/60)\times 15+(3x/60)\times 45$（自身投入的价值为$5\lambda$，等于自身转移价值$(5\lambda/60)\times 15+(5\lambda/60)\times 45$，劳动投入为30，等于新增价值$0.5\times 15+0.5\times 45$）。

一般的（见表5），若设企业1和企业2的劳动投入分别为l_1和l_2；自身投入分别为a_1和a_2；其他投入分别为b_1和b_2；产出分别为q_1和q_2。整个行业的劳动投入为$l_1+l_2=L$；自身投入为$a_1+a_2=A$；其他投入为$b_1+b_2=B$；产出为$q_1+q_2=Q$，则可以得到如下的价值体系或方程：

$$L+\lambda A+xB=\lambda Q$$

或者，写成平均形式为：

$$\frac{L}{Q}+\frac{\lambda A}{Q}+\frac{xB}{Q}=\lambda$$

这里λ代表每一单位产出中的价值量（包括新增价值、自身转移价值和其他转移价值），亦代表每一单位自身投入的价值量。由此可得：

$$\lambda=\frac{L+xB}{Q-A} \tag{3}$$

它意味着，单位产出的价值量现在不仅随劳动量的增加而上升、随净产出的增加而下降，而且还随其他投入及其他投入的价值的增加而上升。不过，这里要注意的是，在公式分母中的A是自身投入的数量，而分子中的xB却是其他投入的价值。

表5　　其他投入和产出

	投入			产出
	劳动投入	自身投入	其他投入	
企业1	a_1	a_1	b_1	q_1
企业2	l_2	a_2	b_2	q_2
行业	L	A	B	Q

公式（3）是公式（1）和公式（2）的推广：当其他投入为零时，公式（3）退化为公式（2）。当其他投入和自身投入都为零时，公式（3）退化为公式（1）。

可以看到，现在对某一企业来说，不仅它投入的劳动通常不等于新增价值，它消耗的自身投入的价值通常不等于自身转移价值，而且它消耗的其他投入的价值通常也不等于其他转移价值。

例如，企业1消耗的其他投入的价值为xb_1，由此形成的其他转移价值为$(xB/Q)q_1$，若要二者相等就必须：

$$xb_1 = \frac{xB}{Q}q_1$$

或者

$$\frac{b_1}{q_1} = \frac{B}{Q}$$

这意味着，除非企业 1 消耗的其他投入与产出之比恰好等于整个行业消耗的其他投入与产出之比，否则，它消耗的其他投入的价值就不会等于由它形成的其他转移价值。

更进一步来看，对某一企业来说，不仅它消耗的劳动、自身投入的价值、其他投入的价值通常不等于新增价值、自身转移价值、其他转移价值，而且它消耗的劳动、自身投入的价值与其他投入的价值之和通常也不等于新增价值、自身转移价值与其他转移价值之和。

例如，企业 1 消耗的劳动、自身投入的价值与其他投入的价值之和为 $l_1 + \lambda a_1 + xb_1$，形成的新增价值、自身转移价值与其他转移价值之和为 λq_1，若要二者相等就必须：

$$l_1 + \lambda a_1 + xb_1 = \lambda q_1$$

亦即

$$\frac{l_1 + xb_1}{q_1 - a_1} = \lambda = \frac{L + xB}{Q - A}$$

这意味着，除非企业 1 的劳动加其他投入的价值与净产出的比率恰好等于整个行业的劳动加其他投入的价值与净产出的比率，否则，它消耗的劳动、自身投入价值与其他投入价值之和就不会等于由它们形成的新增价值、自身转移价值与其他转移价值之和。

另外，尽管对每一企业来说，它消耗的劳动、自身投入的价值与其他投入的价值之和通常不等于由此形成的新增价值、自身转移价值与其他转移价值之和，但对整个行业来说，它们却是一定相等的，即整个行业消耗的劳动、自身投入的价值与其他投入的价值之和一定等于由此形成的新增价值、自身转移价值与其他转移价值之和，见表 6。

表 6　其他投入和其他转移价值

	劳动投入	自身投入价值	其他投入价值	总投入	新增价值	自身转移价值	其他转移价值	总产出
企业 1	l_1	λa_1	xb_1	$l_1 + \lambda a_1 + xb_1$	$\frac{L}{Q}q_1$	$\frac{\lambda A}{Q}q_1$	$\frac{xB}{Q}q_1$	$\frac{L + \lambda A + xB}{Q}q_1$
企业 2	l_2	λa_2	xb_2	$l_2 + \lambda a_2 + xb_2$	$\frac{L}{Q}q_2$	$\frac{\lambda A}{Q}q_2$	$\frac{xB}{Q}q_2$	$\frac{L + \quad A + xB}{}$

续表

	劳动投入	自身投入价值	其他投入价值	总投入	新增价值	自身转移价值	其他转移价值	总产出
行业	L	λA	xB	$L+\lambda A+xB$	L	λA	xB	$L+\lambda A+xB$

五、进一步的推广

以上讨论及所得结果可以进一步推广到包括m个企业和n种其他投入的更加一般的场合中去。例如，设企业$i\ (i=1,\cdots,m)$使用了劳动投入l_i、自身投入a_i、其他投入$b_{i1},\cdots,b_{in}$，生产了产出q_i，从而，整个行业使用了劳动$L=\sum_{i=1}^{m} l_i$、自身投入$A=\sum_{i=1}^{m} a_i$和其他投入$b_1=\sum_{i=1}^{m} b_{i1},\cdots,b_n=\sum_{i=1}^{m} b_{in}$，生产了产出$Q=\sum_{i=1}^{m} q_i$，则可以得到如下的价值体系或方程：

$$L+\lambda A+xB=\lambda Q$$

其解为：

$$\lambda=\frac{L+xB}{Q-A}$$

它在形式上与公式（3）完全相同，只不过现在这里的x是所有其他投入的价值向量，B是所有其他投入构成的矩阵，即：

$$B=\left(b_1,\cdots,b_n\right)=\begin{pmatrix} b_{11} & \cdots & b_{1n} \\ \vdots & & \vdots \\ b_{m1} & \cdots & b_{mn} \end{pmatrix},\ x=\begin{pmatrix} x_1 \\ \vdots \\ x_n \end{pmatrix}$$

由此可见，在包括多个企业和多种投入要素（其中既有自身投入要素，也有其他投入要素）的一般情况下，根据社会必要劳动时间的第一种含义，任何一种单位商品的价值量λ都将随生产该种商品的劳动量L的增加而上升、随其他投入要素以及其他投入要素的价值的增加而上升、随该种商品的净产出$Q-A$的增加而下降。

参考文献

[1] 陈冠玉："劳动价值论与生产要素参与价值分配问题研究"，载于《经济经纬》2007年第2期。

[2] 黄新生、赵晓文："物化劳动价值的会计计量"，载于《商业时代》2006年第23期。

[3] 李秉濬："论物化劳动与管理劳动的不同作用"，载于《厦门大学学报（哲学社会科学版）》1999年第1期。

[4] 李善明："究竟是谁"扭曲"了马克思经济学？——答王莉霞等20位博士生和钱伯海先生"，载于《天府新论》2003年第2期。

[5] 马镔："断定物化劳动不创造价值是公平的"，载于《中国经济问题》2004年第1期。

[6] 钱伯海："一夫当关　万夫莫开——对深化劳动价值理论的思考"，载于《学术月刊》2002年第1期。

[7] 王莉霞等："确认物化劳动创造价值才能使我们坚信马克思的劳动价值论"，载于《经济评论》2001年第1期。

[8] 王卫华："三大旧历史观批判与物化劳动——兼评在物化劳动理论上的误区"，载于《内蒙古社会科学（汉文版）》2016年第1期。

[9] 温志宏："物化劳动与活劳动共同创造价值的论证"，载于《当代财经》1998年第12期。

[10] 张峰："假设前提的变化与劳动价值论的新发展"，载于《中南财经政法大学学报》2007年第4期。

劳动价值论数理模型新探

——兼论部分常见模型中的数理缺陷

裴　宏*

摘　要　本文分析了马克思劳动价值论的数理研究中各种传统方法的局限性，证明了这些局限性本质上来源于这些方法所运用的数理结构的固有缺陷。这些在表面上十分不同的困难实际上都产生于所有方法的一个共同的数理逻辑。该逻辑又来自于传统方法中对劳动价值这一概念理解上的一个共同的局限性。在此基础上，本文提出了一个新的劳动价值论的数理框架。这个框架引入了“内禀价值”和“社会价值”的区分，从本质上避开了传统模型中的数理缺陷，所以能在最大程度上解决它们的局限性。

关键词　劳动价值论　数理马克思经济学　价值转型

一、引言

在已有的数理研究中，对“劳动价值”范畴的数量层面的定义主要采用几大类常见方法：（1）“马克思—斯拉法”投入产出矩阵方法（森岛通夫，1977，1978；置盐信雄，1993）；[①]（2）最优规划方法（森岛通夫，1978；约翰·罗默，2007）；[②]（3）SST-TSSI-NI（单一体系—跨期单一体系—新解释体系，简称 S-T-N）方法（D.K.Foley, 1982；A.

* 裴宏，福州大学经济与管理学院经济贸易系讲师，主要研究方向为马克思经济学。

① Morishima, Michio, *Marx's economics : a dual theory of value and growth*（London: University Press, 1977）; Morishima, Michio and Catephores, George, *Value, exploitation and growth: Marx in the Light of Modern Economic Theory*（London; New York: McGraw-Hill, 1978）; Okishio, Nobuo, *Essays on political economy: collected papers*（Frankfurt am Main: Verlag Peter Lang GmbH, 1993）.

② Morishima, Michio and Catephores, George, *Value, exploitation and growth: Marx in the Light of Modern Economic Theory*（London; New York: McGraw-Hill, 1978）；约翰·E·罗默：《马克思主义经济理论的分析基础》，王立鑫、张文瑾、周悦敏译，上海人民出版社 2007 年版。

Callari, B. Roberts, R. Wolff, 1998；A. Kliman, 1999）；①②（4）Yoshihara-Veneziani（Y-U）方法（Yoshihara, Veneziani, 2011, 2012, 2013）。③④

“马克思—斯拉法”投入产出矩阵方法（以下简称“马克思—斯拉法”方法）认为马克思的劳动价值论可以用如下方程表示：$\Lambda B = \Lambda A + L$，其中 B 为经济系统的产出矩阵；A 为投入矩阵；L 为劳动投入向量。⑤ 若存在 $\Lambda \geqslant 0$ 的解向量，则将该解向量定义为每个商品的劳动价值。该方法的本质是，在经济系统的技术过程满足规模报酬不变的假设下，寻找一个非负向量使得每个技术过程的净产品价值等于其生产过程中耗费的人类劳动投入，即$\Lambda(B - A) = L$。社会总价值等于 Λx，其中 x 称为“活动水平”。可以证明此时净产品价值总量等于生产过程中的劳动投入量。同时，剩余价值定义为 $\Lambda(B - A)x - \Lambda cLx$，其中 c 为单位劳动时间耗费的实物工资品向量。上述过程的数学本质是，由于规模报酬不变的性质，以 x 为组合系数将投入产出矩阵包含的生产过程“组合”成一个单独的生产过程，然后计算这个“合成”生产过程的劳动价值问题。“马克思—斯拉法”方法将生产价格体系定义为：

$$pB=(1+r)p(A+cL) \tag{1}$$

其中，p 为均衡价格向量；r 为利润率。如果存在 $(p, r \geqslant 0)$ 满足式（1），则称其为一个“生产价格——一般利润率”。由于该方法下生产价格体系和价值体系的独立性，又被称为“对偶体系 (dual system)”。

---

① Foley, Duncan K., “The Value of Money, The Value of Labor Power and The Marxian Transformation Problem”, *Review of Radical Political Economics*, 14(2), 1982, p37-47; Callari, A., Roberts, B. and Wolff, R., “The Transformation Trinity: Value, Value Form and Price”, *Marxian Economics: A Reappraisal, volume2: Profits, Prices and Dynamics*, ed. R. Bellofiore. (Hampshire: Macmillan, 1998); Kliman, Andrew J. and McGlone, Ted., “A Temporal Single system interpretation of Marx's Value Theory”, *Review of Political Economy*, 11(1), 1999, p33-59.

② 严格来说，新解释、单一体系和跨期单一体系在对马克思经济学的理解上有很大差异，但是其数学结构在形式上可以整理成一个统一的框架：例如新解释的“劳动时间货币表现”概念可以容纳进后二者的体系中，并且若时际单一体系依时间序列收敛则可简化为单一体系，因此，考虑到本文主要研究劳动价值的数学结构问题，在这里将这三种方法统一处理。

③ Veneziani, Roberto and Yoshihara, Naoki, “Strong Subjetivism in the Marxian Theory of Exploitation: An Critique”, *Metroeconomica*, 62(1), 2011, p53-68; Yoshihara, Naoki and Veneziani, Roberto, “Exploitation of Labour and Exploitation of Commodities: A “New Interpretation”, *Review of Radical Political Economics*, 45(4), 2013, p517-524; Yoshihara, Naoki and Veneziani, Roberto, “Profits and Exploitation: A Reappraisal”, *Advances in Mathematical Economics*, 16, 2012, p85-109.

④ 在吉原和韦内齐亚尼（Yoshihara and Veneziani）的原文中，并不使用“劳动价值”这一概念，往往使用“labour content”或者“labour embodied”等概念。这是由于其理论框架并不主张（至少是不要求）劳动价值论作为理论基础。但是在其论文中反复将他们的概念同森岛通夫和罗默等人的“劳动价值”概念进行直接对比，且考虑到原文的实际情况，将他们的概念近似地处理为他们的“劳动价值”概念并不会引起本质上的变化。因此，在不引起混淆的情况下，下文对 Yoshihara-Veneziani 提出的概念均以“劳动价值”称呼。

⑤ 在本文中，如果没有特殊说明，为了和传统文献保持一致性，实物商品均用列向量表示，而价格、价值、劳动时间等向量均以行向量表示。

最优规划方法定义商品向量 f 的劳动价值为：$l.v.(\mathrm{f}) = \min\limits_{\mathrm{x}\geqslant 0}\{\mathrm{Lx} | (\mathrm{B}-\mathrm{A})\mathrm{x} \geqslant \mathrm{f}\}$，它的含义是，商品 f 的劳动价值是在生产可行集中所有净产品大于等于 f 的技术过程中，劳动耗费最少的量。其数学本质和“马克思—斯拉法”方法类似，即求一个组合系数 x 使得其“合成”的生产过程——由于规模报酬不变的性质，它一定落在可行生产集内——满足上述条件。[①] 此时，单位劳动时间的劳动力价值就被定义为：$l.v.(\mathrm{c}) = \min\limits_{\mathrm{x}\geqslant 0}\{\mathrm{Lx} | (\mathrm{B}-\mathrm{A})\mathrm{x} \geqslant \mathrm{c}\}$，其中 c 为单位劳动时间的实物工资品向量。则剩余价值可以定义为$\mathrm{Lx} - l.v.(\mathrm{cLx})$。

“NI-SSI-TSSI”方法则将劳动价值及生产价格体系整理为：$\Lambda\mathrm{B} = m\mathrm{pA} + \mathrm{L}$（TSSI 中为 $(\Lambda\mathrm{B})_{t+1} = (m\mathrm{pA})_t + \mathrm{L}_t$）。其中 $\mathrm{pB} = (1+r)\mathrm{p}(\mathrm{A} + w\mathrm{L})$；$m$ 为“单位劳动时间货币表现（MELT）”，表示单位货币折算为劳动时间或劳动价值的量；w 为货币工资率。与“马克思—斯拉法”方法类似，解向量 Λ 即为劳动价值向量。值得提出的是，在“NI-SSI-TSSI”中，三者对 MELT 的理解是不一样的。[②] 撇开方法论上的差异，仅从数学模型上说，三者的差异为，在 NI 中，$m^{NI} = \frac{\mathrm{Lx}}{\mathrm{py}}$，其中 y 为净产出水平。但在 SSI 中，$m^{SSI} = \frac{\Lambda\mathrm{x}}{\mathrm{px}}$；而在 TSSI 中，$m_{t+1}^{TSSI} = \frac{(\mathrm{pAx})_t m_t + \mathrm{L}_t \mathrm{x}_t}{(\mathrm{px})_{t+1}}$。但是，正如莫恩（Mohun，2004）[③] 所证明的，在方程 $\Lambda\mathrm{B} = m\mathrm{pA} + \mathrm{L}$ 的定义下，$m^{SSI} = \frac{\Lambda\mathrm{x}}{\mathrm{px}} = \frac{\mathrm{Lx}}{\mathrm{py}} = m^{NI}$。同时，容易检验，若 TSSI 能在 $t \to \infty$ 时叠代系统最终收敛，则 TSSI 收敛于 SSI 的体系，且有 $m^{TSSI} = \frac{\Lambda\mathrm{x}}{\mathrm{px}} = \frac{\mathrm{Lx}}{\mathrm{py}} = m^{SSI} = m^{NI}$。所以在不涉及具体经济含义的程度上，仅从模型的数学构建意义出发，本文将这三种解释放在一起比较分析。[④] 在“NI-SSI-TSSI”中，单位劳动时间的劳动力价值可以描述为 mw，剩余价值为$\mathrm{Lx} - mw\mathrm{Lx}$。

---

① 吉原和韦内齐亚尼（Yoshihara and Veneziani，2013）将最优规划推广到凸技术集下，即商品向量 f 的劳动价值为$l.v.(\mathrm{f}) = \min\{\alpha_l | \alpha = (\overline{\alpha}, -\underline{\alpha}, -\alpha_l) \in \phi(\mathrm{f})\}$，$\phi(\mathbf{f})$ 为净产出大于等于 f 的生产过程的集合。

② 孟捷：“劳动价值论的‘新解释’及其相关争论评述”，载于中国人民大学学报，2011 年第 3 期，35-44。

③ Simon Mohun.The Labour Theory of Value as Foundation for Empirical Investigations［J］. Metroeconomica, Volume55, Issue1, 2004, 65-95.

④ 当然，本文的分析仅限于对该大类模型的共同点上作出分析，不涉及对具体模型得失的评论。

最后，Yoshihara-Veneziani 方法[①]提出了新的劳动价值定义。为了易于和上文其他方法相比较，这里展现该定义在线性经济中的退化形式。[②]在一个线性经济中，商品向量 f 的“Yoshihara-Veneziani”劳动价值为：$l.v.(\mathrm{f})=\frac{\mathrm{pf}}{\mathrm{py}}\mathrm{Lx}$。劳动力价值为实物工资的劳动价值，即：$l.v.(\mathrm{c})=\frac{\mathrm{pc}}{\mathrm{py}}\mathrm{Lx}$，则剩余价值为：$\mathrm{Lx}-l.v.(\mathrm{cLx})=\mathrm{Lx}-\frac{\mathrm{pcLx}}{\mathrm{py}}\mathrm{Lx}$。

另外，值得一提的是，中国学者近年来的研究极大地推动了对劳动价值概念的数理分析。在冯金华（2013，2015，2016）[③]以及孟捷和冯金华（2015，2016）[④]的研究中，经过推导得出商品 i 的劳动价值的量 λ_i 应描述为 $\lambda_i=\frac{p_i}{\mathrm{px}}\Lambda\mathrm{x}$，其中 $\Lambda\mathrm{x}$ 表示全社会投入的劳动总量——包括了直接投入的活劳动和在生产资料中转移的劳动。孟捷和冯金华（2015）指出，原则上，$\frac{\Lambda\mathrm{x}}{\mathrm{px}}$ 等价于 MELT，因此从数量研究的角度出发，该系列研究与“NI-SSI-TSSI”有一定的联系。不过应当注意到，按照冯金华（2015）的观点，此处 $\Lambda\mathrm{x}$ 的值仍然是由马克思—斯拉法方法，从“总量”意义上指定的。[⑤]这与“NI-SSI-TSSI”有较大差异，所以不能简单认为该系列研究是“NI-SSI-TSSI”方法的直接应用与延续。进而对于马克思—斯拉法方法，冯金华（2012）[⑥]将联合生产问题中劳动价值描述为 $\Lambda\mathrm{A}+\alpha(\mathrm{p},\mathrm{A})\mathrm{Lx}=\Lambda\mathrm{B}$ 的解向量，其中 $a(\mathrm{p},\mathrm{A})$ 为“综合产出比”，表达的是不同部门之间的生产力的综合比，其以价格向量 p 和投入矩阵 A 为参数。该模型的数学本质是以综合产出比为系数将总劳动时间 Lx 进行折算后作为劳动投入量替代马克思—斯拉法模型中的直接劳动投入量。而荣兆梓、李帮喜和陈旸（2014，2016）[⑦]则提出，马克思—斯拉法

① Veneziani, Roberto and Yoshihara, Naoki, “Strong Subjetivism in the Marxian Theory of Exploitation: An Critique”, *Metroeconomica*, 62(1), 2011, 53-68; Yoshihara, Naoki and Veneziani, Roberto, “Exploitation of Labour and Exploitation of Commodities: A “New Interpretation”, *Review of Radical Political Economics*, 45(4), 2013, 517-524; Yoshihara, Naoki and Veneziani, Roberto, “Profits and Exploitation: A Reappraisal”, *Advances in Mathematical Economics*, 16, 2012, 85-109.

② 在后文会给出 Yoshihara 等人的适应于凸经济的一般定义。

③ 冯金华：“社会总劳动的分配和价值量的决定”，载于《经济评论》2013 年第 6 期，第 17~33 页；冯金华：“价值的形成和实现：一个新的解释”，载于《学习与探索》2015 年第 5 期，第 86~93 页；冯金华：“劳动、价值和均衡价格”，载于《学习与探索》2016 年第 5 期，第 86~93 页。

④ 孟捷、冯金华：“部门内企业的代谢竞争与价值规律的实现形式——一个演化马克思主义的解释”，载于《经济研究》2015 年第 1 期，第 23~37 页；孟捷、冯金华：“非均衡与平均利润率的变化：一个马克思主义分析框架”，载于《世界经济》2016 年第 6 期，第 3~28 页。

⑤ 事实上，孟捷和冯金华 2017 年的论文则直接采用了标准意义上的 MELT 定义。参见：孟捷、冯金华：“复杂劳动还原与产品的价值决定：理论和数理的分析”，载于《经济研究》，2017 年第 2 期，第 187~197 页。

⑥ 冯金华：“联合生产中的价值决定”，载于《社会科学战线》2012 年第 11 期，第 33~44 页。

⑦ 荣兆梓、李帮喜、陈旸：“马克思主义广义转型理论及模型新探”，载于《马克思主义研究》2016 年第 2 期，第 66~78 页；荣兆梓、陈旸：“转型问题 B 体系：模型与计算”，载于《经济研究》2014 年第 9 期，第 149~161 页。

体系不应应用于对劳动力商品价值的描述。应该说，在一定意义上，中国近年来的研究可以看作是对马克思—斯拉法方法和 NI-SSI-TSSI 方法不同程度的修订和发展。本文将对这些研究的分析分别放在对马克思—斯拉法方法和 NI-SSI-TSSI 方法的分析中以进行必要的比较研究。

表 1 左侧列出了劳动价值论需要满足的数学性质，右侧各列反映了各种方法的保证情况。可以看出，所有方法都只能在有限的范围内保证一部分性质成立。本文的研究目的是研究表 1 反映的事实，特别是各模型失效的场合背后的数学本质，并探索一个可能的数理结构来定义劳动价值及相关概念，最大程度上保证上表中提出的性质要求。

表 1　　各种数理方法下的劳动价值定义的性质：一个对比（四种方法）

数学性质	马克思—斯拉法方法	最优规划方法	NI-SSI-TSSI 方法	Yoshihara-Veneziani 方法
劳动价值存在且为正	√	√	ρ	√
劳动价值线性可加	√		√	√
劳动力价值 = 生活资料价值	√	√		※
允许非线性生产技术		√		√
马克思基本定理	√	√	√	√
利润率 =$S/(C+V)$	ρ		√	※
价格总量 = 价值总量	ρ		√	
利润总量 = 剩余价值总量	ρ		√	※

注：ρ 表示需要附加额外的假设才能得到保证；※ 表示在重新解释的意义上能得到保证。

二、劳动价值的基本模型

假设生产可行集 P 为一凸集，任何一个生产过程 $\alpha^i \in P$ 取如下形式：$\alpha^i = (\overline{\alpha}^i, -\underline{\alpha}^i, -\alpha_l^i)$，其中 $\overline{\alpha}^i$ 为该技术过程中的产出品向量；$\underline{\alpha}^i$ 为投入品向量；α_l^i 为劳动投入量。同时，记 $\alpha^a = (\overline{\alpha}^a, -\underline{\alpha}^a, -\alpha_l^a) = \sum_{i \in I} \alpha^i$。

定义 1：内禀价值

对于生产过程 $\alpha^i = (\overline{\alpha}^i, -\underline{\alpha}^i, -\alpha_l^i)$ 而言，其净产出 $\hat{\alpha}^i = \overline{\alpha}^i - \underline{\alpha}^i$ 的内禀价值 $i.v(\hat{\alpha}^i)$ 为：$i.v(\hat{\alpha}^i) = \alpha_l^i$。

内禀价值的定义复述了马克思劳动价值论的一个基本思想：一个生产过程的净产品的价值——新创造出来的价值，即价值产品，在数量上等于该生产过程所耗费的人类劳动时间。应当注意到，内禀价值的量依赖于具体的生产过程而不是其净产品向量。也就是说，同样的净产品由不同的生产过程生产出来，则可能拥有不同的内禀价值。同时，内禀价值只能定义在那些确实通过某些生产过程生产出来的净产品向量。而一般的，我们不能对任意构造的（净）产品向量，例如 y，定义它的内禀价值 $i.v.(\mathrm{y})$，如果它没有被任何实际的生产过程生产出来，尽管马克思的劳动价值论保证任何劳动产品都有可定义的劳动价值量。最后，注意到，内禀价值是一个由劳动过程直接确定的“实体”量，而和社会交换和分配过程无关。

定义 2：社会价值

如果存在向量 ξ ＞0 使得下式成立，那么 ξ 是一个社会价值向量：$\xi\hat{\alpha}^a=\sum_{i\in I}i.v.(\hat{\alpha}^i)$，其中 $\hat{\alpha}^a=\sum_{i\in I}\hat{\alpha}^i$，为社会总净产出。此时，任意商品向量 f 的社会价值为 ξf。

社会价值的定义要求，如果存在社会价值向量，那么社会价值向量保证了社会总净产出的社会价值总量等于净产出的内禀价值，进而等于社会总劳动投入量。我们可以对任何一个商品向量给定一个社会价值，而无论这个商品向量是否是某个生产过程所创造的净产品。显然，当选择不同的 ξ 时，任意商品向量 f 的社会价值是不唯一的。但是社会总净产品的价值是唯一的。换句话说，只要给定了物质生产过程，新创造的产品的价值总量是固定的。对于某一个生产过程而言，其净产品的社会价值不一定等于其内禀价值。另外，给定 ξ，那么商品向量的社会价值总是满足可加总性，即商品的价值之和等于商品的和的价值。事实上，社会价值的概念意味着它将所有的劳动耗费——即由生产决定的内禀价值——在总净产品中进行某种“分配”，使得每单位的劳动产品都可以用特定的劳动时间来表示，并且这样的表示是线性的。这就将劳动价值的概念扩展到任意量和任何构成的商品向量（而不像内禀价值那样必须是现实生产出的劳动净产品）。① 现在，既然社会价值允许我们对任意一个商品向量指定一个价值量，那么我们就可以定义。

定义 3：社会总价值和劳动力价值

（1）社会总价值为总产品的社会价值，即 $\xi\overline{\alpha}^a$，其中 $\overline{\alpha}^a=\sum_{i\in I}\overline{\alpha}^i$，为社会总产出。

（2）劳动力价值为维持单位劳动时间所必需的生活资料的社会价值，即 ξc，其中 c 为单位劳动时间必要生活资料向量。

① “马克思—斯拉法 Λ ⩾ 0”体系中的，可以看作是本文所定义的社会价值的一个特解。因为对于任意满足“马克思—斯拉法”体系的解 Λ ⩾ 0，均意味着 Λ(B-A)x=Lx 成立。不过，后文将说明，“马克思—斯拉法”体系所定义的特解并不一定存在，并且这一特解在一般场合下并不能保证转型问题可解。

由定义 3 可以确定：$\xi\overline{\alpha}^a=\alpha_l^a+\xi\underline{\alpha}^a$。这一方面，意味着社会总价值等于投入品的社会价值总量加上总劳动耗费量。另一方面，劳动力价值必须依靠社会价值进行定义是因为，劳动力本身不是作为一种净产品可以通过某种生产过程生产出来，因此无法定义它的内禀价值。按照马克思的定义，它转化为生活必需品资料的价值。但是一般而言，实物工资向量不是某个特定的生产过程的净产品，因此也不能直接定义它的内禀价值，我们必须通过社会价值的形式来定义它。同时，令人满意的是只有当劳动力价值是用社会价值而不是内禀价值进行定义时，它才拥有我们期望的劳动力价值的线性加总的性质。总价值的情况也是类似，由于它不是一个净产品，同时我们又期待它拥有线性加总的性质，因此我们只能用社会价值而非内禀价值来定义它。

本质上，社会价值可以看作是内禀价值的一个“转型”或者“外在”表现形式。它反映了社会用劳动时间对商品的表征，是社会交换进而商品的交换价值的直接基础。社会价值赋予每个商品一个固定而统一的劳动时间表示，尽管这一表示并不必然反映了生产这个商品所需要的实际劳动耗费，但是从总量上，净商品的社会价值不能超过或者不足其内禀价值，也就是实际劳动耗费的量。

定义 4：剩余价值

（1）生产过程α^i创造的剩余价值为：$s.v.(\alpha^i)=i.v.(\hat{\alpha}^i)-\xi c\alpha_l^i$。

（2）社会总剩余价值为：$s.v.(\alpha^a)=\sum_{i\in I}s.v.(\alpha^i)$。

定义 4 表明，某个生产过程的价值产品超过再生产其劳动耗费所必需的生活品的社会价值的量为该过程所创造的剩余价值。考虑到$i.v.(\hat{\alpha}^i)=\alpha_l^i$，可以得到$s.v.(\alpha^i)=(1-\xi c)\alpha_l^i$。那么社会总剩余价值为$s.v.(\alpha^a)=(1-\xi c)\alpha_l^a$。用劳动价值衡量的剥削率为$e(\alpha^a)=\dfrac{(1-\xi c)}{\xi c}$。

马克思经济学要求，社会在交换过程中赋予商品社会价值不应当改变生产出的总剩余，即剩余来自生产而不是交换。这就意味着，在总量上，剩余价值必须等于剩余产品的社会价值。确实，剩余价值的定义保证了这一点，可以证明：$\xi(\hat{\alpha}^a-c\alpha_l^a)=s.v.(\alpha^a)$。

定义 5：资本竞争解

若存在（p,w,r）⩾ 0 使得对于每一个生产过程α^i有$(p,w)\cdot(\hat{\alpha}^i,-\alpha_l^i)=r(p,w)\cdot(\underline{\alpha}^i,\alpha_l^i)$，则（$p,w,r$）是一个资本竞争解。

资本竞争解反映了这样一种特殊的均衡状态：均衡价格 p 和工资率 w 保证了每一个生产过程都获得了共同的利润率 r。定义 5 可以写成标准的矩阵形式：

$$pB=(1+r)(pA+wL) \tag{2}$$

其中 B 是第 i 列为$\overline{\alpha}^i$的产出矩阵；A 是第 i 列为$\underline{\alpha}^i$的投入矩阵；L 的第 i 列为α_l^i。考虑

到 w=pc 的事实，式（2）又可以整理为：

$$\mathrm{pB}=(1+r)\mathrm{p}(\mathrm{A}+\mathrm{cL}) \tag{3}$$

式（3）即是标准模型中对马克思—斯拉法生产价格体系的描述形式。其解等价于方程组

$$\mathrm{p}=(1+r)\mathrm{p}(\mathrm{A}+\mathrm{cL})\mathrm{B}^{+} \tag{4}$$

的解（李帮喜、藤森赖明，2012）。[①] 所以，资本竞争解的存在性问题就转化为求解矩阵 $(\mathrm{A}+\mathrm{cL})\mathrm{B}^{+}$ 的特征值和特征向量问题：如果存在一个特征向量 $\mathrm{p}\geqslant 0$ 对应一个特征值 $\frac{1}{1+r}\geqslant 0$，那么（p,w,r）就是一个资本竞争解。[②]

不过，所存在的资本竞争解还不能保证就是马克思的“生产价格—平均利润率”。在马克思的“生产价格—平均利润率”体系中，还要求满足以下等式：

$$r=\frac{s.v.(\alpha^{a})}{m(\mathrm{p}\underline{\alpha}^{a}+w\alpha_{l}^{a})} \tag{5}$$

$$s.v.(\alpha^{a})=m(\mathrm{p},w)\cdot(\hat{\alpha}^{a},-\alpha_{l}^{a}) \tag{6}$$

$$\xi\overline{\alpha}^{a}=m\mathrm{p}\overline{\alpha}^{a} \tag{7}$$

式（5）至式（7）分别要求：（1）一般利润率等于由总剩余价值导出的平均利润率；（2）剩余价值总量等于利润总量；（3）社会价值总量等于生产价格总量。其中，参数 m 表示的是劳动时间单位和货币单位之间的转化系数。本文将这三个条件称为“价值——生产价格相容性条件”（简称相容性条件），它反映了马克思劳动价值论中劳动价值概念和生产价格概念的一致性要求。

定义 6：生产价格和平均利润率

若存在一个资本竞争解（p,w,r）满足相容性条件，则该资本竞争解是一个“生产价格—平均利润率”。

显然等式（b）⇒ 等式（5）。因此若要相容性条件得到满足，只需式（6）和式（7）同时成立。可以证明，当且仅当 $\xi=m\mathrm{p}$ 时，这一要求对于任意经济均成立。这一要

① 李帮喜、藤森赖明：“马克思—斯拉法均衡与特征值问题——摩尔 - 彭诺斯伪逆的一个应用”，载于《政治经济学评论》2012 年第 3 期。

② 置盐和中谷（Okishio and Nakatani，1975) 把包含役龄大于 1 年的固定资本的生产价格体系式（3）简化成了只包含新品商品的体系，并证明了在物理折旧的前提下，简化体系下的非负解的存在性和唯一性。李帮喜、藤森赖明（2012）通过 Moore-Penrose 逆的性质进一步证明了生产价格体系式（3）与式（4）的等价性。当然，固定资本如果是按照年金法进行物理性折旧，那么解的存在性，非负性以及唯一性自然可以得到保证。具体可以参考 Okishio, Nobuo and Nakatani, Takeshi，“Profit and Surplus Labor-Considering the Existence of the Durable Equipments”, *The Economic Studies Quarterly*, 26(2), 1975, p90-96；李帮喜、藤森赖明：“马克思—斯拉法均衡与特征值问题——摩尔 - 彭诺斯伪逆的一个应用”，载于《政治经济学评论》2012 年第 3 期。

求并不让人意外，因为如前所述，社会价值 ξ 本质上是社会为商品指定一个其所“代表”的劳动时间，这一劳动时间成为商品交换价值的基础。因此，ξ恰好等于此处的商品交换比例，即（均衡）价格。值得指出的是，考虑到事实 w=pc，因此单位劳动时间的劳动力价值 ξc=$m$pc=mw，即劳动力价值等于维持该劳动力的生活必需品的社会价值，又等于货币工资的劳动时间表示。最后，注意到，社会价值的定义意味着 $\alpha_l^a = \xi\hat{\alpha}^a$，所以 $m=\frac{\alpha_l^a}{p\hat{\alpha}^a}$。这本质上正是“新解释”中的“劳动时间的货币表现（MELT）”的数学定义。

可以看出，本文认为，内禀价值是社会生产过程中人类劳动的凝结，是一个与社会环境无关的绝对量。给定了物质生产过程，内禀价值就已经确定了。但是，这个一定量的内禀价值必须通过一定的社会价值的形式表现在各个商品量上。不同的外部环境造成了不同的表现方式。均衡价格（包括生产价格）就是社会价值的现实的表现形式。[①] 因此，给定技术过程，商品的内禀价值是非负，存在且唯一的；若再给定外部环境，商品的社会价值即实际实现的均衡价格也是非负，存在且唯一的。并且上文已经证明了诸如相容性条件等一系列关系，可以检验，本文模型满足表 1 的所有要求。这意味着，本模型改进了传统模型的缺陷。

本文模型的关键在于区分了劳动价值概念中的内禀价值和社会价值，并且确定了二者之间的数量关系。同时，与标准模型不同的是，不再为任何一个商品指定一个由技术决定的内禀价值，或者说内禀价值指向劳动过程而不是单个商品，尽管社会价值仍然具有定义在单个商品上的微观意义。值得说明的是，如果考虑的是原则上能够为任何一个商品指定内禀价值的经济中，则本文模型可以视作是“NI-SSI-TSSI”方法在一般的凸技术集下的推广。这提供了本文模型和标准模型的理论联系。

最后，对内禀价值和社会价值的经济含义做一些补充。在古典经济学剩余传统下，利润是净产品扣除工资后的剩余。显然，这要求净产品的大小本身不能受分配的影响，以及这种扣除必须是线性的。在单产品经济中，这一要求能够得到满足。但是在多商品经济中，如何找到一个不受分配影响，又能满足线性剩余关系的描述方式是困扰李嘉图和斯拉法学派的难题。但是，在马克思的理论体系下，由于劳动价值论首先是一个实体理论而非一个相对价格理论，所以马克思能将交换和分配过程对产出的影响隔离开来。其思想是，价值产品是生产过程给定的，工资是预先已知的，那么剩余价值就是价值产品对工资的扣除所得的线性余额。而转型问题本质上也只是把这样已经确认的东西以一

① 由于本文重点研究劳动价值的数理结构问题，此处不再详细展开论述，相关理论的细致讨论可参考裴宏（裴宏:《劳动价值理论的现代分析》，厦门大学博士学位论文，2012）的分析。

种扭曲的形式表现出来。所以，内禀价值——一个由生产过程确定的待表现和分配的实体，是马克思理论的逻辑支点。而社会价值则是内禀价值实体在不同交换和分配条件下，“分布”在使用价值上得以表现的外在形式。

三、常见方法的局限性

（一）马克思—斯拉法的矩阵方法

马克思—斯拉法方法中不区分内禀价值和社会价值的概念，如前所述，它将“劳动价值”定义为方程

$$\Lambda B=\Lambda A+L \tag{8}$$

式（8）的非负解 Λ。这一方法的潜在理念是人们可以给任何一个生产过程的所有产品中的任意单位指定一个纯粹“由技术决定”的“劳动耗费量”。但事实上，这个行为只在规模报酬不变的技术条件下是可行的。因为在这种技术条件下，如果某个生产过程投入 x 单位劳动生产了个例如 y 个产品，那么同技术下生产 1 单位的产品必然耗费劳动 x/y 单位。但是，当技术过程不是规模报酬不变时，例如规模报酬递增，那么当某个生产过程投入 x 单位劳动生产了 y 个产品，此时，按照一个没有实际发生的生产条件（只生产 1 单位而非 x 单位商品）来给现实的商品指定价值量显然是违反马克思的原意的。

另外，上述要求在联合生产情况下的困难是显然的。考虑全社会只有一种生产过程，它投入 1 单位劳动，同时生产两种产品，例如 1 单位的羊肉和 1 单位的羊毛。此时，即使这种技术是规模报酬不变的，原则上我们也无法为羊毛和羊肉这两种商品分别指定一个“由技术决定”的“劳动耗费量”。因为存在无穷多组为两种商品指定“劳动耗费量”的方式都满足该技术过程的要求。这意味着，在一般情形下为单个商品指定其劳动的技术性耗费是不可能的。所以，马克思—斯拉法方法可能存在的第一个局限是无法排除非唯一的可行解，劳动价值的唯一性不能得到保证。①

上述局限性说明，虽然马克思—斯拉法方法形式上与规模报酬不变，特别是线性技术无关：因为投入矩阵 A 的任意列向量（例如第 i 列）都可以看作是第 i 个生产过程的投入向量 $\underline{\alpha}^i$，产出矩阵 B 的任意列向量（例如第 i 列）都可以看作是第 i 个生产过程的产出向量 $\overline{\alpha}^i$，直接劳动投入向量 L 的第 i 个元素则是对应生产过程的劳动投入量 α_l^i，换句话说，马克思—斯拉法方法形式上可以看作是将所有技术过程排列成矩阵的形式以求解劳动价值（既是内禀价值又是社会价值）的过程，但在本质上，马克思—斯拉法方

① 换言之，式（8）的劳动价值可用伪逆形式表示为：$\Lambda=L(B-A)^+$，这里如果投入和产出矩阵为 $m \leqslant n$ 的矩阵，则可保证非负解的唯一性；反之，当 $m \geqslant n$ 时，一般来讲无法保证这一点。

法的可行性严格依赖于线性技术（或者至少是规模报酬不变技术）这一假定。因为马克思—斯拉法方法要求用实际投入产出矩阵线性地为任意（可能的）产品向量指定一个劳动耗费，因此当且仅当任意生产过程可以用实际生产过程线性表示时才可能。而只有当技术是规模报酬不变时，用实际投入产出矩阵才可能推断任意产品向量的劳动耗费。事实上，这个问题表现为两个方面：第一，正如前所述，马克思—斯拉法方法无法通过实际投入产出矩阵为一个规模报酬递增或递减的生产过程的所有可行产出指定一个劳动价值（从而必然无法推断单位商品的劳动耗费量）；第二，就算生产过程是规模报酬不变的，如果实际投入产出矩阵不能线性地表示出任意的生产过程，马克思—斯拉法方法也是有瑕疵的。这个情形的一个极端但不失一般性的例子是，假设投入矩阵为（0.5，0.3），产出矩阵为（1，1），此时马克思—斯拉法方法的瑕疵来自于，在数学意义上说是矩阵的秩小于未知变量的数，而在经济学意义上就是这个实际投入产出矩阵无法表示出产出向量分别为（1，0）和（0，1）两个独立的生产过程。

马克思—斯拉法方法的本质是希望找到一个向量，为每种商品的每一单位都指定一个非负的劳动耗费，并使其满足对于任意一个生产过程，其净产品的价值量都能等于其实际的劳动耗费。这一般是不可能的，因为这一要求本质上是要求必须剔除那些“劣技术”。斯蒂德曼提出劣过程的存在可能导致方程式（8）只有非正解的情形。后来藤森赖明（1982）[①] 证明了，当且仅当不存在劣技术（过程）时，存在马克思—斯拉法方法所要求的价值向量。科特雷尔（Cottrell，1996）[②] 将这一数学证明进一步解释为：当所用的技术不可能通过在彼此之间进行劳动投入的调整而获得更大的净产出，即生产变得更有效率时，才存在马克思—斯拉法方法定义的解。这一情形的极端例子是马克思—斯拉法方法允许尝试给两个生产过程（2，0，–1）和（1，0，–1）的单位净产品赋以相同的值并要求其价值总量都等于其劳动耗费，即 1。这显然是不可能的，因为第二个技术本身是一个劣技术。只有当将所有的劣技术从生产过程中剔除后，才能确保劳动价值定义的有效性。但是，原则上目前没有办法保证经济过程会自动剔除劣技术，特别是当各个生产过程所属的技术可行集本身就不同的时候——至少在理论的可能性上，人们无法拒绝因技术可行集的不同而导致劣技术的存在。

产生这个问题的原因是在马克思—斯拉法方法中，方程式（8）的解向量既是内禀

---

① Fujimori, Y.，*Modern Analysis of Value Theory*, New York: Springer-Verlag, 1982.

② Cottrell, Allin, “Negative Labour Values and the Production Possibility Frontier”, *Metroeconomica* , 47(1), 1996, 70-81.

价值又是社会价值。[①] 因为马克思—斯拉法方法强制要求内禀价值总是等于社会价值，才必须要求将那些可能导致内禀价值和社会价值不相等的劣技术剔除以获得可行的解。事实上，由于规模报酬不变的假定，任意生产过程的凸组合仍属于可行生产集，因此细田（Hosoda，1993）[②] 对劣技术的研究本质上说的是：只要在可行生产集内存在劣生产过程，而不局限于实际生产过程中的劣过程，都会导致马克思—斯拉法方法失效。这意味着如果保持规模报酬不变的假定，那么马克思—斯拉法方法的要求是面对整个生产可行集的，只有当生产可行集内不存在任何劣过程时，内禀价值和社会价值才会一致。

冯金华（2012）提出了一个对联合生产条件下的马克思—斯拉法方法的修订。他认为劳动价值体系由如下方程决定：

$$\Lambda A+\alpha(p,A)Lx=\Lambda B$$

其中 $\alpha=(\alpha_1,\alpha_2,\cdots,\alpha_n)$ 描述的是反映不同部门之间的劳动生产率的“综合产出比”。从模型结构上说，这一方法主要是修改了对“劳动投入”的解释。由于和标准的马克思—斯拉法方法相比，数学结构并没有本质变化，所以这一方法主要是用新模型解释了对联合生产情况下价值非正以及不唯一的理解，而非从理论上排除这些可能性。

所以，正是因为马克思—斯拉法方法的劳动价值定义导致了其方法的局限性：从经济学意义上说，仅当：（1）生产可行集是规模报酬不变的；（2）任何可能的产出向量的生产过程都能够通过实际投入产出矩阵中的生产过程线性组合表示；（3）在整个生产可行集内不存在劣技术过程；这三点同时成立时，马克思—斯拉法方法对劳动价值的定义是有效的，即满足存在、非负且唯一性。

（二）最优规划方法

原则上，我们不能保证经济满足上述条件，而劳动价值的定义又必须具有足够的一般性，因此森岛通夫（1977，1978）[③] 等人修改了劳动价值的定义。他将任意商品的劳动价值定义为：

$$l.v.(f)=\min_{x\geq 0}\{Lx\,|\,(B-A)x\geq f\} \quad (9)$$

这个定义主张商品向量 f 的劳动价值为生产出至少等于 f 的净产品所要耗费的最少的劳

① 我们可以证明如下：假设 Λ^* 是方程式（8）的一个非负解。那么显然，对于任意生产过程 α^i 均有 $\Lambda^*\hat{\alpha}^i=\alpha_l^i$。因此 Λ^* 是一个内禀价值向量。同时，设 x 为该经济的活动水平，那么方程式（8）意味着 $\Lambda^*(B-A)x=Lx$，即 Λ^* 是一个社会价值。

② Hosoda, Eiji,"Negative Surplus Value and Inferior Processes", *Metroeconomica*, 44(1), 1993, p29-42.

③ Morishima, Michio, *Marx's economics : a dual theory of value and growth*（London: University Press，1977）; Morishima, Michio and Catephores, George, *Value, exploitation and growth: Marx in the Light of Modern Economic Theory*（London; New York: McGraw-Hill, 1978）.

动量，其中 x 为活动水平。但是，考虑到生产技术的线性和规模报酬不变的性质，这种方法本质上是寻找所有实际生产过程的一个凸组合——它必然属于可行生产集内——使得这个凸组合所代表的生产过程在生产出至少 f 的净产出时，耗费了最少的劳动。x 即所求的凸组合系数。在这个意义上，凸组合本身就是一个生产过程，而等式（9）正是描述了这个凸组合的内禀价值，即生产该净产出的劳动耗费。这种定义方式对马克思—斯拉法方法的改进在于，它不要求由实际生产过程能够“组合”出任意一个（可能的）净产出水平，而只要求获得“至少大于”这一净产出水平的生产过程。当然，当实际的投入产出矩阵允许组合出任何一个可能的净产出水平时，最优规划方法的解等于马克思—斯拉法方法①。

最优规划方法放松了马克思—斯拉法方法的要求，使得总存在一个非负且唯一的劳动量来定义商品的“劳动价值”。但是获得这样一种改进所付出的代价也是巨大的：第一，最优规划价值不再满足线性加总的性质，也就是说商品之和的劳动价值一般不等于商品的劳动价值之和（森岛通夫，1978；藤森赖明，1982）；②第二，劳动价值是由“可能”的生产过程的劳动耗费而非实际发生的生产过程的劳动耗费来定义。这两点是最优规划最饱受批评的地方。

关于第一点，可以证明，如果要求最优规划定义满足线性加总性，就必须意味着生产可行集中不包含任何劣生产过程。③另外，这种定义还意味着一个商品向量的劳动价值可能是由某些其“占优”商品（而非其自身）的劳动耗费确定的。考虑如下简单例子。设社会净产品矩阵为（1，1）；劳动投入为 1。那么商品（1，0)，(0，0.5)，(1，0.8）等（理论上无穷多的商品）的劳动价值都是由它们的“占优”商品（1，1）的劳动耗费确定的。所以，最优规划价值其实是为一个“商品域”而非指定的具体商品，指

---

① 对此的一个简化例子是，如果在等式（9）中产出矩阵是一个单位方阵，即 B=I，且若满足一些必要的数学假定，则必然有 Lx=Λf，其中 Λ 是方程组 Λ=ΛA+L 的解，即劳动价值的最优规划定义等价于马克思—斯拉法定义。关于联合生产体系下的马克思—斯拉法生产价格与最优规划模型的价格的一致性，参见 Li, Bangxi, “Linear Economic Theory and Turnpikes of China’s Economy:In the Light of Marx, Sraffa and von Neumann (in Japanese)”, Doctoral Dissertation, Graduate School of Economics, Waseda University, 2012.

② Morishima, Michio and Catephores, George，*Value, exploitation and growth: Marx in the Light of Modern Economic Theory*（London; New York: McGraw-Hill，1978）; Fujimori, Y.，*Modern Analysis of Value Theory*（New York: Springer-Verlag，1982）.

③ 这一点我们可以通过证明其逆否命题来说明。如果存在劣过程，按照细田（Hosoda，1993）的定义，劣生产过程意味着存 $\beta_i \geqslant 0, \gamma_i \geqslant 0$ 且 $\sum_{i\in I}\beta_i = 1, \sum_{j\in J}\gamma_j = 1$，使得总生产集的两个子集 I 和 J（$I \cap J = \phi$），$\sum_{i\in I}\beta_i(\hat{\alpha}^i,-1) \geqslant \sum_{j\in J}\gamma_j(\hat{\alpha}^j,-1)$。取 $y_1 = \sum_{j\in J}\beta_j\hat{\alpha}^j$，$y_2 = \sum_{j\in J, i\in I}\gamma_j\hat{\alpha}^j - \beta_i\hat{\alpha}^i \geqslant 0$，则最优规划定义意味着 $l.v.(y_1)=1$，$l.v.(y_1+y_2)=1$，$l.v.(y_2) \geqslant 0$，此时最优规划定义不满足线性加总性质。即如果存在劣生产过程，则最优规划定义不满足线性加总的性质。它的逆否命题即为如果最优规划定义满足线性加总性质，则不存在劣生产过程。

定了劳动价值。这显然也偏离了马克思对劳动价值概念的构想。这一问题本质上和马克思—斯拉法方法所遇到的困难是一致的：社会投入产出矩阵无法通过线性组合构造出生产任意净产品向量的劳动过程从而为其指定一个劳动耗费量（即内禀价值）作为其劳动价值。如果我们要求可以用内禀价值定义任意一种商品向量的劳动价值，那么这意味着经济必须满足强可生产性：即对于任意商品向量 f，$\psi(\mathrm{f}) \neq \phi$，其中$\psi(\mathrm{f}) \equiv \{\alpha | \hat{\alpha} = \mathrm{f}\}$。否则在原则上，总存在一些商品向量在内禀价值的可能定义范围之外。事实上，裴宏（2012）[①] 证明了当经济满足强可生产性时（即对于任意一个产出向量 f，总存在一个实际生产过程的凸组合使其净产品向量为 f），对于一般的投入产出矩阵，马克思—斯拉法方法是可行的；并且在藤森赖明（1982）等人的证明基础上给出了一个关于"当经济满足强可生产性时，最优规划方法的解等于马克思斯拉法方法"的简要证明。

关于第二点意味着尽管有一些技术并未在实际生产过程中被使用，但商品的劳动价值仍然是按照这些具有较高生产率水平的技术条件确定的。这一点可以在下述分析中直观地看到：最优规划价值定义问题$l.v.(\mathrm{f}) = \min_{\mathrm{x} \geq 0}\{\mathrm{Lx} | (\mathrm{B}-\mathrm{A})\mathrm{x} \geq \mathrm{f}\}$可以转化为其对偶问题$\max_{\mathrm{x} \geq 0}\{\Lambda \mathrm{f} | \Lambda(\mathrm{B}-\mathrm{A}) \leq \mathrm{L}\}$。设 x^* 和 Λ^* 是该问题的解。那么若第 i 个生产过程相对于第 j 个生产过程是劣过程，即如果 $\Lambda^*(\mathrm{B}_j - \mathrm{A}_j) = \mathrm{L}_j$，则有 $\Lambda^*(\mathrm{B}_i - \mathrm{A}_i) < \mathrm{L}_i$，其中 $\mathrm{B}_i - \mathrm{A}_i$ 和 L_{i} 分别为投入产出矩阵及劳动投入向量的第 i 列，根据互补松弛定理，则有对于第 i 个生产过程而言，$\mathrm{x}_i^*=0$。这意味着在最优规划问题中，确定最优劳动耗费的生产过程组合与第 i 个生产过程无关。也就是说，在最优价值定义中，劣过程并不参与劳动价值的决定，尽管在实际生产中它确实贡献了特定的生产规模。在罗默（1981）[②]、吉原和韦内齐亚尼（2013）[③] 的推广定义中，这一点表现得十分直接：商品向量 f 的劳动价值为 $l.v.(\mathrm{f}) = \min\{\alpha_l | \hat{\alpha} \geqslant \mathrm{f}\}$，即 f 的劳动价值是可行生产集中生产出至少 f 为净产出的生产过程中的最小劳动耗费量，尽管可能这一技术过程并未被实际使用。这与马克思的理解是不一致的。罗默（2007）对此的解释十分简单："如果一个'社会平均'生产技术比这一技术低劣；那么我们就为自己的劳动价值概念注入了一些非效率的东西。"[④] 事实上，一个完备的劳动价值定义应该适应于各种（有可能是效率的或是非效率的）生产情形。在马克思

① 裴宏：《劳动价值理论的现代分析》，厦门大学博士学位论文，2012。

② Roemer, John E., *Analytical Foundations of Marxian Economic Theory*, New York: Cambridge University Press, 1981.

③ Yoshihara, Naoki and Veneziani, Roberto, "Exploitation of Labour and Exploitation of Commodities: A 'New Interpretation'", *Review of Radical Political Economics*, 45(4), 2013, p517-524.

④ 约翰·E·罗默：《马克思主义经济理论的分析基础》，王立鑫、张文瑾、周悦敏译，上海人民出版社 2007 年版，第 41 页。

的理论中，生产的效率问题此时并未被纳入“劳动价值”范畴所对应的抽象层级中。

把上面的讨论总结起来，我们得出如下结论：最优规划价值定义仅在数学技术上回避了马克思—斯拉法方法的困难。一般情形下，它不满足“线性加总性”（以及其隐含的只能为“商品域”指定价值这一特性）和“实际性”。如果要在最优规划价值中排除这些看起来违反马克思劳动价值论基本构想的情况，它的技术性要求和马克思—斯拉法方法是一致的：必须能组合出生产任意商品为净产品的生产过程，同时排除劣生产过程。否则在马克思—斯拉法方法不能解决的场合，最优规划定义同样存在瑕疵。

（三）TSSI，SSI 和 NI 体系

从单一体系（SSI）、跨期单一体系（TSSI）和新解释体系（NI）开始，即 S-T-N 方法，劳动价值不再被视作一个纯粹技术决定的概念。他们承认商品的劳动价值等于生产该商品所耗费的人类劳动量加上通过不变资本转移来的物质投入品的价值。这一点和马克思—斯拉法方法没有差别，差别在于他们认为由不变资本转移来的物质投入品价值是由社会实现了的“社会价值”而非技术过程中所凝结的“内禀价值”确定。也就是说，在活劳动新凝结的部分是劳动价值由技术过程决定的，而转移的死劳动部分则是市场实现了的价值，即第二含义社会必要劳动时间确定的价值。记 Λ 为单位商品的劳动价值向量，它是方程式（10）的解：

$$\Lambda B = \xi A + L \tag{10}$$

其中 ξ 为“社会价值”向量，其他变量记号与前文介绍的马克思—斯拉法方法相同。在实质上，“社会价值”被理解为用劳动时间表示的均衡价格。从而 $\xi = m\mathrm{p}$，其中 m 为“劳动时间的货币表现（MELT）”。如前所述，在一定条件下，在这类模型中它可以被一致地描述为：

$$m = \frac{\mathrm{Lx}}{\mathrm{py}} = \frac{\Lambda \mathrm{x}}{\mathrm{px}}$$

其中 y 为社会净产出。因此，在“S-T-N”方法中，劳动价值必须在社会均衡价格体系被指定之后才能得以决定。

尽管在转型问题上，“S-T-N”方法能获得较好的性质，但是在劳动价值定义的技术性问题上，这一方法与“马克思—斯拉法”方法相比没有明显的改进。这是因为，注意在式（10）中，由于等号右边的部分都是外生给出的，可以简单地记作 Ω。此时，劳动价值的概念是否定义良好依赖于 $\Lambda B = \Omega$ 的解的性质。从数学的角度来说，它和马克思—斯拉法方法中的 $\Lambda(B - A) = L$ 的差异只在于此处 B 是一个 $B \geqslant 0$ 的正矩阵。因此和

马克思—斯拉法方法类似，如果存在形如$(B_i,-\Omega_i)\geq(B_j,-\Omega_j)$的“劣技术”,[①]那么劳动价值的非负性不能得到保证。同时，与马克思—斯拉法方法中一样，如果我们不能通过投入产出矩阵组合出生产任意一种产品向量的技术过程，我们就无法为所有可能的商品向量都指定一个劳动价值。所以，就劳动价值定义的问题而言，“S-T-N”方法遇到的问题比起马克思—斯拉法方法来说，并不会多解决多少。

特别值得指出的是，在“S-T-N”方法中，劳动力价值被重新解释为货币工资的劳动时间表示，即mw与w为单位时间的货币工资率。若记单位时间实物工资向量为c，则考虑到w=pc，则劳动力价值等于$m$pc=ξc，即实物工资向量的“社会价值”；同时它又等于$\frac{\text{pc}}{\text{py}}$，即劳动力商品的价值又等于实物工资的总价格占总净产品的总价格的比例。但是，一般地，劳动力价值$\text{mw}=\xi\text{c}\neq\Lambda\text{c}$。由于在“S-T-N”方法中并没有很好地解释对于任意商品向量f而言，Λf和ξf之间的联系，所以它无法回答为什么劳动力价值是用实物工资的社会价值而非劳动价值进行定义。与本文给出的基本模型相比较，我们知道这是因为在“S-T-N”方法中没有明确区分商品的内禀价值和社会价值之间的差异，一方面它修订了马克思—斯拉法方法认为“产品价值和转移的价值是用同一种方法确定的”这一观点，但同时它又没有摆脱马克思—斯拉法方法希望给所有产出过程的所有产品同时指定一个统一的内禀价值这一观念的束缚。因此从这个意义上看，“S-T-N”方法是一个“过渡理论”。

孟捷和冯金华的系列研究可以看作是马克思—斯拉法方法和“S-T-N”方法的进一步综合、修订和发展。这一系列研究的基本思想是，经过数学推导可知商品的价值（冯金华称为“实现价值”）可由如下方程描述：

$$\lambda_i=\frac{p_i}{\text{px}}\Lambda\text{x}$$

可以证明，如果采用“S-T-N”方法中的Λ定义，$\frac{\Lambda\text{x}}{\text{px}}$原则上和“S-T-N”方法中的MELT等价。比较可得，此时此处的“实现价值”正是“S-T-N”方法中的“社会价值”ξ。不过，冯金华（2015）认为Λ是由马克思—斯拉法方法而非“S-T-N”方法确定的。这造成了两个结果：（1）该模型依赖于马克思—斯拉法方法的成立而成立；（2）该模型蕴含着两个独立的价值决定体系：“S-T-N”方法中的“社会价值”体系（冯

① 在“S-T-N”方法中，“劣技术”有更“市场化”的含义。由于$\Omega=m\text{pA}+\text{L}$，所以“劣技术”意味着某种技术用同样的资金投入获得较少的物质产品数量。当不同的企业拥有不同的生产可行集时，这种劣技术在市场上几乎是必然存在的。

金华称为“实现价值”），以及由马克思—斯拉法方法确定的价值体系（冯金华称为“形成价值”）。值得指出的是，孟捷和冯金华已经指出，商品的“实现价值”是对由生产过程中确定的社会总劳动的“再分配”，因此在论述两个价值体系的关系时，这一研究事实上已经蕴含了讨论“内禀价值”和“社会价值”关系的部分内容。

（四）Yoshihara-Veneziani 方法

吉原和韦内齐亚尼（2011，2012，2013）[①]在他们的研究中提出了一种劳动价值的新定义（以下简称“Y-V 方法”）。设均衡价格—工资向量为（p，w）。记$B(\mathrm{p},\mathrm{f})=\{\mathrm{x}|\mathrm{px}=\mathrm{pf}\}$，社会总净产品向量为$\hat{\alpha}^{a}$，社会总劳动投入为$\alpha_{l}^{a}$。对于一个满足$\mathrm{pf}\leqslant \mathrm{p}\hat{\alpha}^{a}$的产品向量 f 而言，令$\tau^{\mathrm{f}}\in[0,1]$使得$\tau^{\mathrm{f}}\alpha^{a}\in B(\mathrm{p},\mathrm{f})$。则商品 f 的劳动价值为$\tau^{\mathrm{f}}\alpha_{l}^{a}$。

Y-V 方法的本质是将商品 f 的劳动价值定义为：

$$l.v.(\mathrm{f})=\frac{\mathrm{pf}}{\mathrm{p}\hat{\alpha}^{a}}\alpha_{l}^{a} \tag{11}$$

等式（11）又可以写成$l.v.(\mathrm{f})=\frac{\alpha_{l}^{a}}{\mathrm{p}\hat{\alpha}^{a}}\mathrm{pf}$。注意到$\frac{\alpha_{l}^{a}}{\mathrm{p}\hat{\alpha}^{a}}$就是“S-T-N”方法中的“劳动时间的货币表现”。因此，在 Y-V 方法中，商品 f 的劳动价值即用劳动时间单位表示的均衡价格 $m$pf，其中 m 即“劳动时间的货币表现”。换句话说，Y-V 方法的劳动价值本质上就是“S-T-N”方法中的“社会价值”。但严格地说，在 Y-V 方法中是没有劳动价值这一概念的：如果 Y-V 方法要从“社会价值”的角度来解释其理论，就必须回到马克思劳动价值的核心问题，即如何解释“劳动价值”和“生产过程中的劳动耗费”的关系，或者更直接地说，如何解释“劳动价值在数量上等于生产过程中所凝结的无差别人类劳动时间”这一命题。这是 Y-V 方法无法完成的内容。

（五）一点评论

劳动价值数理模型应当具备什么样的特征？森岛通夫（1990）[②]明确指出，一个“合适的”劳动价值的定义必须满足如下三点性质：（1）非负；（2）唯一；（3）与市场无关。这意味着，在他看来，商品的劳动价值是一个纯粹由技术工艺过程就能确定的自然性质，而和该商品所处的社会经济状态无关。尽管森岛通夫的观点在很长的时间内影响了

---

① Veneziani, Roberto and Yoshihara, Naoki, “Strong Subjetivism in the Marxian Theory of Exploitation: An Critique”, *Metroeconomica*, 62(1), 2011, p53-68; Yoshihara, Naoki and Veneziani, Roberto,“Exploitation of Labour and Exploitation of Commodities: A “New Interpretation”, *Review of Radical Political Economics*, 45(4), 2013, p517-524; Yoshihara, Naoki and Veneziani, Roberto, “Profits and Exploitation: A Reappraisal”, *Advances in Mathematical Economics*, 16, 2012, p85-109.

② 森岛通夫：《马克思的经济学——价值和增长的双重理论》，袁镇岳、庄宗明、高鸿桢译，上海人民出版社 1990 版，第 209 页。

劳动价值论数理研究的思路，但是，作为在交换实践中确定的交换价值的决定基础的劳动价值，虽然其实体是生产过程中的劳动耗费，但是其所表现出来的数量——“实现”的量——的大小不可能是“纯工艺”的。当商品所处的经济环境不同时，在交换中“实现”的商品价值不一定就是生产过程中耗费的劳动量。

马克思—斯拉法方法和最优规划方法没有认识到这一点，一直力图寻找一种为每一单位的净产品制定一个技术性的劳动价值的定义方式。这使得两种方法有极大的局限性。就马克思—斯拉法方法而言，正如这一方法的另一种称呼——“对偶体系（dual system）”所指明的，在马克思—斯拉法方法下，价值体系和生产价格体系几乎没有实质上的联系，价值体系和均衡价格完全可以通过技术矩阵等参数各自独立地推导出来，剩余价值和利润的关系也仅限于马克思基本定理所要求的“存在正利润 ⇔ 存在正剩余价值”（而非指明总剩余价值和总利润之间的数量等价性）。对马克思—斯拉法方法最严厉的批评是：在这个方法中，价值体系完全是“多余”的。事实上，藤田和藤本（Fujita and Fujimoto，2008）[①] 证明了马克思—斯拉法方法下的价值和剩余价值体系本质上只不过是其经济过程（即投入产出矩阵）的生产性的另一种表述罢了。正是因为如此，一方面马克思—斯拉法方法无法剔除“商品剥削理论（CET）”；另一方面，在一般情形下，马克思—斯拉法中的资本竞争均衡都不会是一个生产价格体系。而就最优规划方法而言，这种定义方式既不能满足线性可加性，也不能解释价值体系和价格体系的关系。

实际上新解释体系（NI）和单一体系（SSI），以及罗默，吉原和韦内齐亚尼等人都放弃了森岛通夫的观点。在这些新理论中，均衡价格都以各种不同的方式进入了劳动价值的决定中。劳动价值不再是一个纯粹的技术性质，它被赋予了更多的“社会价值”的概念。在这些理论中，单个商品的劳动价值不仅和生产过程中所耗费的劳动时间的技术性质有关，而且和交换关系这一社会性质有关。但是，这些模型要么仍然不加区分地对待“内禀价值”和“社会价值”，将二者共同放在一个体系里进行描述（如“S-T-N”方法），以至于无法从根本上摆脱马克思—斯拉法方法的困境，要么干脆只在均衡价格前提下承认“社会价值”（如 Y-V 方法）而在实质上放弃劳动价值理论。

针对上述情形，孟捷和冯金华的研究提出了这样一个思考：“内禀价值”和“社会价值”是否可以是两个不同的范畴，分别由两组不同的方程刻画。不过，尽管他们明确区分了“两种含义”的劳动价值，但是，这一研究更像是一种发展性的综合：一方面用马克思—斯拉法方法研究生产层面的“形成价值”，另一方面用“S-T-N”方法研究社会

① Fujimoto, Takao and Fujita, Yukihiko, “A Refutation of the Commodity Exploitation Theorem”, *Metroeconomica*, 59(3), 2008, p530-540.

实现层面的"社会价值"。从而，本文可以视作是对孟捷和冯金华的研究成果的进一步明确和推广，即如何在凸锥经济下建立一个区分"内禀价值"和"社会价值"的数理模型，并以此解决传统模型中的数理困境。

最后，森岛通夫的观点虽然在微观意义上是错误的——我们不能要求能为任意单个商品指定一个纯粹技术上的劳动耗费，也不能要求这样指定的劳动耗费就必然成为商品交换的数量原则，但是这一观点在总量上是对的。正确的观点应当表述为：所有新创造的劳动产品的价值总量，即价值产品，必须是非负，唯一且与市场无关的。因为商品交换过程只不过是对这部分净产品的重新分配罢了，不应该改变新创造劳动价值的实体量。我们可以发现"新解释（NI）""SSI"Y-V 方法以及罗默、孟捷和冯金华等人的研究都隐含了这一观点。

四、结论

本文提出了一个一般的劳动价值模型，它包括两个部分：首先，由技术过程决定的"内禀价值"和由社会过程决定的"社会价值"。内禀价值被定义在每一个具体的生产过程上，当且仅当一个净产品向量被实际生产出来时，我们才能定义它的内禀价值，它等于在生产过程中耗费的人类劳动投入量。但是社会价值定义在整个商品空间中，社会给每个商品赋予一个作为交换基础的社会价值。净产品的社会价值总量等于其总内禀价值量，进而等于人类总劳动耗费。这个框架允许经济过程包含有联合生产和劣过程，同时保证了任意经济中的劳动价值体系和均衡价格体系的相容性。

其次，本文详细讨论了马克思—斯拉法方法、最优规划方法、"S-T-N"方法、"Y-V"方法，指出这些方法的经济学困难背后的数学实质。其共同原因就在于模型不区分"内禀价值"和"社会价值"。由于在这些方法中，内禀价值和社会价值是一致的，就造成了价值的定义要同时满足内禀价值和社会价值的性质。而只有在一些特殊经济中，这种条件能够在一定程度上满足，因此造成了这些方法在理论上的局限性。[①] 而本文所提出的模型则在一般情形下避免了这种局限，如表 2 所述：

---

① 考虑马克思—斯拉法方法中最简单的里昂惕夫经济情形，即有 B=I。森岛等人的研究已经证明，在该条件下，当且仅当 $\Lambda=\xi$ 时，相容性条件能够满足。这说明了马克思—斯拉法方法要获得最良好的性质，必须有"内禀价值"等于"社会价值"。

表 2　　各种数理方法下的劳动价值定义的性质：一个对比（五种方法）

数学性质	马克思—斯拉法方法	最优规划方法	S-T-N 方法	Y-V 方法	本文方法
劳动价值存在且为正	√	√	ρ	√	√
劳动价值线性可加	√		√	√	√
劳动力价值 = 生活资料价值	√	√		※	√
允许非线性生产技术		√		√	√
马克思基本定理	√	√	√	√	√
利润率 =$S/(C+V)$	ρ		√	※	√
价格总量 = 价值总量	ρ		√		√
利润总量 = 剩余价值总量	ρ		√	※	√

注：ρ 表示需要附加额外的假设才能得到保证；※ 表示在重新解释的意义上能得到保证。

特　稿

论公有制经济的微观效率

荣兆梓 *

摘　要　论文从公有制的本质特征与内在矛盾出发，分别从激励效率、配置效率和创新效率三方面全面讨论公有制经济的微观效率：(1) 公有制的劳动平等关系具有强大激励效应，但按照传统的委托—代理理论，大规模公有制组织的多层代理制不可能有效率，论文提出“主动代理”理论，以说明公产代理制有效运转的机理，及进一步提高效率的途径；(2) 劳动平等关系与资源配置效率具有内在的一致性，但在市场经济条件下，劳动力与生产资料结合需要适当的企业产权安排，论文区分了公有制经济两种可能的企业产权类型——劳动主权型与资本主权型，在激励效率与配置效率统一的框架内分析二者的利弊得失，进而给出职工合作制、股份合作制和股份公司制等公有制实现形式的企业产权 / 效率曲线；(3) 从公有资本的积累优势切入，讨论经济增长方式转变中公有资本的再分配优势和创新激励优势，同时指出，平等竞争的市场环境、合理分配的社会负担，是国有资本积累发展的必要空间，在这样的制度环境下，公有资本完全有能力担负起自己的历史使命。

关键词　公有制　劳动平等　公有资本　激励效率　配置效率　创新效率

再刊前言

公有制在市场经济中的效率问题始终是中国改革理论争论的热点，本文写作当年争论更为激烈。20世纪最后10年，我国包括国有制和劳动者集体所有制在内的公有制经济，正经历体制转轨的阵痛，与非公经济比较，其相对效率降低，相对规模缩小。一些理论研究从这一事实出发，得出公有制经济不能与非公经济平等竞争的一般结论，进而认为，私有化才是改革的唯一出路。这种“来自实践”的理论结论正确吗？或者，它只是反映了体制转轨阵痛期的暂时现象，要做出一般结论，还需要政治经济学从宏观历

* 荣兆梓，安徽大学经济学院教授、博士生导师。

史视野做更加深入的分析，进而更全面地预测实践发展的可能性？本文发表于2000年（《公有制实现形式多样化通论》，经济科学出版社2001年版，第八章、第九章、第十章），是对以上观点的一个及时回应。论文从公有制经济的本质特征和内在矛盾出发，探索其巨大的制度选择空间，进而在激励效率、配置效率和创新效率三个方面，分析了公有制经济效率提升的现实性和可能性，预测其在社会主义市场经济条件下，与非公经济平等竞争，优势互补的前景。整个分析以社会主义经济体制演化的历史事实为依据，但不局限于改革短期内的成败得失；叙述方法主要是演绎推理，或者说是抽象分析法，从范畴及范畴间的辩证关系中展开论点和论据。尽管我们的理论结论当时来看似乎“脱离实际”，但此后，它却得到越来越多事实的证明。中国的改革没有走上私有化道路，也不可能走上私有化道路；公有制经济的潜在优势逐步转化为显在优势，并且还会在深化改革的进程中更多转化为显在优势。值得一提的是，论文的逻辑推导利用了新古典经济学的一些理论范畴和分析工具，特别是罗纳德·科斯的微观制度分析方法，当然，结论是完全不同的。社会主义政治经济学的发展，需要以开放姿态对现代经济学优秀成果兼收并蓄。[①] 希望这篇论文的研究方法能够得到更多同仁的认可。承蒙《政治经济学报》抬爱，文章十八年后重新刊出，除了少数几处技术性处理之外，笔者未作任何修改。至于这方面的进一步思考，可以阅读拙作：《国有资产管理体制进一步改革的总体思路》（荣兆梓，2012：1）、《以管资本为主的体制如何建立》（荣兆梓，2015：2）等。

第一章　激励效率与公产代理制

近十几年来，公有制与效率的关系就一直是国内经济学界讨论的热点问题之一。但这类讨论始终存在着若干误区。一是瞎子摸象误区，用一种具体的公有制实现形式来替代公有制，用对个别实现形式的效率分析得出公有制与效率的一般结论，从而产生了许多不同的分析与不同的结论，各执一词，莫衷一是。二是全能冠军情结，在公有制的效率分析中不区分环境状态的差异，不讨论在不同交易环境下各种产权形式的相对优势，而直接在公有制与私有制之间选择绝对优胜者。这就好比体操比赛中不进行单个项目的比赛而直接产生全能冠军。

笔者对公有制实现形式的研究力图摆脱这些误区，首先对多样化的公有制实现形式进行具体分类，再逐个讨论它们在不同交易环境下对效率的不同影响，在这种不同交易

① 社会主义市场经济理论必须以马克思主义经济学为基础、为主干，通过对新古典主义经济学、凯恩斯主义主流经济学中优秀成果的兼收并蓄，成为一种新的科学理论。参见习近平：“对发展社会主义市场经济的再认识”，载于《东南学术》2001年第4期。

环境的效率比较中，寻找各种公有制实现形式的“最优活动空间”以及不同交易环境下的“最佳产权安排”。从激励效率、配置效率、创新效率三个层次上对公有制的相对优势与相对劣势进行了综合考察，可以看作是二十年来公有制经济改革全部成果的归纳。尽管结论仍然是初步的，但我们相信，这里的研究肯定会有利于公有经济与私有经济的更全面的效率比较，有利于对公有制与私有制功能互补性的更全面的理解。

一、公有制的激励效率及其交易成本

社会主义理论的经典作家们首先是在激励效率的意义上肯定公有制的优越性的。相对于资本主义的私有制而言，公有制将极大地调动广大劳动者的积极性与创造精神。

现代经济学中的激励效率概念，是一个提出的时间较晚、含义理解还存在较多分歧的概念。一种常见的不同意见是，认为激励效率无非是通过劳动合同结构的变化，影响劳动者在报酬与闲暇之间的选择，说到底仍然是对既有资源的配置问题。配置效率可以包括激励效率的内容，因此，激励效率不能成为一个独立于配置效率的概念。这种观点的要害在于对激励机制的理解有片面性，至少是没有看到激励机制改变劳动者选择偏好的可能性。我们知道，新古典理论的资源配置分析框架是把个人效用函数（或者说选择偏好）当作外生变量看待的。但是生活常识告诉我们，产权制度往往能够通过改变人的选择偏好来提高经济效率。在公有制的激励效率分析中，反映劳动者个人选择偏好的在报酬与闲暇平面上的无差异曲线性状，不应当是外生变量。它们完全可能随着激励机制中一些重要因素的变化而变化。这些变化与配置效率无关。至少从这个意义上说，激励效率包含着比配置效率更加丰富的内容。①

按照广义的激励效率概念，社会主义公有制所要求的全体劳动者之间劳动平等关系，会使大多数劳动者个人无差异曲线向表示劳动时间 / 闲暇时间的横轴倾斜，劳动者对劳动的主观感受改善，闲暇的相对价格降低，因而全社会劳动资源实际存量增加，生产可能性边界向外移动，效率因此提高。首先，劳动平等的分配关系强调“不劳动者不得食”，全部劳动产出在进行了必要的各项扣除之后，在劳动者之间按劳动贡献分配，这就最大限度满足了劳动者的“公平感”。正如组织社会学的大量研究表明的那样，适当的公平感是比物质刺激更加有利于提高劳动积极性的因素，在这种公平分配的劳动氛围中，劳动者整体的劳动积极性将有所提高。其次，劳动平等的决策关系强调全体参与的平等决策权利，这将极大地满足全体劳动者的“主人翁责任感”，或者说得更中性

① “人类性格的某些方面内生于体制。”“狭义的经济激励对为什么很多人会尽可能努力而又有效工作这样的问题只能作出很不充分的解释。”参见斯蒂格利茨：《社会主义向何处去——经济体制转型的理论与证据》，吉林人民出版社 1998 年版。

些，满足个人的“有所作为感”和“控制感”（斯蒂格利茨，1998），而这些感受本身就会对劳动生产力产生积极作用。因此，公有制相对于私有制会更有效率。各国公有制经济形成初期劳动者生产积极性的普遍高涨，可以视为这一观点的重要例证。

组织行为学认为，影响个人行为的环境因素可以区分为微观环境与宏观环境两个层次，这种划分也适合于劳动平等关系对劳动者行为的影响作用，一个协作劳动组织内部的劳动平等关系将提高这一协作劳动的生产力，而社会范围内的劳动平等关系将使全社会劳动者的生产积极性与创造精神从总体上得以提高。在宏观与微观两个层次上劳动平等关系的耦合，将使社会主义公有制的激励效应最大限度地释放。因此，公有产权的规模与范围对效率有重大意义，一个公有产权的产权主体人数越多、范围越大，它对全社会范围内劳动平等关系的影响就越大，从而对影响劳动者行为的宏观环境就越是具有积极意义。说社会主义的国家所有制相对于各种形式的劳动者集体所有制更为优越，从这个意义上理解应当是合理的。

然而，正如笔者之前已经明确指出的那样，劳动平等关系的实现需要花费成本，这种成本的变动不仅制约着劳动平等关系实现的程度，而且必然同时也制约着公有制激励效应的发挥（荣兆梓，1996：9）。

古典的社会主义理论实际上是在零交易成本的假定下论证社会主义的优越性的，人们假定在公有制条件下实现了“各尽所能，按劳分配”的经济关系，劳动者的积极性与创造精神像火山一样喷发，社会生产力极大提高。但却从来没有问过，要实现这样的经济关系，在全体劳动者的信息沟通与行为协调中社会需要付出多少成本。列宁在十月革命之前曾经认为，社会主义条件下，劳动的计量、监督与“社会簿记工作”十分简单，每一个有正常智力与起码文化的人都能够胜任（列宁，1972），因此“劳动平等关系”是能够实现的。他至少是假定了实现这种经济关系的交易成本非常小。兰格的市场社会主义理论也是建立在零交易成本的新古典假定基础上的。只是在哈耶克等人指出了这一假定的不合理不现实之后，兰格才想到借助于大功率计算机的作用（奥斯卡·兰格，1981）。显然，他立论的依据仍然是科学技术的发展必须使实现这种经济关系的交易成本足够小。

实现劳动平等关系的信息成本与交易成本比经典作者想象的要大得多。

公有制是这样一种产权制度安排，它有多少个劳动者参与就有多少个个人劳动力所有权主体，但无论公有产权的范围多大，只有一个公有产权主体拥有公共财产的完整所有权。全体劳动者都是公有产权主体的成员，他们通过集体决策对公有财产行使平等权利。理论上说，全体劳动力个人所有者通过与这个公有产权主体的交易而形成的共同劳动关系必然是劳动平等关系，但这依赖于公产主体的决策能力，依赖于它对决策过程必需的信息资源的搜寻与处理能力。假如信息成本和交易成本为零，公产主体的决策能力就是无限的。劳动平等关系就能百分之百地实现，假如信息成本与交易成本不为零，公产主体就只能拥有有限理性，劳动平等关系的实现就必然打折扣。

为了实现劳动平等关系，由全体劳动者组成的公产主体需要掌握两方面的信息：一是每一个劳动者的劳动潜能，他所拥有的技术、知识与能力的体系，可以将此称作有关劳动的事前信息；二是每个劳动者在共同劳动中的实际表现，他劳动的数量与质量，他劳动潜能的发挥程度，他对共同体所作出的贡献，可以将此称作劳动的事后信息。现代经济学一般假定，每个劳动者个人充分掌握自己劳动的事前信息与事后信息，因此，公产主体全体成员所拥有的信息总和，恰好满足实现劳动平等关系的决策需要。遗憾的是，个人在向集体披露信息时难免出现失真，出于个人利益上的考虑，个人还可能故意隐瞒自己的信息。个人为了在劳动分工中谋取好处而隐瞒事前信息，为了在收益分配中谋取好处而隐瞒事后信息。集体为获取真实信息，提高决策质量，必须对个人劳动进行考核与监督。

有两个因素决定着这种监督与考核的成本，一个是公有产权的规模与范围，它可以用公产成员的人数来计量；另一个是公产组织内部的劳动分工状况，一般而言，它随着公产规模的扩大而越来越深化、越来越复杂。实现劳动平等关系的信息成本与交易成本随公产主体人数增加、范围扩大以及劳动分工的深化而呈递增趋势。在小规模公产组织中，劳动者互相之间可以直接观察，而且这种观察大体上只是劳动过程的副产品，不需要额外地追加信息搜寻成本。随着公产规模的扩大，人数的增加，生产过程中空间距离拉开，劳动者之间的相互观察、相互监督成本越来越高。更重要的是，随着协作人数增加，组织内部分工越来越细化，不同的专业分工使得劳动者之间的信息交流越来越困难。同种专门职业的劳动者有基本相同的有关个人劳动能力的事前信息，差异主要表现为技能与熟练程度的量的差异，相互间知根知底，因此在对劳动贡献等事后信息的搜寻中大家也有较多共同语言。但是在不同的专业分工之间，由于专业知识与技能的质的差异，劳动者之间相互了解相互沟通的难度加大，所谓隔行如隔山就是指的这类现象。劳动的考核与监督成本必然大大增加。由于公产规模的扩大与劳动分工的深化，个人获取参与决策必需信息的成本呈递增趋势，其总和最终必然抵消劳动平等关系范围扩大所能带来的收益增量。

二、公产代理制与“搭便车”障碍

事实上，还在达到这一集体成本增量与收益增量相等的均衡状态之前很久，大多数个人的信息搜寻行为就已经停止，因为从个人成本—收益分析的角度看，为集体决策支付过多成本是不合算的。尽管通过公平合理的集体决策实现劳动平等是全体劳动者的共同愿望，但没有人愿意为了参与集体决策的需要而投入足够的信息成本，公产组织的决策过程因缺乏个人参与决策的足够动因而不可能实现劳动平等的目标，这就是经济学所谓的“搭便车现象”。根据奥尔森的分析，这是大规模利益集团集体决策的必然逻辑（曼瑟尔·奥尔森，1995）。

公产代理制是克服大规模公产组织内部决策过程中搭便车现象的重要手段。

公产组织中专业的管理代理人的出现是专业化分工发展的必然趋势。分工提高劳动生产率，早在亚当·斯密的年代，经济学对此就有了充分认识。但是在零交易成本的假定前提下，管理分工的发展却合乎逻辑地不在经济学的视野之内。既然人们的交易过程不需要花费成本，指挥与协调生产者行为的管理活动也就无成本可计，不需要通过分工提高效率。只有承认正交易成本的存在，经济学才能理解管理分工提高效率的作用。管理劳动从直接生产劳动中分离出来，成为一种专门职业，少数专业管理人员从直接生产劳动中解脱出来，专门从事管理劳动，其知识与经验加速积累，管理效率因此而提高。这与直接生产者因专业化分工提高劳动熟练程度具有相似的效果。

公产代理制度又是节约决策成本，克服“搭便车”引起的集体决策障碍的需要。从节约成本的要求出发，与其每一个劳动者都承担对其他人劳动的考核与监督责任，不如让受大家信任的少数公产代理人（可以是一个人，也可以是一个委员会）承担起这一责任，集体决策的总成本肯定可以因此而降低。当然，公产代理人本身应该受到集体的监督，但多数劳动者从监督所有人到只监督少数代理人，其参与共同决策的个人成本都有明显下降。公产代理人当然也需要经济利益的驱动，但这毕竟比用经济利益驱动全体公产成员的成本要低。对公产代理人的有效激励机制应当是经济剩余的分享机制，它既能刺激代理人的诚信与努力，又基本保证了全体公产成员的劳动平等利益。因此，公产代理人对于克服“搭便车”引起的集体决策障碍具有明显效果。

然而，公产代理制对公有制经济内部关系的“小小”修正也不应忽视。按照公有制内部分工平等的原则，专业的管理劳动岗位分配给了具有更多专业知识和技能的管理专家，但是，管理职能的专业化使得管理代理人拥有了比绝大多数公产成员更多的决策权利，这又是对公有制内部决策平等关系的“修正”。现在，劳动者之间的决策权利出现了差异，实现劳动平等的原本意义上的决策权，包括对直接生产者的劳动考核与监督权限，以及以此为根据在公产组织内部的劳动分工与收益分配权限，被全权委托给了少数公产代理人，而公产成员大多数则只保留了对代理人的最终委托权和监督权。少数公产代理人拥有了比其他公产成员更多的决策权利。与此相应地，公产代理人要求分享公产组织的经济剩余，其报酬形式和报酬数量也都不可能与大多数公产成员保持完全的平等关系。尽管公产代理人的特殊权利是以对集体利益的忠诚尽责为前提的，但二者之间脱节的可能性已经存在，少数人利用手中权力谋取一己私利的可能性已经存在。

全体公产成员对代理人行为的监督必不可少。可惜这种监督也需要成本，即经济学一般所称的代理成本。一方面，监督代理人工作，考核代理人业绩，并且按照契约规定给予其奖励与惩罚都需要成本；另一方面，由于监控不到位，代理人机会主义行为必然造成集体利益的损失，人们把这种损失也看作代理成本的一个组成部分。有一点非常明显，在这两类成本之间存在着一种权衡，当前者的边际增量等于后者的边际减少时，代理总成本实现最小化，集体对前一类成本的投入将会停止。这意味着全体劳动者的监督职能减弱，而不能最终消灭公产代理人的机会主义行为。因此，我们可以把公产代理制看作是这样一种制度安排，全体公产成员以允许少数管理代理人拥有比其他人更多权利与利益为代价，减少每个个人在集体决策中需要承担的信息费用和交易费用，从而使整个公产组织有可能绕过因搭便车引起的集体决策障碍。

但问题不仅仅如此。公产代理成本作为实现劳动平等关系的成本，同样具有随公产范围的继续扩大、劳动分工的继续深化而不断递增的趋势。为了减缓成本增长的趋势，内部结构复杂的大规模公产组织发展起多层代理关系。对公产代理人的最终委托权与监督权被授予一个代表大会，而代表们行使权利的行为则受全体公产成员的监督。按照这种间接授权的原则，单一层次的代表会议制度还可以发展成为多层代表会议制度。一般地说，有几十人规模的公产组织就有必要推举代理人来行使公产经营权，达到几百人规模的公产组织就可以实行有代表会议的间接代理制，而像国有制这样规模巨大的公有产权则必须通过多层代表会议制度来委任和监督公产代理人。代表会议和多层代表会议制度是双刃剑，它一方面进一步减轻公产组织绝大多数成员的决策责任和参与决策的成本投入；另一方面也使这些公产成员越来越远离决策中心，使他们对握有实权的公产代理人的监督和制约越来越间接、越来越困难。随着组织规模的扩大和内部结构的复杂化，不仅个人在组织总收益中所占份额越来越小，而且个人影响集体决策的能力也越来越小。因此，尽管多层代表会议制度有可能减缓公产代理成本的上升速度，却仍然不能从根本上克服广大公产成员对待公共决策的“搭便车”态度。事情总会有一个限度，当公产组织规模扩大到这一点，大多数公产成员从个人成本收益计算出发，不再愿意为选举和监督基层代表会议的代表们花费很少的，但却必要的时间和精力，公产组织再一次因其多数成员的“搭便车”行为而陷入困境。这一次不是因为没有人对劳动分工与收入分配作出决策，而是因为集体对决策者失去了有效的监控。

面对越来越微弱的自下而上的群众监督，高高在上的公产代理人将如何行使职权呢？当然，这与他的选择偏好有关，与他的效用函数中个人利益与集体利益的权重有关。一个将集体利益置于个人利益之上的公产代理人不管有没有监督，都将遵守劳动平等的原则，努力实现公有产权的激励效率。但是，没有有效的选拔与监督机制，人们又如何把这样的人从人群中挑选出来，又如何把不符合德才兼备要求的代理人从高位上拉下马呢？何况按照制度决定个人偏好的理论，没有制约的权力肯定是一剂强腐蚀剂，公产代理人将无法长期保持“独慎”。

现代经济学根据委托—代理理论的分析，肯定地认为，大规模公产组织是不可能有效率的，原因是它无法克服广大公产成员在公共财产管理中的搭便车行为，而在委托人因利益动机不足以采取主动行动的情况下，他们当然也无法保证拥有绝对权力的公产代理人，像私有者对待自己的财产那样，对公共财产忠诚与尽责。

三、政治企业家与主动代理理论

然而，现代代理理论的这一武断结论未必正确。

曼瑟尔·奥尔森注意到美国社会许多大利益集团已经组织起来并且成功营作的事实，提出了“选择性激励”，或曰“副产品”理论假说，试图解决经济学理论与现实之间的矛盾。奥尔森把集团利益不能靠集团成员的主动行动自我实现的大集团称作潜在集团，这类“集团中的个人没有自愿牺牲自己的时间和金钱来帮助一个组织获得其集体物品的积极性；光凭他一个人是难以把握该集体物品是否得以获得的，但如果由于别人的努力而获得了集体利益，他无论如何能得以分享”（曼瑟尔·奥尔森，1995）。因此集团的每个个人都有明显的“搭便车”愿望，却没有人愿意为实现集体的潜在利益采取主动行动。但奥尔森认为，集团的潜在力量能够通过所谓“选择性激励”“被动员起来”。“这些‘选择性激励’既可以是积极的，也可以是消极的，就是说，它们既可以通过惩罚那些没有承担集团行动成本的人来进行强制，或者也可以通过奖励那些为集团利益而出力的人来进行诱导。一个或者是通过对集团中的个人进行强制，或者是对那些个人进行积极的奖励，从而被引向为其集团利益而行动的潜在集团，这里称之为‘被动员起来的’潜在集团”（曼瑟尔·奥尔森，1995）。一个有能力实施选择性激励而将潜在集团动员起来的组织，同时也会承担起若干为集团谋利益的职能，奥尔森将此称作该组织动员潜在集团的“副产品”。以美国政治中的大型压力团体为例，奥尔森认为，这些压力团体在国会为特定的大集团利益的游说疏通活动，就是其强迫或诱导集团成员入会的“副产品”。

毫无疑问，这一理论通过在大利益集团之上建立一个有能力实行“选择性激励”

的相对较小规模组织，解决了大集团成员因搭便车倾向而不能为集团利益采取行动的问题。通过一个上层组织的强迫或诱导，对共同利益“无动于衷”的沉默的大多数现在开始行动了，尽管这是被动的参与，而不同于一般委托代理模型中全体委托人主动地行使最终委托权与监督权，但毕竟大家开始行动，并且集团利益因此而得以实现（奥尔森认为这是受到大多数成员支持的上层组织活动的“副产品”）。然而，奥尔森似乎没有解决这个上层组织采取行动的利益动因问题，特别没有解决上层组织在通过强迫与诱导而使大多数成员入会之后，还要为集团利益提供“副产品”的经济动因问题。而这个问题才真正是讨论大规模公产组织中代理人行为与集体利益关系的关键环节。

奥尔森在《集体决策的逻辑》一书 1971 年新增的附录中，对理查德 · 瓦格纳等人提出的“政治企业家”的思路表示有限度的赞同。按照他的理解，所谓政治企业家“指的是能够帮助一个集团获得其缺乏的集体物品的人”“由于与最优程度差距之大，涉及人数之多，能从根据集体物品的要求而组织一个大型集团中得益常常也是巨大的。因此，企业家会努力奋斗去组织大型集团”“思路开阔的企业家能够找到或创造选择性激励来支持一个能向大型集团提供集体物品的、有一定规模的稳定组织。因而，在大集团中成功的企业家首先是一个拥有选择性激励能力的创新者”（曼瑟尔 · 奥尔森，1995）。

奥尔森的这一简单提示，事实上包含着或者说可以引申出，关于大集团利益之委托—代理关系的一般结论。当一个大集团的公共利益（一种公共物品）由于集团成员缺乏个人利益动因而不能实现，我们就称这样的集团为潜在集团，其未实现的潜在利益是集团最优状态与其现实状态之间的经济差额，其存在表明社会经济尚有改善余地。在集团规模极大、集团人数很多时，这个潜在收益的绝对额往往非常巨大。因而必然地会吸引集团内或者集团外的“政治企业家”进行寻利性创新活动，将此潜在收益转化为现实收益。为实现这一目标，我们的政治企业家们除了必须具备敏锐的眼光，对潜在收益的价值有比别人更清晰的认识，具有冒险精神，敢于先期投入巨大的个人资本之外，还必须能够做到以下两点：（1）他们必须采取有效手段组织起一个先锋组织，并通过这支队伍将集团的大多数成员动员起来，为实现集团的公共利益奋斗。这意味着大多数集团成员承认他的代理人地位，在某种程度上服从他的号令。当然这并不意味着理性的经济人会改变“搭便车”倾向，因此，“选择性激励”是必要手段。（2）他们还要为自己乃至整个先锋组织的成本—收益函数找到一个均衡点，他们必须在经过努力而实现的集团收益中分享一个适当份额，以弥补包括前期投入在内的全部个人成本而有盈余。很明显，没有这后一点，政治企业家的创新行为就缺乏必要的经济动因，但同样明显的是，我们的政治企业家只要有能力做到前述第一点而成为自上而下的“号令者”，实现这第二点，事实上也就在他的掌握之中了。他仍然是一个缺乏自下而上有力监督的代理人，他有权为自己颁发奖励，直至将全部已实现的集团收益据为己有。真正的难题反倒是，在这样的情况下，他为什么还有必要为集团利益提供“副产品”，或者说，他为什么只是满足于分享收益，而不是独占全部“胜利果实”。

答案首先在于，政治企业家对集团成员实施选择性激励的权利，是以其集团利益代理人的身份为根据的。在这种我们所称的自上而下的主动代理机制中，政治企业家的确可以不经委托人授权主动采取行动。但是，权威的行使以服从为前提，要使千百万群众服从少数人指挥，跟随先锋组织行动，必须使他们相信这些人是共同利益的代表者，而不是从一己私利出发的冒险家。因此，第一，这里存在着一个代理人身份的竞争过程。多个政治企业家（或政治企业家小组）为取得集团代理人资格展开竞争，他们通过公开宣言、政策主张与全部政治行为向潜在集团表明自己代理人的诚意。这是一个类似于拍卖竞价的机制，不同政治企业家（或政治企业家小组）提供公共产品（潜在集团利益）的“报价”水平，决定竞争胜负。而决定竞争者报价的一个重要因素（不考虑欺骗性报价）是不同政治企业家的个人效用函数，一个个人偏好与潜在集团利益一致程度较高的政治企业家（或政治企业家小组），在分享较少剩余份额时就能够实现自身成本与收益的均衡，因而有较强的竞争力。这意味竞争有利于信仰与情感更接近潜在集体整体利益的政治企业家获胜，竞争选择“道德优胜者”。第二，实现大集团潜在利益是千百万人的共同事业，仅仅靠少数人的努力是不可能成功的。政治企业家可以组织起一支队伍，动员起一个集团，却不可能越俎代庖，以少数人的力量去完成一个必须有千百万人共同努力才能完成的事业。为此，他必须以真正的经济利益回报集团全体成员，以兑现作为集团利益代理人的承诺。进一步的分析还显示，主动代理机制的正常运作依赖于集团利益的实现是一次性事件，还是连续不断的过程。假定数额巨大的集团潜在利益可以一次性实现，政治企业家的承诺也许是不可信的。但如果集团潜在利益是一个连续不断的收益流，那么，理性的政治企业家们就可能选择恪守诺言的行为，自觉地维护自己集团利益代理人的合法地位，维护自己在集团代理机制中的稳定权力与持续利益。在这样的条件下，成功的政治企业家们自觉地限制自己的，以及自己所领导的先锋组织的分配份额，是可以理解的。显然，保证绝大多数集团群众能够真切感受到实惠，是这一代理机制正常运转的必要条件，即使在全体委托人的自觉监督难以发挥作用的情况下，这个限制条件仍然自发地发挥着很强的“监督作用”。

股权高度分散的现代公司就是按照主动代理机制运作的。少数具有经营管理专门知识的企业家主动发起和设立公司，然后通过“选择性激励”手段动员起规模巨大的、不愿积极参与管理（搭便车）的投资者（公司股东）集团，为他们的利益管理公司，并分享剩余。在股权分散条件下，企业经营代理人的诚信守责有其自身利益的动因，与公司股东对经营者的监控力度没有直接关系，与公司股权结构以公有制为主还是以私有制为主没有明显关联。这种机制对投资者参与管理、监督经营者的要求很低，事实上，绝大部分小股东从不参与公司决策，最多只是在股票市场上“用脚投票”，来表示他们对经理阶层的满意程度，但集团成员的这种“退出”压力对主动代理人行为仍然具有有效制约。

我们提出了一种区别于由委托人自觉推动、代理人被动受命的典型代理机制的新型委托—代理概念，它以代理人主动识别委托人利益，主动承担代理人职责为特征，因此可称作主动代理机制。这种代理机制的产生有两个必要前提：一是委托人集团中的所有个人因“搭便车”倾向而不能为集团利益采取行动；二是集团潜在利益大到足以吸引政治企业家为之付出巨大代价。显然，这样的条件只有在委托人作为一个集团规模巨大、人数众多时才有可能出现。在这样的场合，主动代理机制无疑是克服委托人机会主义行为（“搭便车”）所造成制度障碍的有效手段，但也不可否认，这一机制在防止代理人机会主义行为方面功能相对较弱，有它自身不可克服的缺点。现实的委托—代理关系也许并不像理论分析那样，要么采取纯粹的受动代理，要么采取纯粹的主动代理，很多情况下，两种代理机制其实是混合作用、互为补充的，只不过在一些场合以受动代理为主，在另一些场合以主动代理为主。

四、公有产权的主动代理与代理人行为的经济动因

公产代理制同样可以通过主动代理机制建立与运作。劳动平等关系是全体公产成员共同享有的“公共物品”，它不仅给每个成员提供了满意的制度环境，而且通过公产激励机制给集团带来一个额外的产出量。但是，除非集团成员全体感受到劳动平等关系的存在，任何劳动者个人都不可能独自享用这个“公共物品”。个人的“搭便车”倾向是难以避免的，运用主动代理机制实现大规模公产组织的集团利益是必要的。值得注意的是，公产代理人对劳动的监督与管理，关乎两种经济剩余的生产，一种是相对于个体劳动之总和的协作劳动生产力，可以称作团队剩余，另一种是相对于私有制经济的公产激励效率，可以称作公产剩余。两者都需要通过专业化管理劳动者的努力才能实现，并且都要通过对劳动的准确计量与有效监督才能实现，只不过两者对经济剩余的分配有不同要求。阿尔钦和德姆赛茨最早讨论了团队生产的产权安排问题，认为一个经济剩余完全为监督管理者所有的团队（一个古典的私有制企业）将实现生产效率最优化，他们忽略了剩余分配对直接生产者努力程度的进一步影响。（阿尔钦、德姆塞茨，1994）事实上，经济剩余完全归管理者所有的产权安排，由于牺牲了劳动平等关系的激励效应，在许多

情况下未必能实现效率的最优化。公产代理制度是一种兼顾了经济的团队剩余和公产剩余的制度安排，它的剩余分配方式也必须兼顾双重目标，兼顾管理者与生产者的两种积极性，剩余分享制是其必然选择。这是公产代理制的重要制度特征，也是它制度安排上的最大难点。一个通过主动代理机制建立的公产组织，能否始终坚持经济剩余的分享制，并且使分享比例保持一个适度范围，不仅影响制度效率的高低，而且直接关系到制度本身的存亡。这不仅是个理论问题，而且首先是实践问题。

20世纪中国的公有制经济是通过由共产党领导的一场艰苦卓绝的人民革命建立起来的。这是一个典型的主动代理关系的建立过程，中国共产党是一个由先进知识分子（奥尔森称为“政治企业家”）发起与组织的先锋组织，公开宣称以谋取全中国绝大多数人民的根本利益为宗旨，坚持以有组织的武装斗争夺取全国政权为实现这一目标的手段。共产党人的流血牺牲终于感动上帝，“这个上帝不是别人，就是全中国的人民大众”（毛泽东:《愚公移山》），占全国人口大多数的农民群众被动员起来，得民心而得天下。到50年代后半叶，共产党利用政权的力量完成了生产资料的公有化，党领导的政权机构实际上成为各种公有制经济组织的主动代理人，不仅国有经济的代理人是政府，甚至农村人民公社的集体所有制，也是由农村基层政权组织代行权利的。党和政府告诉广大工人和农民群众，他们是国家的主人翁，因此也是生产资料的所有者。实际的管理权在代理人手中，但像在任何一种委托代理关系中一样，代理人应当为委托人的利益行使权力。党向人民许诺：它将领导国家发展经济，实现现代化，不断提高人民的生活水平，并且在全中国的范围内消灭剥削，保证社会公平。尽管在不同的历史阶段，我们听到过不同的政治术语，但邓小平后来用最简洁也是最通俗的语言概括的“共同富裕”，始终是党给全中国人民的基本承诺。

中国共产党人至今信守诺言：党的高层（包括三代领导集体）表现出实践诺言的强烈的主观意愿，千百万共产党人就其大多数而言，始终团结在党中央周围，坚持站在这一民族复兴事业的前列。人民认可了党作为他们根本利益代理人的地位。但事实上，通过多层代表会议的自下而上的制度化监督对此并未起主导作用，党的自我约束是中国大陆公产制度维持至今的主要原因，约束的“原动力”来自多层代理结构中的最终代理人——中央委员会。这是否违背了经济学的基本原理，违背了个人理性行为的基本假说？近年来，由于公权被侵蚀现象日益严重和表面化，由于人民群众反对腐败的呼声日益高涨，一些经济学家作出了极端的回应，从理论上根本否认公产代理人忠诚尽责的可能性。在我们看来，这一类结论至少存在着严重的片面性。

分析改革开放以来公有制经济多样化演变的若干趋势，对于理解这一问题有重要意义。

改革是共产党领导的对公有制经济的自我改造。改革实际上是从农村开始，并且自下而上进行。但除了在农业承包土地的集体所有制中，农民群众有较大的自主权之外，改革中大量涌现的乡镇集体企业，却大多表现为自上而下的主动代理，或用老百姓的语言，表现为由少数党员干部发动的“能人经济”。这类乡镇企业或者直接以乡镇政府的名义创办，或者以企业职工集体的名义注册，都有以下共同特点:（1）企业的经营管理权掌握在少数几个，甚至一个“能人”手中，他（们）不是由法律规定的公有产权的最终委托人选择和聘任，而是通过自己企业家式的寻利行为创建企业开拓市场而确立代理人地位的。（2）企业内部没有规范的职工大会或代表大会制度，企业职工集体不能对其产权代理人实行有效的监督与控制。（3）在自下而上的机制不健全的同时，企业经营者自上而下的管理控制却是强有力的，管理者对职工的奖惩（包括解雇）往往不需经过职代会的同意。

这里不讨论小规模公产组织中主动代理关系产生的历史原因（原因可能包括改革初期意识形态的惯性，但更多地可能与国家税收政策和国家银行贷款政策的诱导有关），只强调这样一个事实，即这种公产代理制度随着市场经济的发育很快就暴露出制度弱点。一方面，这种小规模公产组织的代理结构过于简单，产权代理与经营代理尚未分离，少数代理人拥有的权力过于集中，在缺少自下而上监督压力的情况下，代理人很容易从一己私利出发为所欲为。代理人将尽可能多地扩大自己的经济剩余份额，直到将全部经济剩余窃为己有。这样做当然会挫伤职工群众的劳动积极性，使企业丧失公有产权激励效应所能带来的全部收益，但和与全体职工分享剩余相比，代理人个人利益仍然增加。代理人的理性行为将导致公有制关系名存实亡。另外，这种局限在企业范围之内的公产组织一旦采取了主动代理机制，丧失了主动委托权的公产委托人将理性地选择“退出”方式表达他们的不满。一般情况下主动代理下的委托人有两种方法表达对代理人的不满，一曰呼吁（voice），二曰退出（exit）。但现在向直接的上级管理者表示不满的呼吁方式成本太高了，它很容易引来报复，具有搭便车倾向的公产成员不会作此选择，相反，由于经济剩余已经被代理人独占，劳动者选择退出企业另谋职业的机会成本很低。随着不满者的纷纷退出，自下而上的监督压力消失，篡权者的地位也就日益稳固。总之，这种委托代理关系天平严重失衡的产权制度最终是不会有效率的。这不仅仅是因为公有制的激励效应必然逐步消失，还因为在法律所有权与实际的剩余分配权完全背离的情况下，名义上的公产代理人不可能集中精力于企业的经营管理，他的主要精力将耗费在维护篡夺的权利上，这使企业效率低于同等条件下的私营经济。

制度导致的低效率意味着制度变革的潜在需要，现实的乡镇企业发展道路似乎已经证实了这一判断，早期通过主动代理机制创建的乡镇集体企业现在正经历不可避免的改制过程。改制的备选方案可以有多种：首先，经营者可以脱掉集体经济“红帽子”的方法直接实现企业产权私有化，使企业的法定财产权与实际财产权相一致；其次，随着企业职工民主意识的逐步增强，他们可以团结起来争取行使法定的委托人权利，使企业向规范的职工合作制转化，通过职工大会或职工代表大会制度强化对公产代理人的监控，直至重新选聘代理人；再次，企业职工还可以要求对企业实现股份制改造，将产权量化到每个职工个人，并通过股东大会行使股东权益，强化对经营代理人的监控；最后，我们还可以设想建立起来自企业外部的产权约束，如乡镇政府真正履行其公产代理人的职责，对企业经营者行使有效的监督。但这最后一种选择可能会引出进一步的问题，乡镇干部的忠诚与责任如何保证。在我们看来，这只是将前述问题从企业层次转移到了农村社区层次，基本的矛盾仍然是相同的，特别当同级（无论是乡、镇，还是村级）产权的企业可以组建为一个企业集团，企业集团的领导班子事实上政企不分时，事情更是如此。基本的判断是：在市场经济条件下，依靠主动代理机制建立的小规模公产组织不仅不能保证其代理人忠诚与尽责，而且缺乏制度运行的稳定与效率，充其量只能是一种过渡性的制度安排。

然而，在像国有制这样的大规模公产组织中，情况却有很大差别。一方面，主动获取大规模公有产权的代理资格需要建立庞大且组织严密的先锋组织，公产代理结构必然是高度复杂的。我国国有资产的管理制度无论从纵向层级还是从横向分工看都涉及许多机构和更多个人，而公产代理人对国有资产的剩余分享方式则更加复杂，关系到更多的方面。这就形成一种公产代理结构内部的制衡机构，任何个人或者少数人想要过度摄取都极其困难。我国市场经济体制的发育中，国有企业经营者的权力不断扩张，自上而下的约束作用减弱，以至于出现了经济学所称“恶意代理人”问题，但前述在乡镇集体企业中所发生的过程，在这里却遇到了强劲阻力。由于权力的划分，来自企业之外的产权约束不允许经营者独占公产剩余权；相应地，公产代理结构的下层对其“上级领导”也形成一定的制约。这种被我们称作民主集中制的制度安排，在优化先锋组织内部自我约束机制方面确有不可忽视的作用，它虽然不能等同于亿万委托人对少数代理人自下而上的全面监督，却是弥补主动代理制制度缺陷的有用工具。

另外，公产组织的范围越大，广大公产成员用退出方式表示不满的可能性就越小，因为另寻可替代选择的范围也越来越小了。在国有制经济中，任何一个公产成员的退出都几乎是不可能的。因此，在这样的场合，委托人对代理人行为表示不满的主要方式就转换为呼吁。请注意，这里所说的公产成员并不仅仅指国有企业职工，更多的国家主人翁不在国有经济中就业，但他们都同样有权利请求国有产权的代理人履行诺言；而所谓退出，也不应该理解为从国企就业岗位上退出，而应理解为从国家公民的合法身份退出，这对绝大多数老百姓来说几乎都是不可能的。由于呼吁成为表现不满的唯一渠道，它会被积累而不断高涨，除非代理人采取有效措施消除或者减弱委托人的不满，否则，呼吁产生的张力最终必然导致更激烈的政治行动。这是一个博弈双方均无退路的对策环境，要么把不满控制在有限的范围内，要么走向毁灭。理性的政治企业家们没有理由选择后一种结局。以忠诚尽责的代理行为维护自身道德形象，进而维护自身权利的合法性，至少对于公产代理结构的最高层来说，行为的合理性是无可怀疑的。

也许这里的分析仍然不能令具有形式化偏好的经济学家们满意，也不可能产生像数学原理那样的必然结论。事实上历史曾经给出过相反案例，这不能解释为像戈尔巴乔夫那样的政治企业家的非理性行为，倒是可以理解为苏联国有财产的产权代理人（政府官员）与经营代理人（国企经理）瓜分剩余权的一次合作博弈，一个针对全体公有财产委托人的串谋行为。这里的讨论只是想指出，事实上存在着一种区别于多层代表会议制度自下而上监督的不同的约束机制，它对规范大规模公产组织产权代理人行为确有实际意义，能够从另一个角度解释像国有制这样的公产组织中代理人忠诚尽职的经济动因。对于保证代理人行为的绝对善意来说，它可能是不充分的。但是忽视它的作用，人们对公有制经济委托—代理关系的现实，只会有更多的迷茫。

到目前为止，我们只是用经济学的方法讨论了用主动代理方式取得公产代理人地位的政治企业家所面临的决策环境，讨论了他们理性地选择履行诺言或者不履行诺言的原因。由此引出的结论有两点。第一，在小规模公产组织中，主动代理机制只是一种过渡性制度安排，除非向受动代理机制转化（如实行职工合作制），否则公有制将为其他所有制形式所取代。第二，在大规模公产组织中，主动代理机制有可能产生出区别于受动代理的约束机制，将政治企业家集团（这里指公产代理组织的最高层）的代理行为限制在一个合理范围内，遵守诺言的主观动因是存在的。当然它并不完善，因此需要有自下而上的多层代表会议制度的补充，并且随着政治民主化的进程，后者的作用还应当逐步加强。

但是，有主观愿望是一回事，有实现愿望的手段与方法则是另一回事。在我国公有制经济 50 年的发展历史中，真正的问题从来就不是出在高层决策者主观善意上。严重的问题主要在于实现愿望的手段，人们不知道如何运用手中的权力去提高公有经济的效率，在一个民族国家的范围内最大限度地实现劳动者之间分工平等、分配平等，充分调动千百万劳动群众的积极性与创造精神。历史表明，这的确是一个历史性的巨大难题。

第二章　资源配置与公有资本

一、资源配置方式与产权的配置效率

社会主义公有制与资源配置效率没有根本冲突，运用经济学传统的讨论方式，假定经济运行的交易成本与信息成本为零，不难证明，劳动平等关系与资源配置效率具有内在的一致性。由此引出的推论：公有制的激励效率与资源配置效率同样具有一致性。

首先，在只有劳动力这一种生产性资源的理论模型下，劳动的分工平等法则必然导致资源配置的帕累托最优状态。分工平等是以承认个人劳动能力的差异性为前提的，此处的平等建立在劳动能力不平等的基础上，不过是劳动者“各尽所能”“各显其才”的更加理论化的说法。用现代经济学的语言，这是在个人劳动能力既定，社会劳动岗位既定前提下的以产出最大化为基准的集体选择行为，选择的结果必然是社会劳动力资源配置的最优化。

其次，物质要素的合理配置与有效利用，全部可以还原为劳动投入问题。只要在科学劳动、经营管理劳动与直接生产劳动三个层次上投入必要的时间与精力，我们总是能够将既有的物质生产要素全部配置到合理的位置并且有效地加以利用。但集体必须对这些劳动投入进行分配、计量与监督，投入在物质资源配置与利用效率上的劳动力分配、劳动计量或者劳动成果评价问题，显然要比直接生产产品与劳务的劳动力分配、劳动计量与劳动成果评价问题复杂得多，也困难得多，但在忽略了交易成本与信息成本的经济分析中，这种差异是可以忽略的。

最后，在要素存量既定的前提下，劳动的分工平等原则不仅能够实现人力要素的合理配置，而且能通过合理分配“配置与利用物质资源的劳动”，间接实现对劳动者共同拥有的物质要素的合理配置与有效利用。从这个意义上说，劳动平等的公有制关系与私有制基础上的市场关系在资源配置功能上完全等价，它们同样能够导致帕累托最优的结果。

但是在有交易成本与信息成本的现实世界，资源配置的具体方式就必须给予充分考虑。不同的资源配置方式会有不同的交易成本，因而对资源配置效率有极不相同的影响。考虑到公有制与不同资源配置方式的不同关系，它与资源配置效率是否具有一致性，就需要具体问题具体分析了。

在单个公有制经济组织的范围之内，由于公产集体是唯一产权主体，劳动者一旦加入集体成为其成员，他的劳动力就归集体支配。公有制组织的资源配置自然要通过全体劳动者的集体决策有计划地进行。计划经济并不是马克思的凭空想象，而是在对资本主义经济的实际观察中发现的区别于市场配置的另一种现实的资源配置方式。马克思区分了资本主义经济中的两种分工形式（资源配置方式）：社会内部的分工是通过市场商

品交换进行的，工场内部分工则是通过资本家的有计划的管理过程进行的。在马克思看来，前一种分工形式由于生产的盲目性与无政府状态，必然造成社会资源的巨大浪费，而后一种分工形式则由于生产在事前有计划的安排，可以提高资源利用效率，减少不必要的浪费。因此，有计划的工场内部分工比盲目的社会内部分工更有效率。只是因为资本主义私有制的障碍，有计划的分工方式不可能推广到工场外部，不可能形成全社会范围的有计划经济。一旦资本主义的私人占有方式为社会主义公有制取代，全部社会生产就有可能组织成为一个“大工厂”内部的计划经济，这将从根本上改变资本主义生产的无政府状态，极大地提高生产性资源在全社会范围内的配置效率（马克思，1975）。

马克思的失误并不在于他完全忽视了交易成本的存在，用零交易成本的不现实假定展开其经济学的分析。恰恰相反，他比其他人更清楚地看到资本主义商品生产的巨大交易成本，希望找到一种能够节约交易成本的生产方式取而代之。马克思的失误在于，他没有正确估计工场内部分工推广到全社会所引起的成本变化，忽视了后来被列宁称作“国家大工厂”的资源配置方式巨大的运行成本。哈耶克在与兰格等人的辩论中主要强调的就是对手的这一疏忽，在哈耶克著述的年代，“国家大工厂”因交易成本过大而带来的运行问题，它所造成的社会资源的无谓的巨大的浪费，已经越来越清晰可辨。在这一点上，哈耶克的批评是极有杀伤力的。但是哈耶克的逻辑并不严密，他在指出计划经济存在巨大交易成本的同时，并没有将它与市场经济的同样是巨大的交易成本进行有效的比较，至少他没有从经济学的理论上说明，为什么资源的市场配置方式从总体而言要比资源的计划配置方式耗费较少的成本。

罗纳德·科斯给出了一个简单明了的分析框架，以说明两种资源配置方式交易成本的差异。他首先假定，市场运行的交易成本既定，而小规模计划体系（他称为“命令服从体系”）运行的成本比市场交易成本要低。他认为，这就是企业能够在市场机制的“汪洋大海”中生存的原因。但他进一步指出，计划体系的运行成本会随着生产规模的扩大逐步递增，不仅是制度运转的成本总量会增加，而且产出的边际交易成本也呈递增趋势。这样，由于企业生产规模的扩大，计划体系的范围相应扩大，单位产出在计划体系中所耗费的交易成本就会逐步增加，直至与市场交易成本相等的那一点。那是决定企业规模的界限，也是计划体系与市场体系效率优势的转换点（罗纳德·科斯，1994）。看来，资源配置的两种手段并没有绝对的优劣之分，它们各自适应不同的经济规模而具有不同的相对优势，因此，企业内部的计划体系与企业外部的市场体系同时并存、相互依赖。现代市场经济体制无非是由无数内部遵循命令服从原则的企业整合而成的“企业体制”。从整体而言，有效率的资源配置方式就是企业与市场的边界适当界定的方式，就是计划与市场各得其所的方式。当然，计划与市场的合理边界不是固定不变的，它随生产的技术手段、交易手段以及分工协作方式的变化而变化。在不同的产业与不同行业会有很大的差异，就是在同一行业内部，不同企业面对的具体环境也会有很大差异，合理的企业边界因此也各不相同。但在交易环境的特征结构既定的前提下，两种资源配置方式相结合的有效状态总是可以确定的。

现代经济中产权制度的配置效率必须在这样的背景下讨论。一种产权制度的资源配置效率，取决于它与两种资源配置方式有效结合状态的匹配程度，以及它对两种配置方式灵活转换、不断调整的适应程度。一种适应企业边界合理界定和有效变动的产权安排是有效率的，相反就是无效率或者低效率的。

二、公有制与资本主权的对立与统一

怎样的产权安排才能适应企业边界合理界定有效变动的需要呢？市场经济发展的历史事实表明，在大多数情况下，一种由资本与劳动两要素的市场合约构造的企业产权安排，是最有利于企业边界的灵活调整与两种资源配置方式的有效结合的。这是一种资本与劳动的剩余权让渡合约，通过合约，资本取得了对劳动力的剩余控制权和剩余索取权，从而成为企业产权的所有者。资本所有者，也即企业产权所有者现在成为计划与市场两种配置方式在企业内外的交汇点与连接枢纽。对内，他是计划体系的中枢神经，是全部企业资源的控制者与支配者；对外，他又是市场体系中的一个独立单元，一个产品市场、资本市场与劳动力市场的平等交易者[①]。企业的资本主权，是保证两种资源配置方式灵活调整的最有效的制度安排。根本原因在于，物质生产资料与劳动者的分离，是现代市场经济灵活调整资源配置的必要前提，当两种资源分别属于不同所有者，它们通过市场契约组合或者拆分就有灵活性。资本主权型合约产生的前提条件就是两大要素所有权的分离[②]，正是这样一种生产要素的产权分配的初始状态，使得物质生产过程只有在生产的两大要素通过市场结合到一起的时候才能进行。企业合约就是它们结合的必要途径。不仅如此，在这种合约形成之后，企业所有者对两大要素的占有关系仍然存在差异，所有者对资本价值的占有是永久的，而对劳动力的支配则只以契约规定的时间为限，调整随时可以进行。

① “企业产权的特殊功能给其人格代表，即企业所有者规定了特殊的社会地位，一方面，他是市场交换的平等参与者；另一方面，他又是企业内部高高在上的‘独裁统治者’。”“企业产权的这种性质使它具备了在市场与科层两种结构中发挥组织功能的可能性，使它成为市场与科层的结合部与连接点，成为企业制度的枢纽与核心”参见荣兆梓等：《企业性质研究——结构、主体、人际关系》，安徽人民出版社 1992 年版。

② 马克思认为，资本雇佣劳动的前提条件是“劳动者和劳动实现条件的所有权之间的分离”（马克思，1975）。“资本主义生产方式的基础就在于：物质的生产条件以资本和地产的形式掌握在非劳动者的手中，而人民大众则只有人身的生产条件，即劳动力”（马克思，1972）。

相比之下，另一种可供选择的企业产权安排——企业劳动主权（由劳动力所有者拥有契约剩余权）——在资源配置方式变动、企业边界调整中，就没有那么明显的适应性与灵活性。劳动主权型合约的产生，要以劳动者对自身劳动实现条件的所有权为前提，无论产权的初始安排是生产资料的劳动者集体所有还劳动者个人所有，两种要素最低限度的直接结合是前提。“自由得一无所有”的劳动者不可能通过自由的市场合约取得企业所有权。即使是通过贷款间接融资，至少也需要支付利息并且提供担保，正如张维迎所指出的那样，人力资本没有抵押功能和承担风险能力，在两大要素完全分离的条件下，不可能产生出劳动主权的企业合约。而这种合约一旦形成，作为企业所有者的劳动者就同时永久拥有了两种生产性资源，这不妨碍企业内部的计划协调，但对企业外部的市场协调却无疑是严重障碍。

公有制本质上是劳动者的平等权利。劳动主权型企业天生与公有制不可分割。公有制的产权形式包含着保障劳动者主权的三重密切相关的规定性：（1）公有制只有唯一的产权主体，但它有多个劳动者成员构成；（2）公有制的产权客体是统一不可分的，它完整地属于集体所有，而非分别属于各个成员个人；（3）公产成员之间的财产权利是平等和无差异的，他们同等地享有集体决策的权利（或称社员权），在集体内部同等地享有“按能分工”“按劳分配”的权利。这些法权规定对于劳动平等关系的形成与稳定十分必要，但似乎于资本主权的企业合约不可兼容，因此也很难发挥市场机制的资源配置作用。公产成员的身份不可出售，产权客体也不能随个别成员的去留而任意分割，这不利于劳动力的自由流动；由于个人对资产权利的平等与无差异，公有制经济在内部清除了资本报酬的必要性与可能性，因此，企业内部的劳动平等关系不能与企业外部的资本市场衔接。公有制有利于提高劳动者的生产积极性，有利于提高生产的激励效率，但在资源配置效率上必须付出代价。

公有制在市场经济条件下的探索实践表明，对公有制经济的上述理解具有很大的片面性。社会主义公有制的历史特征，在劳动者的整体利益与个人利益的对立统一中展开，劳动者的生产资料公有制与个人劳动力私有制同时并存，劳动者的平等权利与建立在劳动能力不平等基础上的分工与分配差异性同时并存，公有产权对公产组织范围之外的其他经济主体的排他性（外排他性）与对公产组织内部成员的排他性（内排他性）同时并存。当代公有制经济的这种内在矛盾，蕴含着两大生产要素既相统一又相分离的双重可能性，其矛盾运动的逐步展开必然呈现出劳动主权型企业与资本主权型企业并存的更加形式多样的现实图景。

首先，公产关系中劳动者的双重身份是我们理解公有制内在矛盾的关键。公有制的产权主体具有唯一性，劳动集体作为一个整体是公有财产的唯一所有者。劳动者首先是公产主体的成员，作为公产成员而拥有决策平等、分工平等与分配平等的同等权利，但他们同时还是个人劳动力的所有者。作为公有产权唯一主体的劳动者集体与作为劳动力所有者的劳动者个人，产权上具有相互排他性。正是劳动者对两种生产性资源的不同占有方式，以及在两种占有方式中的不同身份，决定了社会主义公有制条件下劳动者与其生产的物质条件相对分离的可能性。

其次，劳动者集体对公共产权的行使必须通过公产代理制，人们根据“能力主义”的原则选择公产代理人，赋予他比普通劳动者更多得多的决策权利，这是劳动的分工平等与决策平等的内在矛盾。在代表会议制度与多层代表会议制度中，这种矛盾进一步展开，使得单个的劳动者越来越远离公产主体的决策中心，其参与平等决策的能力逐步减弱。极端情况下，自下而上的公产代理关系转化为自上而下的“主动代理”关系，基层劳动群众参与集体决策的功能进一步弱化，而劳动力个人所有者的身份单方面突现，以至于在公产组织的高层代理人与广大公产成员之间，委托人与代理人的关系发生颠倒，或者说自下而上的委托代理变得模糊与不清晰，而自上而下的命令服从关系却清晰可辨。

可见，劳动者的双重身份在公产代理制度中有可能裂变，劳动者的两种财产权利在复杂的代理制度中有可能分别地由两部分集体成员承担。据此我们有理由认为，公有制与两种生产性资源所有权的分离没有绝对冲突，社会主义公有制不仅可以与劳动主权型企业衔接，也可以与资本主权型企业接轨，其资源配置效率的优劣，更多地取决于特定交易环境结构下具体的公有制实现形式的选择。

三、合作制与股份合作制中的资本权益

假如公有产权规模恰好与资源配置方式的有效状态一致，即恰好与企业的有效规模一致，那么，公有制与市场机制大体上是能够协调的。公有产权的对外的排他性，决定了它在企业外部的市场上能够与其他经济主体，包括不同所有制性质的企业平等交易。特别当公产组织摆脱自给自足状态，成为专业化的商品生产者，其独立的公有产权完全能够保障它在生产经营中的独立性。但这只是就产品市场层面而言的。一旦企业需要通过资本市场或者劳动力市场调整经营规模，问题立刻就复杂化了。

以一个典型的职工合作制企业为例，当企业需要扩大经营规模时，可以根据入社自由的原则，吸收新的合作社社员，但是新社员入社与老社员享有同等权利，这稀释每一个老社员对公有资产的权益，必然引起对新社员的排斥。一个合理的解决办法是新社员带资入社，保持新老社员资产权益上的平衡。但这样一来，合作制企业的规模扩张就受到限制，它必须在资本与劳动同步扩张的情况下才能进行。当企业规模需要收缩，如

需“减员增效”时，职工合作社的难题就更大，如何通过集体决策“解雇”无过失的拥有同等权利的伙伴？社员退社时能否带走部分公有资产？事实上大多数合作社在出现经营困难时不选择“减员增效”的办法，而选择减少劳动报酬共渡难关的办法。但这种办法只适用于临时性的经营困难，如果是技术进步所要求的永久性减员，在职工合作社的制度框架中协调难度极大。相应地，当企业发展要求扩大投入，提高“资本”技术构成时，公有制经济也会遇到困难的选择。企业的自我积累总是有限的，靠借贷发展受企业自有资金的局限，但普通企业利用外部投资扩大经营规模对职工合作社来说却很难行得通。外部资金的投入会逐步改变企业产权结构，进而改变合作社内部劳动平等的经济关系，因而合作社规定“资本报酬适度”原则以保护内部生产关系的稳定性，强调社员在决策中“一人一票”原则以保障劳动者的平等权利，但这样一来，外部投资者的权益被削弱，合作社的外部融资不说不可能，至少也是极其困难的。①

观察现实的公有制组织如何在激励效率与配置效率间寻找平衡是有趣的。

以西班牙的蒙德拉贡工人合作社为例，他们在实践中创造了一种叫做“个人资金账户”的资金管理办法，每个工人从加入合作社第一天起就建立一个“个人资金账户”，账户上不仅有他带资入社的初始资金，而且还有每年度根据个人工作指数从企业盈余中分得的“个人资金账户”基金。这部分量化到个人的资金与集体准备金一起承担着企业经营的风险，在个人工作期间不得抽回，不能预支，只有到个人退休后的某一时间才允许由个人支取。尽管这部分资金在个人间分配的差异很大，但与股份资本不同，它既不是合作社盈利分配的依据，也不是社员大会上表决权的依据。可以这么看，蒙德拉贡的合作社工人除了得到工资报酬之外，还通过利息与“个人资金账户”两个渠道分享企业剩余，利息收入是依据按资分配原则，“个人资金账户”是依据按劳分配原则。实践中，后者的分配比例远远高于前者。但正如许多学者已指出的那样，“个人资金账户”中的那部分劳动报酬被“强迫储蓄”为合作社所用，不仅如此，它实际上还被“强迫投资”了，按规定，“个人资金账户”的这部分资金在企业出现亏损时与集体准备金一起承担还款责任（汉克·托马斯和克里斯·劳甘，1991）。由此不难理解蒙德拉贡的合作社组织者们的良苦用心，一方面，他们最大限度地挖掘合作社全体社员的储蓄潜力，尽可

---

① 奥塔·锡克认为一种被称作“合作公司”的公有制模式能够解决劳动力转移的困难，其要点有三:（1）企业资本财产对个人“中立化”，即产权归生产集体全体成员共同共有，不得量化到人;（2）合作公司由受聘的专业经理人员按照资本原则经营管理;（3）公司利润在全体成员间按劳分配。参见奥塔·锡克:《一种未来的经济体制》，中国社会科学出版社 1989 年版。事实上这一方案并不能解决劳动力转移困难，既不能消除新工人进入的障碍，也不能消除生产集体成员非自愿退出的障碍。根本的原因是“中立化资本”对不同企业的生产集体并不中立，资本的经营收益事实上归企业职工共享，不同企业的资本人均收益会有很大差别，这种归不同生产集体拥有的不同资产权益，导致了劳动力在不同企业转移的困难。

能利用内部力量解决合作社的融资困难，甚至不惜利用强制手段将收入转化为储蓄，将储蓄转化为“准投资”，以增强合作社的借贷能力，使合作社有可能利用外部资本市场；另一方面，他们尽最大努力维护合作社原则，阻止个人储蓄转化为股份资本，限制利息支付的数量和范围，将合作社的内部分配维持在“按劳分配”为主的限度内，最大限度地保障合作社经济的劳动主权与公有制性质。蒙德拉贡的发展表明，在对按资分配原则作有限让步的条件下，现代工人合作社可以与市场经济的资源配置方式衔接。

中国的股份合作制试验具有更强的典型意义。这一改革试验在20世纪80年代首先在乡镇企业的发展中崭露头角。当时它的产生主要满足两方面的制度需求，一方面是新老集体企业对适合市场经济要求的新型合作经济的制度要求；另一方面是各种所有制形式的企业对股份制、公司制改造的强烈要求。1990年农业部出台的《农民股份合作企业暂行规定》，以及1992年颁布的《关于推行和完善乡镇企业股份合作制的通知》，强调企业的股份制构架，如股份资本的界定、股东权益的保障等，而很少注意体现合作制原则。但实际操作中，由于乡村集体股、职工集体股，以及社员股、职工股在一部分企业中占有较大比重，这部分企业的合作制特征仍然比较明显，主要是：企业或社区外部投资比重较小，职工或社区居民个人持股相对平均，职工集体或社员集体在企业决策中占主导地位，职工或社员分享企业利润等，一句话，劳动者而不是投资者仍然在这些企业的权利与利益分配中占主导地位。1994年初，国家体改委生产司提交一次会议讨论的《城镇股份合作制企业暂行规定》（讨论稿），提出“全员入股，资本与劳动结合”，以及股东（职工）大会表决实行一人一票制的原则，体现了将合作制原则明确载入股份合作制试点规范化文件的意图。1997年6月，国家体改委《关于发展城市股份合作制企业的指导意见》正式出台，这是一个以改革实践为基础突出强调合作制原则的重要文件。文件强调：股份合作制是采取了股份制一些做法的合作经济，是社会主义市场经济中集体经济的一种新的组织形式。在股份合作制企业中，劳动合作和资本合作有机结合。劳动合作是基础，职工共同劳动，共同占有和使用生产资料，利益共享，风险共担，实行民主管理，企业决策体现多数职工的意愿；资本合作采取了股份的形式，是职工共同为劳动合作提供的条件，职工既是劳动者，又是出资人。在此文件指导下，1997年以后我国城市股份合作制的发展较多地表现出以下特点：（1）企业集体股与职工个人股在企业全部股份中占多数；（2）职工持股相对平均；（3）企业决策实行一人一票原则，更多体现劳动者之间的平等权利。

当然，作为一种新的改革实验，股份合作制无论在理论还是实践上都仍然在探索中，表现出制度安排的多样性和不稳定性的特点。但现有的实践已经可以说明，利用股份制框架建立职工合作经济具有广阔的前景。股份公司制度框架的一个基本特点是，它把企业资本分解为虚拟资本与现实营运中资本两个层次，在虚拟资本（股份资本）层次上保持资本所有权的可分割可让渡性，而在现实营运中资本（公司法人资本）层次上强调产权的唯一性与不可分性。这样，在虚拟层次上，股份资本可以通过资本市场灵活地进入与退出；在现实层次上，公司法人资本则直接与劳动力商品交换，通过市场机制实现劳动力的进入与退出。这个制度框架对资本所有者与劳动力所有者的身份没有特殊要求，典型情况下，二者处于分离状态，股份制企业的剩余控制权与剩余索取权全都由资本所有者（股东）与其代理人拥有，企业职工不分享企业产权。股份合作制的关键在于，在股东与雇员身份分开的形式框架内，让两种角色由同一人群担当，构建企业劳动者主权的实质内容。很显然，在这样的形式框架中保持那样的实质内容并不容易，只有当企业全部股份恰好为全体职工持有，并且股权完全平等时，二者才能真正一致。而在允许资本与劳动力资源自由流动的条件下，这种状态既不可能完全实现，更不可能持久。股份合作制所要求的其实只是股东与职工范围大体吻合，以及股东持股大体均等。如全员持股条件下职工集体股与职工个人股占企业总股本的50%以上；职工个人最高持股份额与最低持股份额之比不得超过5:1，等等。在此基础上，股份合作制要求股东（社员）大会的表决实行“一人一票制”，企业收益分配贯彻以“按劳分配”为主的原则。

为了加强与外部要素市场的衔接，股份合作制事实上有限度地将资本关系内部化了，它允许企业的资本所有者与劳动者在一定程度上分离。这是在公有制前提下最大限度兼容了生产的激励效率与资源配置效率的制度安排。即使如此，二者的矛盾仍然不可能完全消除。一方面，由于向资本报酬原则较多让步，即使是规范的股份合作制企业，其外部投资者也必须按照资本市场价格分享企业利润，企业职工的股利分配也有较大差异，一些企业（特别是社区居民合作制企业）还大量雇用不拥有任何企业产权的外来打工者，其内部劳动平等关系的实现程度显然比规范的工人合作社更低（读者可比较我国改革中的股份合作制企业与蒙德拉贡的工人合作社），因而它已经牺牲了一部分公有制的激励效率。另一方面，企业经营发展引起的资源流动与重组完全可能突破劳动主权所要求的特殊股权结构，从而使企业由劳动主权向资本主权演变。现实经济中存在很大一批“股份合作制”企业，职工股集体股份额过小，职工个人间持股差距过大，以至于企业不得不承认资本所有者在决策与分配中的主导地位，这类企业对资源配置效率的关注已经超过了对公有制激励效率的关注。也许这正是股份合作制的产权形式具有强大生命力的原因之一，它在产权的激励效率与配置效率之间给出更大的选择空间，从而能够适应不同交易环境结构的更广泛的要求。但这样一来，它同时也就跨越了公有制与私有制的界限。

四、公司制改革与国有资产的资本化

假如公有产权的范围远远超出企业有效规模的边界，以至可以将多个企业甚至许许多多个企业包含在内，那么它所遇到的麻烦就更多。公有经济产权主体的唯一性，决定了在它内部不可能有多个独立经营自负盈亏的经济主体。要么保持公有产权的完整性及其内部的“计划经济”而牺牲资源配置效率，要么承认企业的独立性引进市场机制而使公有制经济瓦解。许多人认为，并且至今仍然认为，公有制在这个问题上没有出路。

中国改革的第一个成功经验偏偏就从这里突破。农村土地集体所有制虽然不是什么大规模的公有产权，但在社队一级的集体劳动、统一核算的“计划经济”中，资源的配置效率始终不高，土地的利用效率不高，劳动力的利用效率也不高。这与农业生产的特殊环境有关，土地自然条件的千差万别，农业劳动的非标准化，再加上我国农村地少人多的特殊国情，土地产出率成为农业生产的主要指标，特别地要求对每一块土地“因地制宜”充分发挥其潜力。因此，即使在生产队一级的集中计划指挥也变得异常复杂。农业合作化以后，我们在集体劳动的框架内探索各种管理模式，结果屡试未果。农业联产承包责任制在保持土地集体所有制不变的前提下，实现了以家庭为单位的农业生产经营，奇迹般地提高了农业生产率。随着农村商品经济的发展，承包农户逐渐成为独立自主自负盈亏的商品生产主体，成为名副其实的经济学所称的“商号”（firm）。但它们所用的主要农业生产资料——土地仍然是公有的，是他们从集体承包的。农村改革的成功表明，在公有制的范围内使农户成为拥有独立产权的商品生产者是可能的。

当然，农村改革有其特殊性。农村土地公有制的必要性，一方面与实施粮食统购统销、组织农田水利基本建设等的需要有关；另一方面与我国工业化进程中农村社会保障的缺失有关。农民拥有土地作为一种基本的社会保障，可防止土地向少数人手中里集中和大量丧失土地的农民丧失生存权利，保证社会安定与城市化过程的有序进行。在这里公有制其实还起着制止、至少是阻缓土地买卖和流动的作用。农村改革的经验不能照搬到国有经济。国有企业改革在使企业成为独立的商品生产者与经营者的同时，还必须实行资本与劳动力在市场上的自由流动，以实现社会范围内资源配置的优化。经过许多年的反复实验反复探索之后，人们终于意识到，依靠经营承包责任制，国有企业的改革不可能达到预定目标。

建立现代企业制度的改革思路终于应运而生，其核心是大中型国有企业的公司制改造。

股份公司制度本来是为解决过于分散的私有产权与社会化生产的矛盾而发明的，它使统一的资本所有权分解为虚拟资本与现实营运中资本，使虚拟层次上的分散股权与现实营运层次上统一的法人财产权相得益彰。现在回过头来看，19世纪下半叶到20世纪上半叶，资本主义私有制在组织社会资源方面确曾面临严重危机，它主要体现在两个方面：第一，私人占有的狭隘边界阻碍了生产力发展所要求的企业边界（也即资源有计划配置的边界）的扩张；第二，企业规模扩张导致的垄断妨碍了市场机制对资源的有效配置，这就是所谓市场失效现象。资本主义私有制并不天然与现代市场经济完全统一，它是在经过反复摸索与痛苦选择之后，才找到自己适应大规模生产与大规模销售结合条件下资源配置的新的实现形式的。公司法人制度对分散的私人资本实行整合，从而极大地扩展了私人占有的狭隘边界；政府对垄断企业的干预以及公营企业直接介入自然垄断领域，缓解了垄断对竞争的矛盾，维护了市场机制在资源配置中的主导地位。资本主义终于逃脱劫难，恢复自信。

具有讽刺意味的是，20世纪的社会主义刚刚建立，就遭遇了与资本主义类似的困境，其产权制度与有效的资源配置方式之间的矛盾，最终导致了普遍的以市场取向为特征的经济体制改革。所不同的是，这里公有制过于扩张的产权规模阻碍企业边界的有效界定，改革要求减少政府干预，利用公司法人制度分解公有产权。现在公司的作用被颠倒过来了，一个虚拟层次上统一的国有产权将分解为许许多多现实营运中的企业法人财产权，或者将投向许许多多的不同企业而成为相互独立的法人资本的组成部分。与在私有经济中相同的是，资本在虚拟层次上保持了原生的产权分配状态，而通过现实营运中资本的产权重组实现了产权分配与企业边界的匹配。正因如此，公司制在私有经济条件下优化资源配置的作用，对国有经济同样有效。这主要表现在两个方面：一方面，资本运动在两层次上的相对分离，使其转移与重组更加灵活，并且更少社会震荡与社会危机；另一方面，职业经理人不受自身财产权的限制而与资本所有者分享企业剩余，其人力资本被更加充分更加有效地利用。相应地，公司制在私有经济条件下的缺陷与不足，在公有制条件下也会以几乎相同的形式表现出来。如脱离现实经济的虚拟资本的泡沫化，摆脱产权有效约束的企业内部人控制，等等。

但是，人们也许没有注意到，企业层面上的公司制改革过程正在改变国有资产的整体属性，使之具备了完整意义上的国有资本性质。

与其他公有制形式不同，生产资料的国家所有制一开始就表现出生产资料所有者与劳动者不能完全重合的特点，即使在高度集权的计划经济条件下也是如此。国有产权的主体成员范围远远超出国有企业职工的范围。因此即使是“国家大工厂”全体雇员的共同决策也不能代表全民所有者的意志。由于公产组织的规模过于庞大，自下而上的公产代理成本过于庞大，国家所有制只能依靠少数政治企业家的主动代理行使公产权利，依靠政府机构管理公共财产。“国家大工厂”有选择地雇用全民所有制职工，通过工资形式支付劳动报酬；国有企业利用利润指标进行经济核算，其资金的增殖与积累不可能仅仅为企业职工或者全体“国家大工厂”雇员谋利益，它承担着国民经济发展与全民福利的责任。根据这些特点，我们可以判定，国有资产已经具有了部分公有资本的性质。但在计划经济条件下，国有资产的资本性质是不完整的。由于国有经济在农业生产之外全部经济领域的绝对垄断地位，一方面，国有资产的配置与重新配置不是通过市场，而是通过覆盖全社会的计划体系，事实上在“国家大工厂”之外不存在能够与之在资本市场上平等交易的经济主体；另一方面，劳动者与国有资产不是在市场，而是在统分统配的计划体系中相遇，他们只有站出来让国家挑选的义务，而没有“双向选择”的权利，而一旦被选中成为全民所有制职工，却又取得了“不得解雇”的特权。没有产权多元化与竞争性市场的存在，没有生产的两大要素在市场上的交易与流动，完整意义上的资本关系就不可能产生，即使是公有资本也是如此。市场化改革的过程中，由于多种经济成分的迅速成长，国有经济的垄断地位开始动摇，国有企业的自主权利与独立利益逐步确立，但是在很长一段时间里，统一的国有资产仍然不能分解为相互独立的企业法人产权，以企业为主体的资本市场与劳动力市场都不能健康发育，这不仅影响国有企业本身的效率，而且严重妨碍了全社会范围的资源优化配置。

公司制改革首先解决的就是这个企业产权独立问题。一方面，在虚拟资本层次上，虽然国家对国有资本产权主体的唯一性未曾动摇，但原来不可分割的国有资产产权客体已经在价值形态上被分割为许许多多股份，每一股份都能在资本市场上独立地买卖，通过市场自由地在企业间进退。另一方面，在现实营运中资本层次上，统一的国有资本已经被分解为许许多多公司法人资本的组成部分，公司法人作为独立的产权主体拥有自己独立的企业资产，它们通过市场交易增加或者减少自己占有的资本与劳动力，灵活调整企业边界，而不再受任何股东产权的限制。因此，公司制改革与公司法人独立产权的形成是国企改革的里程碑，至此，国有经济中资本与劳动分离的过程终于完成。尽管在虚拟资本层次上国有股权的产权主体并没有发生变化，但在现实营运中资本的层次上，公司法人财产已经与股东财产分开，不论股权结构如何，公司产权主体都是一个法律拟制的独立人格，它区别于任何股东人格，更区别于作为国有制产权成员的任何一位“国家公民”。公司法人作为千万资本所有者中的一员，通过劳动力市场与其潜在的雇员相遇，没有任何产权关系的牵挂，更不需要计划体系的安排。

当然，单纯的企业改制不能完全解决国有资产的资本化问题，其对资源配置效率的积极影响也不可能在短期内充分显示出来。所谓“一改就灵”的愿望，对于国企改革这样复杂的系统工程是根本不切实际的。至少有两方面的因素制约了改革进程。第一，旧体制下资源不可流动性所造成的大量积淀因素需要逐步消化。这些问题大多是在近二十年市场化改革过程中积累起来的，甚至是在国有经济五十年的长期发展中逐步积累起来的，因而不可能指望在公司制改革后短短几年时间内把它们全部消化。而这些问题不解决，新生的公司制就还不可能正常地发挥其资源配置的积极作用。如国有企业数量巨大的冗员，国有企业的不良资产与高额债务等等，这些问题如果是逐年地少量地发生，市场的自发机制是有能力消化的，即使需要政府干预，它也会在社会承受能力的限度之内。但要求市场用短短几年时间解决十几年甚至几十年积累的问题，其难度可想而知。第二，新体制建设中诸多配套环节相互制约，其完善需要一个较长的过程。如劳动力市场的发育，单纯靠企业产权制度的改革还不够，社会保障体系的改革必须跟上，非国有经济的发展必须跟上，否则，光有国有企业大量冗员的退出，劳动力市场是不能运转的。又如，资本市场的发育当然要以国有企业的公司制改造为基础，要有证券市场的发育和完善为条件，这本身已经是相当复杂的制度创新工程，但资本市场的发育最终靠足够数量的资本在市场上的交易与流动，需要全体投资者的积极参与。在绝大多数国有资本不能流动，国家股东不积极参与交易的情况下，中国的资本市场不可能发育成熟，而在政府机构充当国有股权（包括竞争性领域的国有股权）代表人，上市公司国有股不得上市交易的“配套制度”下，我们又怎么能指望国家股东积极参与交易、国有资本在市场上充分流动呢？国有资本的管理体系必须进一步改革，国家股权需要由一些盈利性的非政府系列的股权代理机构来管理与运作。公司制改造之后，国有经济的改革还有很长的路要走。

然而，国有大中型企业的公司制改革毕竟打开了航道上的坚冰，关键的一步是明确了企业资本主权的改革方向。

我国的企业改革理论向来有“劳动主权情结”，这是对社会主义公有制的历史特征、特别是它的内在矛盾缺乏全面理解的结果。这也不是中国的特有现象，前南斯拉夫的“劳动自治”改革思路是始作俑者。撇开许多细枝末节，劳动自治改革的核心就是将“社会所有”的资产分别地交由各个企业的劳动者集体自治管理。这事实上是将国有资产的政府代理权转换为企业职工代理权，企业劳动主权的目标似乎实现了。但是，任何企业职工集体的利益与社会利益都不可能完全一致，在缺乏政府代理的情况下，“社会”又如何激励和监督企业职工正确行使代理权呢？职工集体的代理人机会主义行为肯定会存在，它表现为忽视社会资金的利用效率，排斥新工人的进入，表现为分配中更多的个人劳动收入与更少的资金积累。美国经济学家沃德用“伊利里亚”模型，简单明了地概括了这一体制的缺陷。事实上，我国学者在改革初期颇受南斯拉夫工人自治模式的影响，蒋一韦先生当年开创企业改革理论之先河的著名论文“企业本位论”（蒋一韦，1980），提出了使企业成为独立自主、自负盈亏的商品生产者与商品经营者的改革目标，可以说影响了其后整整二十年的改革进程。但在这篇论文中，蒋先生自己并没有真正解决关于“企业主体究竟是什么”“谁是企业独立的产权所有者”这类关键问题。他主张企业民主管理，职工代表大会行使最高权力，事实上已经非常接近自治劳动的构想。改革虽然没有完全采纳这一主张，但在以放权让利为特征的整个前期改革过程中，这个问题始终是含糊不清的。因此说，国有企业的公司制改革无论从理论还是实践看都是一次重大突破。

现在我们知道，公有制与企业的资本主权没有根本冲突，事实上，国有制由于其巨大的产权规模，无论在任何情况下都不可能实现产权主权与企业劳动集体的同一，二者的相对分离是它与生俱有的特点。从这个意义上说，国有制与劳动主权型企业注定不能相容，南斯拉夫的实践已经证明了这一判断。但是在公司法人制度的框架内，国有资本与其他所有制形式的资本取得公司股份资本的相同权益却没有任何困难。当然这需要商品、货币关系的发展，需要充分竞争的市场机制。在成熟的市场经济条件下，国有资本投向任何一个资本主权型企业都不会有制度上的障碍。甚至在虚拟资本层次上，国有股权的转让和市场交易，它从股票转化为货币，再从货币转化为任何一种有价证券的过程都应当是畅通无阻的。国有资本的市场运作将与任何一种形式的资本一样，以营利为目的，它最终依靠雇佣劳动者的剩余价值“自行增殖”，在这里，资本与劳动的报酬分别由二者的市场价格决定。所有这些，保证了这种价值形态的国有资产的资本属性，但它是否能够与国有资本的公有制性质兼容呢？或者说，国有资本与私有资本的真正区别究竟在哪里呢？唯一的区别是资本报酬的归属，国有资本的收益归全民所有，它最终只能用于符合全民利益的用途。因此，国有资本的最终所有权必须由全民利益的代表机构行使，这是一种不属于资本家的资本财产①，它的存在有利于全社会范围内劳动平等关系的

① 此处借用奥塔·锡克的“中立化资本”概念也许是恰当的。中立化资本是一种“对个人中立的资本”，作为一种财产形式，中立化资本不再同单个人发生联系，也不再能在单个人之间进行分配，“单个人对资本的占有权，以及个人的资本积累和与此相联系的影响不可能再发生”。但是，锡克所说的中立化资本，与此处所说的对一国范围内全体公民个人来说中立化的资本不同，它只对企业范围全体职工个人来说是中立化的，而对于不同企业的不同生产集体来说则并不中立。锡克不仅强烈反对投资基金的国有化措施，而且一般地反对“超企业的财产基金的办法”，认为这种超企业的财产基金“完全是匿名的和异己的”，“个人对于‘自己的’资本的投放毫无所知”，因而对企业的经营不会有任何兴趣。锡克关于公有资本仍然存在“劳动异化”现象的观察基本准确，但他对现象背后隐含的公有产权的内在矛盾缺乏认识，甚至天真地认为，通过局限于企业范围之内的资本中立化，“可以找到克服工资收入者的资本异化，然而不会同必需的劳动力的转移发生冲突的形式。”正如我们已经看到的那样，作为一种思想实验的“合作公司”模式，在其所追求的主要目标上遭遇了失败。笔者相信，市场经济下公有产权的内在矛盾，作为一种客观存在，不可能由任何天才的制度安排消除，相反，公有制实现形式的全部探索必须建立在充分认识这一不以人的意志为转移的客观存在的基础之上。参见奥塔·锡克：《一种未来的经济体制》，中国社会科学出版社1989年版。

实现，它在社会资本中的份额也与全社会劳动平等实现程度有着密切的关联。一个没有资本家的市场报酬体系导致收入分配的劳动平等，我们对国有资本公平属性的理解就依据这样一个极其简化的推理。在此意义上，国有资本的公有制属性无可置疑。

五、公有制激励效率与配置效率的综合考察

现代经济学的企业理论将企业合约中剩余控制权与剩余索取权的拥有者视为企业产权主体。由于企业产权主体获取剩余权的依据不同，企业可以被划分为劳动主权型与资本主权型两大类。职工合作制是现代市场经济中主要的劳动主权型企业制度，企业职工依据其劳动者身份获取企业剩余权；业主制、合伙制与公司制则都是资本主权型企业制度，获取这些类型的企业产权，只能以资本价值量的投入为依据。

公有制企业并非一定是劳动主权型企业，相反，现实经济中的公有制企业甚至大多数都是实行业主制（国有国营）或公司制的资本主权型企业。一个完全的劳动主权型企业具有较高的公产激励效率，这是无可怀疑的，但在市场经济的资源配置方面存在诸多不便，职工合作社往往向资本原则作适当让步，谋求与市场资源配置机制的衔接。一个完全的资本主权型企业在资源配置方面相对于劳动主权型企业确实有诸多便利，特别是公司制企业，由于资本在虚拟资本与现实营运中资本两层次上的互动，其资源配置效率更加明显。但是，资本主权型企业在调动广大职工群众生产积极性方面有其不利因素，一个实行资本主权的公司制企业，其公产激励效率的发挥，由于劳动者与企业产权的分离，肯定会受到极大损害。[①] 为了弥补这一缺陷，我国公司法规定国家独资公司董事会，以及两个以上国有企业或者其他国有投资主体设立的有限责任公司董事会，应当有职工代表参加，职工代表还可以进入股份有限公司监事会。[②] 笔者以为，这绝不单纯是从公平目的出发的制度安排，它对于企业公产激励效率的发挥也有积极意义，这是一种在企业资本主权的制度构架基本不变前提下，有限度引入劳动主权原则，以兼顾两种经济效率的合理安排。

值得注意的是，资本主义市场经济各国的企业制度最近几十年来在这方面也有重大

---

① 我们假定资本主型企业的激励效率低，这是单纯从企业微观层次上考察的，对于国有资本的激励效率来说，这种认识并不全面。劳动平等关系，进而公产激励效率要在微观与宏观两个层次上考察。“在宏观与微观两个层次上劳动平等关系的耦合，将使社会主义公有制的激励效应最大限度地释放”。这一点对于国有资本的公产激励效率来说具有重要意义。国有制的公产激励效率在企业微观层次上不明显。单个的劳动者或者企业劳动者集体全都远离公产主体的决策中心，这种情形是由其产权主体的巨大规模与巨大的决策成本决定的，不会因为国有经济的公司制改造而有所改变。但是，国有经济的存在提高全社会范围的劳动平等实现程度，在宏观层次上具有明显的公产激励效率。国有资本通过资本报酬的全民占有营造社会范围的劳动平等氛围，进而从整体上提升社会劳动者的生产积极性与创造精神。在全面考察国有资本的公产激励效率时，这个层次上的激励效应不应当忽视。

② 中国人大网：《中华人民共和国公司法》，http：//www.npc.gov.cn.

进展，职工持股计划在美国公司中有相当普遍的发展，而西欧一些大公司的董事会也开始有职工代表参加。德国的法律甚至规定，大公司监事会必须有50%的工人代表，只不过法律同时规定在监事会“劳资双方”意见分歧、相持不下时，由资方代表充任的监事会主席有最终决定权。看来这是现代大公司制度变革共同方向：在企业资本主权的主导地位不受威胁的前提下，较大幅度引入合作制原则，提高企业激励效率。并非只是公有制企业在激励效率与配置效率之间作艰难的取舍，私有制企业在现代市场经济中其实也面对着相类似的问题。

一个有趣现象是，现代市场经济中的企业产权呈现出从完全劳动主权与完全资本主权的两极向中间状态转移的趋势，劳动主权型向资本原则让步而表现出非纯粹性，资本主权型企业向合作制原则让步也同样表现出非纯粹性。现实的企业产权形式表现为一个两极之间量变到质变的连续谱系。中国经济体制改革中出现的股份合作制，可以说填补了这个连续的“族谱”上最后一个空白，它处于连续谱系的中间位置，具有游移于劳动主权与资本主权之间的特殊地位。

本章提出的两种效率的代替关系对于解释这一现象具有重要意义。假定完全的劳动主权型企业产权形式有利于对全体职工的激励效率，不利于市场条件下的资源配置效率，完全的资本主权型企业产权形式则有利于资源配置效率而不利于对全体职工的激励效率，那么，在一个以企业产权形式的连续谱系为横轴，以包括激励效率与配置效率在内的企业效率为纵轴的二维空间中，大多数处于不同环境状态下的企业所面对的产权/效率曲线，就都是两头低、中间高的拱形曲线，它们与特定环境状态匹配的企业产权安排应当在两极之间的某一中间位置。

由此可引出关于在企业产权层次上选择公有制实现形式的重要结论：应根据特定环境状态决定的企业产权—效率曲线来选择企业产权形式，斜率为零的切线切点是效率最高点，这一点所对应的企业产权形式就是该环境状态下企业的最佳产权安排，它不仅决定了企业应当采取哪一种法律规定的经营形式，合作制、股份合作制还是公司制，而且决定了企业与劳动主权和资本主权相关联的一系列具体的制度安排，如合作制下向资本原则让步的幅度，公司制中职工持股的比重、职工参与决策的程度，等等。图1给出了不同环境状态下三条企业产权—效率曲线，分别代表现代市场经济中适于采用职工合作制、股份合作制与公司制的三种典型情况。

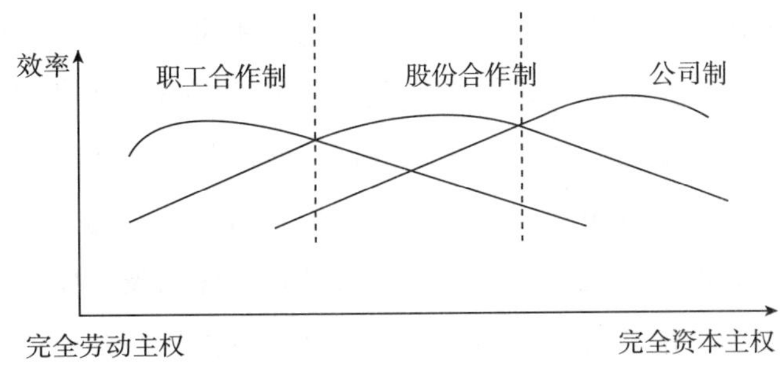

图 1　企业产权—效率曲线

那么，决定曲线形状与位置的环境因素主要有哪些呢?

首先是企业职工人数和企业内部劳动分工的复杂程度。正如第一章指出的，这两个因素对一个公产组织的决策成本，进而对该组织内部的劳动平等实现程度有重要影响。企业规模越小，企业内部劳动分工越简单，则企业职工通过民主方式进行决策，以实现分工平等、分配平等的成本也就越小，利用合作制形式提高企业公产激励效率的效果就越明显。随着企业规模的扩大，劳动分工的复杂化，职工民主决策的成本就会提高，相应地，企业内部劳动平等实现程度就会降低。因此，从企业微观层次上考察，职工人数与劳动分工复杂程度对公产激励效率有很强的制约作用。对于内部分工复杂的大企业来说，职工合作制提高公产激励效率的作用不大，这类企业实行合作制弊大于利。① 美国学者汉斯曼曾经从企业决策成本的角度讨论过职工合作社与股份公司的差别，认为合作社只有在职工分工差异与等级差异都很小的情况下，才能正常运转。理由是，分工造成的劳动异质性不利于劳动者之间的沟通，等量劳动等量报酬的原则会因为异质劳动的计量与通约的困难，而无法实现。资本所有者在公司制下的集体决策就没有这样的麻烦，货币是同质的，股东们在等量资本等量报酬原则的理解上不会有任何歧义。（Henry Hansmann，1988）。② 应当说，汉斯曼的研究已经抓住了问题的一个重要方面。

其次由特定生产领域技术特征决定的企业人力资源与物质资源的构成状况（此处可以用职工人均资金占用量计量），以及该领域技术变动的速率、技术变动引起的两种资源构成状况的变动趋势，对企业产权 / 效率曲线也有重大影响。一般来说，劳动主权型企业更适用于职工人均资金占用量较小的场合。在这种情况下，劳动者自筹解决企业资金总是相对来说要容易些。但这并不意味着企业的技术含量就一定低。在信息服务业中

① 这是我们主张国有资本从小企业完全退出，集中投资于大中型企业的重要理由。当然，另一个纯粹从管理学角度提出的理由也同样是重要的，即一个庞大的国有资产分散投资于千百个小企业，对于任何一个国有资产管理机构来说，都会导致管理跨度过大，管理效率降低的弊端。事实上，这也是现实的国有企业产权约束虚化的原因之一。

② 参见荣兆梓、李洪峰：“企业产权理论：关于‘惠顾者’与所有者的研究”，载于《上海经济研究》1991 年第 5 期。

有许多高技术含量的企业，不需要太多固定资产与技术设备，企业的核心资源是人力资本，因此企业产权往往由企业职工，或者企业的部分拥有核心技术的职工拥有，它虽然不一定采取职工合作社的形式，也可能采取股份合作制甚至合伙制的形式，但职工拥有较多企业产权的实质仍然依稀可辨。在职工人均资金占用较高的行业，由于筹措资金的困难，劳动主权型企业很难创立、更难维持。特别在行业的技术变动速率较快，企业的人力资源与物质资源经常性地处于调整和变动中，资本主权型企业相对于劳动主权型企业的优越性更为明显。这一领域的公有制经济更多地表现为公有资本，采取公司制的经营形式，不仅国有经济是这样，许多社区所有制经济也是这样。

此外，企业自身的经营状况对产权形式的选择也有影响。经济学将此称为相机抉择理论：企业经营状况良好时，适合经理控制型公司制度；经营状况一般可采取大股东控制型公司制度；当企业经营不善，危及债权人利益时，大债权人就会要求介入，掌握公司控制权；当企业长期亏损，经营难以为继时，企业职工就成为企业产权主体的最佳候选人。理由是，不同经营状态下企业边际效益的最大相关利益集团不同，而这个最大相关利益集团才是特定企业经营状态下对企业经营绩效最关心、最愿意为之付出努力的人，由这样的集体掌握企业控制权最有利于企业绩效的提高。用以图1形的术语，即随着企业经营效率的下降，产权—效率曲线并不沿垂直方向下移，而是向左下方移动，企业产权形式的最佳选择由资本主权型逐步向劳动主权型过渡。在企业长期亏损，经营难以为继的情况下，企业合约规定的剩余索取者（经营者与投资者）已经无利可图，而企业职工却要为维护自己的契约特定权（工资报酬）以及就业权而努力，职工的工资与就业现在在企业经营状况的“边际变动”中首当其冲，因而成为领导企业摆脱困境的“合理人选”。[①] 因此说，由职工控制企业“解困”过程是合乎经济学原理的。一些市场经济国家的工会组织在经济衰退时期，也主张发展工人合作社渡过难关（汉克·托马斯和克里斯·劳甘，1991）。

企业产权—效率曲线是由多维环境空间中许许多多因素共同决定的，第三章还将讨论与创新、积累相关的其他一些因素。这里需要指出的是，社会文化、法律制度这些被现代制度经济学称作制度背景的东西，对产权 / 效率曲线的形成也有重要影响。欧洲的某些左翼理论家坚持认为，工人合作制在发达资本主义国家的步履艰难，是有政府政策方面原因的。“如果缺乏强有力的支持性政策，严峻的环境将使合作组织无法取得成

① 弗鲁博顿和威金斯在《工厂关闭、工人再配置成本和董事会中的工人参与》（Furubotn & Wiggins，1998）一文中用工厂出现经营困难时劳资谈判中的信息不对称、互不信任及其造成的效率损失，来说明董事会中工人参与的必要性。这与此处提出的思路也有相当密切的联系。

功”（汉克·托马斯和克里斯·劳甘，1991）。这一判断并非毫无根据。笔者相信：在热情支持工人合作运动的社会主义政策下，合作制企业将有更加广阔得多的发展空间。在这方面，我们应当有更明确的指导方针，有关合作社特别是职工合作社的法制建设也要加快步伐。社会主义市场经济没有合作社制度的充分发展是不可能健全的。

第三章 经济增长与公有制企业创新效率

一、国家大工厂的“赶超”使命，积累与消费的矛盾

20 世纪的社会主义是从集权的计划经济体制起步的，这种经济体制在其建立初期曾经在短期内创造了辉煌的成就。尽管公有制的激励效率对于说明这一成就可能有一定作用，但经济学家们更多地还是以“赶超经济”的特殊使命来解释这一现象（林毅夫等，1997）。这就涉及经济增长与创新效率的理论问题。

经济增长指社会总产出量的逐年增长，马克思称之为扩大的再生产。现代经济学将导致经济增长的因素区分为两个，一是要素投入量的增加；二是要素生产率的提高。可以将此简单地理解为要素的量的增长与质的改善。很明显，从效率分析的角度看，后者才是问题的中心。这里所谓生产的物质要素与人身要素的质量，是以其单位产出量为标准定义的，要素单位产出的数量越多，其质量也就越高。决定生产要素单位产出量的基本因素也可以区分为两个方面，一是它的技术水平或曰科技含量；二是它的组织程度或曰制度特征。总括地说，二者都不过是人类关于自身物质生活的生产知识（关于改造物质世界的知识以及关于协调人类生产组织的知识）在生产要素中的体现。因此，在一个更抽象的层次上，要素生产率的提高可以被理解为要素内含信息量的累积增长。

但是，知识的增长不等于经济的增长，要提高要素生产率，知识必须在生产中被运用。经济学所说的创新，就是指新知识被运用到生产过程（之所以被称为新知识只是因为它未曾被运用到生产过程中）。熊彼特从企业家功能的角度去定义创新，认为创新是实行生产要素的新组合。它包括以下五种情况：（1）采用一种新产品或一种产品的新的特性；（2）采用一种新的生产方法，它可以建立在科学发明的基础上，但更多情况下存在于商业上处理一种产品的新方式上；（3）开辟一个新的市场；（4）控制一种原材料或半制成品的新的供应来源；（5）实现任何一种工业的新的组织（熊彼特，1990）。按照定义，新的组合只有在第一次被采用时才可以称作创新，此后的模仿和推广都只能是企业经营中的例行公事。但创新成果的模仿与推广对要素生产率的提高并不是不重要的。严格意义上的创新只是使一个企业的要素质量提高（技术含量增加和组织程度提高），而创新的模仿与推广可以使许许多多企业的更多数量的生产要素提高质量。事实上在一种

创新成果从一个企业向许许多多企业推广的过程中，纯粹的模仿往往是不够的。新技术的引进需要根据企业的实际情况调整工业组织；新产品的开发需要从实际出发组织新的原材料来源。创新的推广会引申出更多的创新。因此创新过程与其模仿与推广过程不可能决然分开。由此再引申一步，要素的质的提高与要素的量的变动也不可能相互完全独立。要素生产率的提高过程必须在要素再生产的循环过程中进行，并且外延的扩大再生产（要素投入量的增加）与内含的扩大再生产（要素生产率的提高）总是相伴而行的。这就是为什么积累与创新会成为经济增长研究中两个核心范畴的原因。

近现代经济的增长是以分工深化和劳动手段的机械化为两翼的创新加速过程，即一般所说的工业化过程，资本积累不过是这一过程的外在形式。阿林 · 杨格的迂回生产概念对于理解经济增长的这一本质具有重要意义（阿林 · 杨格，1996：2）。分工深化导致生产迂回程度的提高，但它同时也必须增加由越来越多的迂回劳动所“积累”起来的资本物品，提高资本货物的技术含量。古典经济学家用资本积累和资本的扩大再生产来描述经济增长不是没有道理的，因为资本积累集中表现了生产的组织创新与技术创新的结合。但是，这一理解与崇尚新古典主义教条的现代经济学有很大区别，在这里，资本不能单纯地理解为物，理解为生产的物质要素，它同时还是生产中人与人的关系，至少包含了劳动分工深化的含义。因此把资本积累单纯地看作生产物质手段量的增长就不够了，不仅在内涵扩大再生产的场合事情并非如此，就是在纯粹外延扩大再生产的场合，事情也不是如此。资本外延的扩张意味着资本统治的劳动大军的扩大，意味着更多农业人口向工业的转移，手工业工人向大机器生产的转移，它是资本主义生产创新过程的持续的推广。在工业革命后很长时间内，资本积累始终是经济增长的火车头。

因此，马克思总结道，“一方面生产过程从简单的劳动过程向科学过程的转化，也就是向驱使自然力为自己服务并使它为人类的需要服务的过程的转化，表现为同活劳动相对立的固定资本的属性”“另一方面，一个生产部门的劳动由另一个生产部门的并存劳动来维持，则表现为流动资本的属性”“于是，劳动的一切力量都化为资本的力量。在固定资本中体现着劳动的生产力，这种生产力存在于劳动之外，并且（客观地）不以劳动为转移而存在着。而在流动资本中，一方面工人本身有了重复自己劳动的前提条件，另一方面，工人的这种劳动的交换以其他工人的并存劳动为媒介”（马克思，1998）。总之，资本的积累代表着知识与经验的进步，“这种进步，这种社会的进步属于资本，并为资本所利用”（马克思，1998）。资本的历史使命就在于生产剩余价值并且年复一年地将之转化成为资本，由于资本积累的内在冲动，社会生产力在短短几百年时间内以空前的速度提高。

然而，资本积累是社会生产力发展的特殊历史形式，它只是在生产力发展的这样一个特定历史阶段上才显示出经济合理性：首先，社会生产力依靠专业化分工的不断深化而提高，这种将劳动者固定在越来越细分化的职业岗位上的分工形式，在提高人类社会整体多样化生产能力的同时，必然会牺牲劳动者个人全面能力的发展，而且专业化分工下的大部分工作具有枯燥重复的特征，劳动是谋生的代价，而不是生活的需要；其次，科学技术的迅速发展提供了用机械化体系代替人类劳动的巨大可能性，而可能性的实现需要将巨大规模的剩余劳动沉淀到生产过程中，这就要求劳动者超出必要劳动时间之外继续延长工作时间，由于社会生产力相对低下，绝大多数生产劳动者的工作时间相对于个人能力的全面发展实在是太长了。个人利益与社会发展的利益长时间地处于矛盾冲突之中。因此，经济增长对于劳动者个人必须表现为外在的强制。资本的历史使命就是创造剩余劳动，即“从单纯生存的观点来看的多余劳动”。只有当生产力的发展使工作时间普遍缩短，生产自动化的发展最终导致“人不再从事那种可以让物来替人来从事的劳动”，并且职业专门化的分工不再成为经济增长的必要途径，而人的个性全面发展成为社会财富的一般形式，“一旦到了那样的时候，资本的历史使命就完成了”（马克思，1998）。

资本作为一种制度安排首先依据这一历史使命的要求。生产的物质要素与人的要素相分离，不仅是两大要素在市场交易中灵活有效配置的需要，更重要的，资本与劳动的市场合约规定了资本对劳动的支配权，资本在生产过程中强制劳动者最大限度地提供剩余劳动，资本在分配过程中占有劳动者创造的全部剩余价值，这个合约形成的资本的剩余控制权与剩余索取权，正是资本行使其历史使命的制度保障。在典型的资本主义私有制条件下，生产的物质要素与人的要素的对立，表现为资产阶级与工人阶级两大阶级的利益冲突，表现为生产与分配过程中两大阶级的“零和博弈”。假定资产阶级对于全部经济增长过程具有绝对的控制权，假定工人阶级由于缺乏起码的“动员”而没有力量要求自身权益，那么，完全“自由”的资本主义经济将按照如下规律发展：工人的工资水平将始终控制在其自身劳动力再生产与繁衍后代（后继的劳动力的再生产）所必然的限度内，资本剩余价值将通过绝对剩余价值与相对剩余价值的形式被最大限度地生产出来，资本因为资本之间的竞争而高速积累，资本积累进而社会进步的好处将全部为资产阶级拥有。假定资本积累与社会进步的目标完全一致，那么，资本主义经济的这种两极分化的发展就无可厚非，至少工人阶级的贫困化是社会进步的必要代价，其道德的不合理是以经济的合理性为前提的。但是，马克思认为，资本主义制度的这种经济合理性具有历史的暂时的性质，资本积累最终必然地会与社会生产力的发展产生矛盾，并且导致这一制度的死亡。

马克思在《资本论》中用大量篇幅讨论了资本主义积累的一般规律，一方面是社会劳动生产率的增进中劳动人口的相对过剩，是与财富积累同时发展的劳动人口贫困化规律（主要在《资本论》第一卷中阐明）；另一方面是资本构成中与劳动者所得的可变资本对应的不变资本比例不断增大，是资本利润率趋于下降的规律（主要在《资本论》第三卷中阐明）。前一个规律决定了资本主义经济中占人口绝大多数的工人阶级消费不足，后一个规律则决定了作为资本主义经济内在推动力的资本投入不足，二者加起来就是市场有效需求不足，或者说资本的生产过剩，它导致社会再生产条件的破坏和资本主义的周期性经济危机。马克思认为这些规律的存在表明，资本主义经济制度最终必然成为生产力的桎梏，因而必然为生产力的发展所摧毁，一个以劳动者阶级集体支配自身生产条件的新的社会制度必然在资本主义的废墟上崛起。

20世纪的社会主义运动是以马克思主义理论为指导的，但社会主义革命却在资本主义经济不发达甚至很不发达的国家首先取得成功，其经济上的首要任务是实现国家工业化，即推动国家进入以分工深化和劳动手段的机械化为两翼的创新加速过程。不利的因素是，她处于国际帝国主义敌对势力的包围之中，落后就要被动挨打，而要摆脱被动局面，她就必须在比较短的时间内赶上并超过先进的资本主义国家，赶超目标对于新生的社会主义国家是一个巨大的压力。有利的因素是，她在社会生产力的发展方面有明确的学习对象，有可以“拿来”的现成经验，因此对她来说，工业化更多的是创新模仿与创新推广，不需要太多的摸索，可以大大缩短技术革新与组织创新的时间。这就是不发达国家实现工业化过程中的所谓“后发优势”。在有现成的机械化技术与工厂组织知识可以学习、借鉴、为我所用的情况下，国家工业化所缺少的唯一要素就是资本，加速资本积累是所有后发展国家面临的基本任务。集权的计划经济体制其实就是为完成这一基本任务而设计的。

20世纪20年代后期，联共（布）党内围绕发展战略与经济体制出现两种意见的争论。托洛茨基与普列奥布拉任斯基等人主张，用非市场的超常规手段在尽可能短的时间内实现“社会主义的原始积累”，运用扭曲的价格（工农业产品剪刀差）迫使农民为国家工业化，特别是为重工业的发展提供资金积累，从而最大限度地提升国家工业化的初始速度。布哈林等人则认为，工人阶级的国家只能利用商品交换的方式保持与农民的经济联系，因此有限度地利用市场原则刺激城乡经济的发展，耐心等待工业经济自身积累能力的提高，和经济增长速度的均衡稳步提升，是有利于经济长期发展的最佳选择（布哈林，1988）。尽管争论主要集中在工农业关系及其相关问题上，但有关政策的出台以其内在必然的逻辑，引申出两种截然相反的体制，前者指向高度集权的计划经济体制，后者指向一种接近于奥斯卡·兰格的市场社会主义模式，一种较多运用市场手段实现计划的经济体制。争论中布哈林等人的意见曾一度占上风，但是，到20年代末30年代初，前一种意见最终还是取得了胜利。随着农业集体化运动与第一个五年计划的实施，斯大林领导的苏联共产党坚定而无情地引导国家走上了集权式计划经济的道路。这时候托洛茨基等人已经离开国家政治生活许多年了。

尽管后来的历史表明，集权式计划体制存在诸多弊端，但它在最初的一二十年时间里的确创造了国家工业化高速发展的经济奇迹。基本的原因是，这一体制具有高积累低消费的超常的资本积累功能。如前所述，计划体制下的国有经济由于缺乏市场竞争与企业独立产权，并不具备完整意义上的公有资本性质，但是国家所有权对于劳动者个人的明确的“内外排他”性质，以及作为国家主人翁的广大劳动群众远离公产决策中心的事实，使得公有产权的代理人有可能利用政权力量实行背离市场规律的更加强制性的劳动管理与报酬分配。强制不仅局限在国家大工厂内部，而且通过国家控制的垄断价格体系，延伸到整个国民经济的范围。特别当这种高积累、低消费的非市场强制借助人民群众长远利益的名义，要求劳动者牺牲眼前利益就有道义上很强的感召力。当然另一个原因可能也是重要的：当经济增长主要是既有创新成果的模仿与推广，所需要做的一切都已经事先设定，一个目标明确、组织严明的计划经济应当比盲目的市场经济更有效率。

如果集权的计划经济体制在效率上的优势可以成立，那么，公有制加计划经济的增长道路相对于私有制经济的优越性应当是确定无疑的。毕竟公有制经济在加速积累的同时，不会产生社会阶级的对抗和社会财富的两极分化，因此也不应当产生周期性的商业危机。社会主义者所理想的正是这样一条更少冲突与磨难的现代化之路。

二、增长方式的转变与公有制的再分配优势

然而，20世纪社会主义的经济增长并不那么一帆风顺。经过短期的高速增长之后，社会主义各国的赶超战略都遇到了难以克服的困难。

看来，单纯的高积累不能保证社会经济的持续高增长。经济学用低效率来解释高积累的失败，肯定是有道理的，但只注意计划经济的配置低效率和分配大锅饭的激励低效率只是抓住了问题的静态方面，增长战略的失败最终还需要从经济增长的动态中考察，世界经济增长方式的某些重大转变对于说明这里的问题也许具有更强的说服力。

近现代经济的分工深化与生产机械化以资本积累为第一推动力，这个过程一直到20世纪中叶马克思著述的时代也没有重大变化。但在此后的大约一百年时间里，世界经济的增长方式，主要是各发达市场经济国家的经济增长方式，逐步地发生了某些变化，其中有些变化对于说明这里的问题具有重要意义。

第一个变化是：自主创新的重要性超过了模仿与移植，创新能力先是成为大企业之间竞争的关键因素，以后逐步地扩展成为一国经济在国际竞争中的核心竞争力。导致这一变化的主要原因是创新速率的加快。创新引致的生产过程变革必须在再生产循环中螺旋式推进，因此创新速率受固定资产更新周期的制约。但是，早期资本主义经济增长从总体而言，创新周期明显要比固定资产更新周期更长。以蒸汽动力机械的使用为核心的工业革命在各主要资本主义国家的推广经历了上百年的时间，从蒸汽机到电动机的飞跃又经历了近百年时间。尽管技术创新与组织创新始终是这一增长过程的重要因素，但是创新并不在每一次因物质磨损导致的固定资产更新中都会发生，新资本的投入也即资本主义生产方式的扩张，在多数情况下是既有的机器体系的复制与数量增加。对于后发展中国家说，这个特点则更加明显。但是，随着创新周期的逐步缩短，情况开始发生变化。当技术创新周期接近固定资产物质磨损周期时，复制已不再是更新与投资的主要形式，而当创新周期缩短到固定资产磨损周期之内，固定资产的所谓精神磨损就成为磨损的主要形式，成为制约固定资产更新的主因，更新周期开始由数十年为单位缩短为以数年为单位。对于后发展国家的赶超经济来说，这是一个可怕的变化，一次性的引进与模仿不再能保证此后数十年的推广，依靠模仿推动的“赶超经济”成为永无止境的“跟随经济”。除非拥有自主创新能力，否则赶超就是空话。资本积累仍然是必需的，但它不再是经济增长的主引擎，至少增长需要创新与积累双引擎推动，并且越往后去创新的主导作用就越明显。

创新并非仅仅是固定资产的技术创新，熊彼特把它归纳为新产品开发、新方法使用、新市场开拓、新原材料渠道和新工业组织五个方面，创新速率加快是这五个方面的同时加快。尽管不及固定资产创新那样与资本积累有直截了当的关系，但实际上五个方面都与资本积累有着类似的关系，创新成为带动资本积累的火车头，这使后来的模仿与移植者防不胜防、移不胜移。现代国家强调对引进技术的“消化吸收”，为此而组织专门队伍、投入巨额经费。真正强大的“消化吸收”能力，事实上离开自主创新已经只有一步之遥了。

第二个变化是：生产过程对直接生产劳动者的知识与技能要求提高，社会生产力发展要求追加劳动力再生产费用，高积累低消费不再是增长的适当模式。这一变化可以从前一个变化中逻辑地演绎出来。当创新周期缩短到传统的资本更新周期之内，缩短到以十几年或者几年为周期的范围之内，生产者在其短短几十年的职业生涯中就必须经常性地更新知识与技能，以适应劳动手段的改变、生产工艺的改变、工业组织的改变等。那种掌握一门熟练技术就能保证一辈子饭碗的情形已经成为历史。社会生产力的发展要求劳动者有较宽的知识口径，更灵活的适应能力，能够在新产品层出不穷、新市场不断开拓、产业结构不断调整、产业组织不断更新的现代经济中，迅速适应变化，及时调整自我。社会生产力的发展需要具有更高综合素质的劳动大军，他们不仅要能适应环境的变化，而且还要能够推动创新的加速。因此，一方面，知识劳动者在总劳动人员中的比重必须增加，白领工人，即符合技术创新要求的工程技术人员与符合管理创新要求的经营管理人员必须增加；另一方面，创新过程必须从少数知识创造者与创新管理者的圈子里走出来，调动全体劳动者的聪明才智和创造能力。这一点在日本企业的全面质量管理与合理化建议运动中看得最清楚。参与创新比适应创新要求更高的知识与能力。劳动者必须摆脱贫困与羸弱、愚昧与无知，不仅受教育水平必须提高，而且休息与娱乐时间，居住条件与营养水平也应当有相应保障。总之，劳动者的实际工资水平必须提高，那种在国民收入分配中将工资压低到最低限度，将剩余（资本利润）抬高到最大限度以保证积累最大化的分配模式已经过时。现代生产力的发展要求生产的人的要素与物的要素同时提高质量，劳动与资本必须分享经济增长的实际利益。

可以用一个经济增长中生产二要素质量的替代性模型（见图 2）来说明这一变化。说生产的物质要素与人的要素数量上的替代性，经济学是容易理解的，在一个静态的资源配置模型中要素之间的数量替代关系表现得淋漓尽致。但是说要素质量的相互替代，经济学似乎就比较陌生。事实上，以创新与积累为核心的经济增长一刻也离不开要素质量的变动，两大要素质量变化的差异是可观察的历史事实，考察这种差异对经济增长的影响，人们不难观察到二要素质量的相互替代关系。在资本主义前期发展的几百年时间里，剔除人口增长因素，经济增长几乎完全是资本积累的结果，尽管在这里生产的物质要素是以资本价值量计算的，因此很难说积累是其量的增加还是质的提高，但是，科学技术的发展与劳动组织的改善所包含的巨大信息量不断地被“物化”到资本物品中，却总归是不可否认的事实。与此同时，劳动者阶级的素质，他们的知识与技能，甚至包括他们的体质都没有得到相应提高。许多观察者甚至认为劳动者阶级的整体素质还有所下降，这就是马克思所说的“贫困的积累”。剔除要素数量增长，要素生产率的提高完全是物质要素质量提高的结果（见图 2 粗黑线的水平段）。但是历史表明，这样一种要素质量的单边提高是有限度的，这类似于新古典理论中所谓在其他要素状态不变条件下单个要素规模收益递减规律。在劳动者素质难以提高的情况下，劳动物质条件的单边改善对社会生产力的积极作用逐渐减弱。这其实可以从另一个侧面解释资本利润率趋于下降规律。马克思是从资本价值量的角度，用资本有机构成提高来解释这一规律的。假如这里所说的两要素质量互替关系存在，我们就可以从资本物品物质形态的投入产出比的角度，即从社会生产力的角度来补充说明这一规律。一支总体低素质的劳动大军是不可能推动现代生产力持续增长的。而目前发达市场经济国家的较高的工资报酬率则是生产力发展的客观要求，可以看作二要素质量互替条件下的“博弈均衡”（见图2粗黑线的斜线段）。它不仅有利于提高社会生产力，而且因为缓解了资本主义分配方式与社会生产力的矛盾，最终也有利于资本主义经济制度的稳定。事实表明，由于新一轮科技革命的有力推动，发达市场经济国家的劳动生产率一直在迅速提高，尽管工人的实际工资明显增加，但其必要劳动时间一直在下降，资本利润率被维持在一个可接受的水平上。资本所有者阶级由于维持了自己在社会经济中的主导地位，而仍然是社会生产力发展的最大受益者。

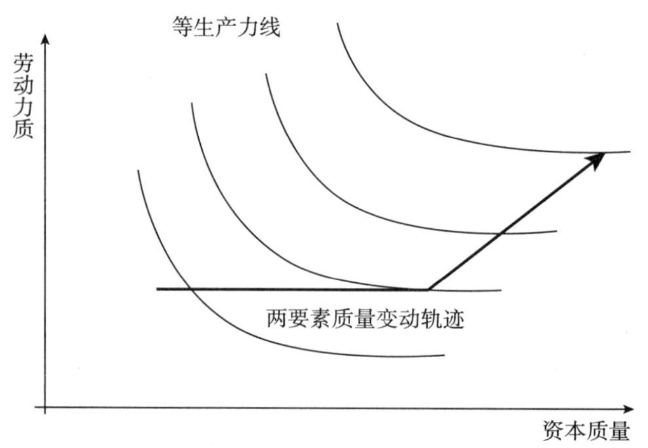

图2　二要素质量替代性模型

需要强调的是，变动是在将近一百年的时间内逐步实现的，资本主义经济在经过了长时间的对抗、抵制与反复之后，才逐步地承认、接受和适应这种变化。当19世纪下半叶变化开始出现，周期性商业危机变得日益频繁，财富积累与贫困积累的矛盾显得越来越尖锐的时候，资本主义经济并没有及时做出相应调整。也许正是因为生产关系调整的迟缓，使得经济增长方式的转变进展缓慢，并且二者长时间地处于紧张状态。20世纪上半叶是资本主义经济矛盾高度尖锐的时期，阶级对抗的加剧，全世界工人运动的不断高涨，30年代席卷整个资本主义世界的大危机以及危机前后的两次世界大战，都是这一矛盾高度尖锐化的表现。要么老老实实做出让步，放弃对经济增长全部利益的独占权，局部地调整生产与分配关系，维持资本主义经济制度在社会生产力发展新格局下的生存，要么无可挽回地走向死亡。社会主义革命在俄国的胜利以及第二次世界大战后世界社会主义阵营的出现，将资本主义制度的这种生存危机现实地提上日程。改革终于在资本主义经济内部渐渐取得进展。一方面，由像福特汽车公司那样的独占创新利润的垄断企业带头实行高工资政策，并且逐步地推广开来；另一方面，由受社会民主主义思潮深刻影响的北欧各国率先实行福利国家政策，通过国民收入的再分配使一部分劳动力再生产费用社会化，资本主义两极分化的矛盾得以缓解。第二次世界大战之后世界资本主义近二十年的平稳增长，可以看作资本主义经济适应增长方式变化所进行的调整基本完成。尽管深层次的矛盾依然存在，但资本主义私有制总算暂时渡过难关，恢复了起码的自信。

社会主义制度是20世纪上半叶资本主义矛盾尖锐化的产物，但由于革命首先在经济落后国家取得胜利，社会主义建设的首要任务还不是适应先进市场经济各国社会生产力发展的新变化，而是缩短与先进国家经济的差距，首先走完别人几十年前已经走过的路。对于这样一个赶超任务来说，资本积累是关键，高积累低消费是合理的战略选择。问题在于，当人们集中注意力解决自己面临的迫切任务时，对于资本主义各国正在发生的增长方式变化缺少深刻理解，没有认识到加速国家工业化的赶超战略越是成功，增长方式的转变以及新旧增长方式的矛盾冲突，就将越早在赶超中国家的视野内展开。集权的计划经济体制的惯性很快就成为社会主义经济继续发展的障碍，这应当是在意料之中的。

单纯从要素报酬分配的角度看，计划经济体制与新的增长方式并没有根本冲突，公有制条件下的计划体制甚至更加适合这一新的经济增长阶段，至少是更适合于这一增长新阶段中资本报酬与劳动报酬协调增长的要求。因为在公有制条件下，阶级利益的冲突已经转化为劳动者阶级自身利益的协调，转化为劳动者局部利益与整体利益、眼前利益与长远利益的协调关系。一个能够代表全体劳动者长远利益的中央计划者理应理性地妥善地处理好这些关系。计划经济体制事实上就是为了剩余价值最大限度地集中而设计的，国家集中了社会剩余产品的绝大部分。但是这并不妨碍国家对集中的剩余产品进行有利于发展生产力的合理分配：在经济赶超的前期阶段实行高积累低消费，而在经济发展到一定阶段之后适时调整分配，实行积累与消费同步增长。至少从理论上说这样的可能性是存在的。实践中也有许多迹象表明这种推测的合理性。如苏联较高水平的国民教育，又如我国改革开放初期顺利实现从重工业优先发展战略向轻重工业协调发展的转化。国家集中的剩余价值可以被看作一个巨大的可调节的蓄水池，它的流向是由中央计划者理性地加以调控的。事实上有一些市场社会主义的理论家（如奥塔·锡克），就曾经从积累与消费比例的合理调整这个角度论证了社会主义对于资本主义的优越性（奥塔·锡克，1989）。

计划体制与世界经济新的增长方式的主要矛盾在于创新速率低。社会主义各国在计划经济时代技术落后、创新缓慢是众所周知的事实：产品几十年一贯制，固定资产投资只求外延扩张，以至于被称作“复制古董”，企业缺少研发功能，官僚习气扼杀创新精神，等等。赶超经济在进入或超越工业化中期以后，这一矛盾就越来越尖锐化，与创新过程严重脱节的高额投资从经济增长的推动力逐步转化为增长的阻力，过低的投资效率与过长的投资周期使得高积累越来越多地成为社会负担与资源浪费，再也起不到经济增长火车头的作用。这又是一个效率问题，但却是区别于资源配置效率与生产过程的激励效率的动态增长效率，我们称之为创新效率。这是相对于配置效率与激励效率更为重要的效率问题，并且是新古典经济学讨论较少的问题。

三、市场机制的创新激励与资本增殖冲动

计划经济的致命弱点在于缺少创新激励，缺少将知识创新的成果运用至生产过程的激励机制。①

就概念的本义而言，创新是不间断地向未知领域的探索，每一个具体的过程都是充满风险，并且独一无二的。创新当然需要付出艰辛努力，但是创新成本与创新成果之间并没有确定的比例关系，创新成果的不确定与不可事先描述是其概念内含的规定性，这就决定了创新活动不能简单搬用传统的经济学方法加以研究。新古典主义的经济学传统，在资源禀赋既定前提下讨论各种已知的产出物品的数量组合问题，研究在什么情况下实现既定投入的产出最大化，或者说最优化。一种被称作边际替代的分析方法贯穿研究的始终（近年来有人运用超越边际分析的求“角点解”方法拓展经济学研究领域，但尚不能动摇边际分析在经济学的主导地位（杨小凯、黄有光，1999）。在经济增长研究中，也有人试图运用边际分析方法讨论资源在现在与未来之间的优化配置，形成动态的增长模型。但是这种将增长问题纳入资源配置框架的理论尝试注定是不能成功的。因为它忽略了增长的最本质特征：创新。创新，无论是技术的创新还是制度的创新，都是对资源质量的提升和资源禀赋的改善，现在与未来之间的资源禀赋不可能是一成不变的。更重要的是，由于世代更迭的创新，未来生产对于现在来说充满未知数，从现在求解未来，可以有无数个“最优解”，每一个都针对着完全不同的未来。从资源配置意义上求解未来是没有意义的。事实上，本章上一节讨论的积累与消费的配置，进而资本与人力资本质量的配置，就直接针对着现在，是以当前生产力的最大限度提升为标准的。我们相信，在大时间跨度的经济学研究中，只有创新才能充当真正的主角。市场经济在过去的几个世纪里之所以能够支撑世界经济的高速增长，首要原因还不是它的资源配置效

① “社会主义体制的失败不仅在于缺乏创新能力”“它的失败还在于缺乏激励，缺乏竞争，缺乏创新者与创新使用者之间的交流”参见斯蒂格利茨：《社会主义向何处去——经济体制转型的理论与证据》，吉林人民出版社 1998 年版。

率，而是它空前强大的创新激励机制。新古典经济学作为资本主义市场经济的忠诚辩护士，却未能把握住市场经济最本质的优越性，这一理论现象是颇为耐人寻味的。

首先在理论上系统论证资本主义市场经济创新激励功能的经济学家，是资本主义制度的死敌——卡尔·马克思。马克思指出，资本主义生产是以占有剩余价值为目的的，剩余价值的生产可以分为绝对剩余价值的生产与相对剩余价值的生产。后者必须通过全社会劳动生产率的普遍提高来实现，它依赖于一种普遍追求资本利润最大化的市场竞争机制。首先是个别企业由于新的发明创造、新的工艺流程、新的劳动组织或者新的原材料来源等，而提高了个别劳动生产率，节约了生产成本，取得了超额利润。此后，这种创新的成果通过竞争的压力或迟或早地被推广到同行业的其他企业，行业劳动生产率提高，单位产品价格下降，个别企业的超额利润消失。但是对超额利润的无休止的追求会不断地重复这一过程，只要资本对利润的追逐没有停止，企业的创新活动就永远没有止境。一个行业劳动生产力的提高不一定会增加资本的相对剩余价值，但是，所有生产部门劳动生产力的交替上升必然会降低生活必需品的生产成本，减少其生产的社会必要劳动时间进而缩短工人生产自身生活资料的必要劳动时间，增加剩余劳动时间，增加资本的相对剩余价值。这正是资本本身具有的“超越出发点”[①]性质的一个重要表现。

熊彼特是第一个试图在新古典均衡理论的框架内重新突显市场竞争创新激励机制的经济学家。是熊彼特首先在经济学理论中定义了创新范畴并确立其重要地位，直接用创新机制解释了资本利润的来源。由于在新古典的均衡状态下边际成本等于边际效用，“每一产品的最后增量，将在除了成本之外不会得到更多效用的情况下生产出来”。因此，“在生产中，一般不能得到超出生产货物的价值的剩余价值。生产只能实现在生产计划中预先见到的价值，它是预先潜存于生产资料的价值之中的”。从这个意义上说，“生产不创造‘价值’，就是说，在生产过程进行中不发生价值的增加”（熊彼特，1990）。那么资本利润从哪里来呢？没有利润，资本主义经济的原动力又在哪里呢？熊彼特认为关键在于生产要素的新组合，即创新。每一次创新都会提高企业的生产力，而当新的要素组合方法刚刚使用，还尚未被其他企业模仿时，创新企业就会因为“垄断”其独创的生产方式而享有垄断收入。“企业家没有竞争对手，新产品的价格完全是，或者在某种范围内，按照垄断价格的原则来确定的。为此，在资本主义经济内，利润中包

① “尽管按照资本自身的本性来说，它是狭隘的，但它力求全面地发展生产力，这样就成为新的生产方式的前提，这种生产方式的基础，不是为了再生产一定的状态或者最多是扩大这种状态而发展生产力，相反，在这里生产力的自由的、毫无阻碍的、不断进步的和全面的发展本身就是社会的前提，因而是社会再生产的前提；在这里唯一的前提是超越出发点。”选自《马克思恩格斯全集》第46卷（下），人民出版社，1980年版，第34页。

含有垄断成分”（熊彼特，1990）。当然创新造成的垄断在多数情况下不可能持久，随着竞争的展开，垄断价格最终会复归为竞争价格，利润也因此而消失。但是熊彼特认为，资本主义经济的创新速率已经达到这样的程度，连续不断地创新过程连续不断地创造出短暂的“垄断收入”，企业家们你方唱罢我登台，不断地创造新的要素组合方式推动着社会经济的发展。利润“附着于新事物的创造，附着于未来的价值体系。它既是发展的产物，也是发展的牺牲品”（熊彼特，1990）。在一个连续不断的动态过程中，利润成为资本主义经济的常态。

尽管马克思与熊彼特在价值理论方面存在着根本差异，但两人对资本、利润，创新与发展的相互关系的理解，仍然有高度的相似性。创新是发展的火车头，利润是创新的原动力，而市场竞争下的资本关系则是维持企业家永不衰竭的利润冲动的制度根源。市场经济的强大创新激励功能，是由企业之间围绕资本利润的竞争维系的。人类至今还没有找到第二种制度安排，能取代市场竞争中的资本利润关系，对创新活动有如此强烈的激励功能。

当然二者的理论也存在一个重要区别，在马克思那里，主角是笼统的资本，是个别资本之间的竞争导致了利润的不断出现与劳动生产力的提高。而在熊彼特那里，主角是以创新活动为己任的企业家。资本被从概念上分解了，资本所有者只是一个单纯的要素所有者，而企业家则是利用市场机制实施要素新组合的人。这一区别在很大程度上反映了两位经济学巨匠著述年代的差异。到20世纪上半叶，发达资本主义各国基本完成了从传统企业制度向现代企业制度的转化，公司制已经成为大中型企业的主体，因此，在熊彼特的著作中，一个独立于资本所有者的企业家角色出现了，它一方面是所有者与经营者分离的现实在理论上的反映；另一方面又是创新功能在经济增长中的重要性突显的反映。熊彼特的企业家概念强调的是企业经营者的创新职能，他甚至认为，企业家仅仅就是因为创新才有存在的价值。事实上，社会经济创新效率的提高仍然离不开资本积累，无论怎样的生产要素新组合，总是需要资本投入才能推动，因此，资本积累仍然是社会经济增长不可缺少的因素。但在创新速率日益加快的条件下，积累的主题已经从数量转变为质量，转变为投资与创新的隅合。资本所有者与创新企业家的分离是现代经济的一大特点，它使得拥有创新才能的企业家资源可以被更充分地利用。但企业家也必须与资本结合才能发挥作用。现代公司制度为这种结合提供了保障。在公司制度中，具有创新才能的企业家不一定要自己拥有资本，但他们在公司治理结构中与资本所有者分享剩余，因而也分享创新成果。在股权高度分散的所谓经理型企业中，经营者而不是所有者分享企业剩余权的更大份额。离开对企业家的创新激励机制，单纯用代理成本理论解释这一现象是不够的。现代企业的自主创新过程典型情况下分区分为两个途径：一是大企业建立自己的研发机构，集中大量人力财力进行自主创新；二是高技术创业型企业利用风险投资基金完成创业过程。二者都是以企业为主体的自主创新活动，两种途径下，资本所有者与创新组织者如何分享企业剩余，都是制度安排的关键环节。

当然，市场经济的创新激励机制也不是十全十美的。创新是一种非常复杂的人类活动，从本来意义上说，知识的积累及其在生产过程中的运用是全人类共同努力的结晶，尽管不同个人在此过程中的努力与贡献极不相同，但由于每一步创新活动的唯一性与独特性，几乎没有任何方法能够确定各个个人在创新过程中的贡献份额。市场用其特有的简化方式处理这个难题，它奖励结果，而不奖励过程；奖励新知识的产业化，而不奖励新知识本身；奖励超出常规的额外收益，而不管这个额外收益在多大程度上是创新活动的产物。无论是超额利润还是垄断收入，巨额创新成果都以契约剩余权的形式体现，在传统企业中它归资本所有者所有，而在现代公司制企业中则主要归掌握企业控制权的高层经理人员拥有。于是，市场创造出一个自身利益与创新成果休戚相关的社会阶层，依靠它的不懈努力从总体上拉动创新过程的不断加速。与此同时，现代市场经济还从以下几个方面进行了制度调整，弥补自身创新激励机制的不足。第一，建立专利制度和其他知识产权保护制度，延长企业家创新成果的“收获期”，增强创新激励的力度。第二，利用国家干预加强基础性研究，弥补整个社会在知识创新源头上的动力不足与资源不足。

如果以上关于市场经济创新激励机制的理解大体合理，那么，公有制与创新效率的关系就有以下几点推论。

第一，公有制与计划经济的结合在创新速率日益提高的现代经济中是低效率的。计划经济的根本缺陷在于，企业之间没有以利润为目的的市场竞争，因此也没有对企业家创新活动的永不枯竭的激励源泉。计划经济对于创新成果的模仿与推广来说也许是一种有效的制度安排，它能够集中一国的财力与人力在确定的目标与方向上不间断地努力，使新的生产方式迅速推广。但对于以不确定性为特征的创新活动来说，这种强调命令服从关系的经济体制，就弊大于利了。创新是向未知领域的探索，不可能有真正意义上的明确目标与严密计划，它依靠大量探索者的自主参与自由竞争，在无数可能性中寻找成功的出路，成功往往借助于直觉、产生于偶然。计划体制自上而下的控制模式，不鼓励绝大多数中下层成员的独立思考与自主活动，一切都必须在中央计划者的监督与控制之中，而计划者又不可能理解丰富多彩并且新颖独特的创新过程，不可能对此作出正确评价，更不用说合理地给予奖惩了。从这个意义说，计划经济体系从一开始就背离了公有制的初衷，它禁锢与窒息劳动者的创新精神，因而表现出明显的僵化特征。随着经济增长的创新速率提高，计划经济迟早会从实现赶超战略的体制保障转化为障碍。

第二，在市场经济条件下，假如公有制采取完整的公有资本形式，它与市场经济的创新效率没有任何矛盾。尽管市场经济的创新激励机制建立在资本对超额利润无休止追求的基础上，但在现代企业制度下，创新过程是依靠区别于资本所有者的企业家推动的，创新型企业在公司制企业中与资本所有者分享剩余，而不论资本属于公有还是私有。一个在激烈市场竞争漩涡中的公司制企业，不论股本结构怎样，不论公有资本在公司股本中占多少份额，都必须依靠自己的竞争实力求生存、求发展。创新是提高竞争实力的有效途径，越是在大规模经营领域，越是在发育完善的市场体系中，情况就越是这样。资本固有的生产性、社会性和超越出发点的性质，应当在社会主义公有制经济中得到更加充分的发挥。对公有资本创新效率的怀疑主要是其利润冲动强度，说到底还是公产代理人忠诚尽责的经济动因问题。这一点我们已经在有关主动代理机制的讨论中作了分析。需要补充的是，由于企业家分享创新收入，企业资本职能的执行者（经营者、创新者，但不是资本所有者）的收入方式与收入水平更加远离普通工薪阶层，这是发育完善的市场经济的普遍现象，而不以企业资本中公有资本的比重为转移，至少在竞争性产业领域情况就是这样。但这一现象的经济学含义是耐人寻味的。它既区别于公有制的劳动平等逻辑，又区别于私有制的资本平等逻辑，也许这种非此非彼的中性特点，正是其最重要的理论和现实意义所在。

第三，劳动主权型企业在创新效率上有其局限性。一方面，由于资源流动性的障碍，在劳动主权型企业下，要素组合的选择空间较小，企业家施展才能的舞台比较窄小；另一方面，劳动主权型企业的目标函数不在利润或资本价值，而在于劳动收入的最大化，尽管提高劳动生产率也是实现目标的重要手段，但相对于利润目标来说，对企业家的创新激励较弱。因此，多数情况下，劳动主权型企业出现在创新频率较低的传统行业，出现在以技术模仿与推广为主的发展领域。但是，事情也不能一概而论，创新高频率行业企业的职工构成可以区分为两种类型，一种类型是少数高科技人才与大多数操作工人的结合，创新活动局限于少数人，因此全体劳动者分享剩余的公有制关系只会使创新激励减弱，不是一种有效的制度安排；另一种类型是高科技创新人才占多数的企业，这是一种创新团队型企业，创新人才以及他们的少数辅助人员构成企业职工主体，团队内部的劳动平等关系对于团结奋进、协作攻关具有促进作用。对这类企业来说，全体职工持股的股份制或者股份合作制，不失为一种合理的选择。团队成员间的持股份额可以根据个人贡献的差异而有所区别，但当差异被限制在一定限度内时，企业内部的劳动平等关系是存在的。不仅如此，由于产权安排与企业核心竞争力高度吻合，在知识经济的发展中，这类企业还将显示出越来越强劲的生命力。[①]

四、消费负担与国有资本在市场竞争中的生存空间

无论从资源配置还是创新激励机制看，公有资本都是一种与市场经济衔接的有效的公有制实现形式。至少在大规模经营领域，公有资本的配置效率与创新效率都与私有资本大体相当，因此完全有资格与私有资本以及其他任何形式的资本平等竞争。但是从经济增长，即扩大再生产的层次考察，公有资本仍然有其自己的问题。

由于采取了公有资本的实现形式，市场竞争的外在压力使公有制在收入分配中的自由度缩小，不仅适应社会生产力发展的自我调节能力减弱，而且自身生存也有可能受到威胁。

之前我们已经讨论了公有制在处理积累与消费关系，进而保障生产的物质要素与人的要素协调发展方面的优越性。从公有资本的本质关系看，它理应也具有这方面的优越性，因为它所体现的经济关系同样是劳动者整体利益与个人利益，长远利益与眼前利益的矛盾，而不是两大阶级的利益对抗。但是，公有资本的运行机制，却与体现这一本质关系有冲突。公有资本必须在市场竞争中运作，必须与其他形式的资本平等竞争求得生存与发展。从再生产的连续过程看，决定竞争胜负的不仅是资本的产出效率，更重要的还是资本的增殖与扩张能力，是资本积累率。即使在两种资本的利润率完全相同的情况下，由于利润转化为资本的比例不同，不同资本的扩张能力也会表现出明显差异。一种占有形式的资本在社会资本中的份额，取决于它的净积累率与其他形式资本的比较，长时间保持较高积累率的资本在社会资本中的份额必然逐步提高，而相反情况下，资本份额就会持续下降，甚至逐步萎缩。这一现象制约着公有资本的收入分配，并且对公有资本在市场经济的生存与发展构成严峻考验。

一般以为，同等利润下公有资本的积累能力比私有资本强，原因是私有资本的利润收入在转化为资本之前，必须满足资本家的消费需要，包括奢侈与挥霍的需要，这是资本积累的一个限制因素。马克思将满足积累要求与满足资本家消费需求的冲突，称作资本两个灵魂的冲突。公有制解除了对资本家阶级奢侈消费的额外负担，因而有利于积累率的提高。但我国市场经济发育的实践表明，情形并非如此简单。由于以下理由，我们以为，公有资本要在市场竞争中长期保持较高的积累率，甚至比私有资本更为困难。

---

① “当人工智能成为战略竞争优势的唯一来源时，公司就应当把自己的技术职工更紧密地和公司的组织结合起来。但是由于公司裁员，他们反其道而行之，不同技术级别的职工都被告知，公司对职工无忠诚可言，同时也默认，职工对公司也不需要忠诚。持有这样的价值观，人工智能公司怎能保留住并增加他们唯一的战略财富呢？”选自莱斯特·瑟罗：《资本主义的未来》，中国社会科学出版社 1998 年版。

公有资本的利润同样要满足其所有者的一部分消费需求，至少迄今为止所看到的事实就是如此。投入资本市场的各种养老基金、保险基金，以及特殊劳动者集团（各种社会团体或职业团体）拥有的基金财产，无一例外地承担着其产权主体成员的特定的消费需要。尽管此类消费远非奢侈挥霍，而大多属于最低限度消费保障的性质，但由于享有者人数众多，它在资本利润中所占份额始终很高，对此类资本的积累功能构成根本性的限制。

当然，典型意义上的公有资本不是这种承担着特殊消费需要的基金，而是由一定地域全体居民拥有的资本，国有、省、市、县有资本，以及各种社区居民公有资本，这类公有资本的利润并不承担特殊的消费需要，但却承担着全体居民的公共消费：第一，和生产没有直接关系的一般管理费用；第二，学校、医院等的公共消费支出；第三，赡养丧失劳动能力者的费用。这是任何社会经济都必须承担的费用，但在不同的生产关系中解决问题的方式不同。在地域全体居民公有制的场合，这一问题理所当然地会在公有制经济内部解决，公有资本的利润应当满足其资本所有者的消费需要，特别是他们的公共消费需要，这是公有资本的题中应有之意。假如公有制是社会经济的唯一形式，公有制的这一“额外负担”不构成任何问题，但如果社会上存在着多种经济成分并且相互间激烈竞争，公有资本的这一负担就使它自己处于明显的竞争劣势。

举例来说，一个农村社区全体居民都是集体经济的成员，凡有劳动能力者无例外地参加集体劳动，按劳分配，不劳动者不得食。集体经济是社区内唯一的经济实体，承担社区全部公共消费就是集体经济无可推卸的责任。但如果集体经济没有能力吸纳社区内全部劳动人口，如果一部分青壮劳力外出打工，社区内的个体、私营经济又有所发展，那么，情况就会发生变化。集体经济职工只占社区劳动人口的一部分，甚至一小部分，但集体经济却仍然要承担全部社区公共消费，包括社区管理费用、社区承担的教育费用和合作医疗补贴，社区基础建设与居民公共福利，困难户的补贴与救济，等等。按照社区居民集体经济的所有制属性，它承担这些公共消费支出是合理的。只要其经济实力允许，对社会经济的发展来说也是有益的。但事情还存在另一面。与其他所有制形式的经济组织相比，公有制由于“额外负担”而降低了积累能力，在长远竞争中可能成为失败者。假设现在这个农村社区办起了两个在技术与管理上完全相同的企业，从业人员各占社区劳动人口的50%，其中一个是社区全体居民公有的企业，一个是个别社区居民的私营企业，两个企业的赢利在转化为资本积累之前都要满足一种消费需要：前者满足社区公共消费，由于社区人口众多，这是一笔庞大开支；后者满足企业主及其家庭消费，尽管一切都豪华高档，毕竟人数少，开支有限。同等利润下私有资本比公有资本有更强的积累能力，要不了多少年，这个私营企业的规模就会远远超出竞争对手，两者的胜负是“命中注定”的。一个戏剧性情节是，公有资本在将其利润用于公共福利或公共设施时，私营企业主及其雇工（假定他们都是社区居民）全都同等受益，它不仅削弱自己的竞争实力，而且还实实在在地帮助竞争对手。在这样的“平等竞争”中，公有资本几乎没有胜算。

更大地域范围的全体居民公有制，如国有制，问题更加突出。国有制是承当全民利益的公有制，国有资本的利润理应首先满足国家管理、全民福利和其他与全民利益有关的公共开支。但在市场经济条件下，多种经济成分并存是必然趋势，如果全部公共开支由国有资本单独承担，它在与其他所有制成分的竞争中就注定处于劣势。负担了公共支出的公有资本是过度负担的资本，其积累与消费的双重灵魂，比起在资本家的胸膛里更加充满矛盾。与任何形式的资本一样，增殖与扩张，为生产而生产，是市场竞争的外在强制，是其在市场环境中的生存之道。但最大限度地满足全体人民的物质与文化生活需要，总归是公有制经济的终极目的，公有制不满足公共消费，谁来满足？公有资本的社会责任和社会效益，与其自身的经济效率甚至生存条件直接冲突，这样的公有资本还能与市场经济长期共存吗？

现代经济庞大的公共开支其实是由财政预算支付的，财政收入的来源主要是国家税收，而不是国有企业的利润上交。在私有制为主体的资本主义市场经济中，这也是解决公共开支问题的唯一有效途径。资本主义国家的公共开支比重曾经较小，作为市场经济的“守夜人”，国家的经济职能被限制在绝对必要的最小限度内。但是，19世纪后半叶开始情况发生变化，随着经济增加方式的逐步转变，国家不仅加强了调节经济周期的宏观管理职能，而且收入分配职能也逐步加强。国家机器变得越来越庞大，其管理开支不断上升；社会保障的功能越来越全面，而且覆盖面也越来越宽；一个“从摇篮到坟墓”的全民福利计划使财政背上了沉重包袱。如前所述，资本主义国家的分配职能，是现代生产力提高劳动者整体素质内在要求强制性作用的结果，它缓和资本主义制度在财富分配上两极分化的尖锐矛盾，有利于社会生产力在资本主义构架内的继续拓展。现代国家的公共支出占国民收入一半以上，如此庞大的费用当然不是只占国民经济10%~30%这样较小比重的国有经济所能负担的。一个建立在公平税负基础上的健全的税收制度，是解决市场经济下公共支出来源的唯一合理选择。

这也是社会主义市场经济解决其公共支出来源的合理选择。改革其实也是循着这一思路发展的。计划经济下的国有企业利润由国家统收统支，国有企业上交的利润几乎承担了全部国家的公共支出。国企改革初期，我们就经历了“利改税”，即国有企业由上缴利润改为税收，这关键性的一步，解决了利润统收问题。此后又通过“拨改贷”从正规制度上切断了国家向企业无偿拨款的渠道。但是国有企业税负过重的问题始终没有真正解决，一方面，这与我们的税收征管制度不健全有关；另一方面，也与计划经济遗留的大量企业“暗负”有关。许多国家承诺的社会福利，事实上一直是由企业直接向职工支付的，如表现为在职闲暇的失业保险，以及医疗保险和养老保险，等等。它们没有进入上缴利润或者企业税负的盘子，却是国有企业实实在在的公共负担。另外，像目前难度很大的费改税的改革也表明，企业承担的一般管理费用和其他公共开支，还有很大一部分没有进入预算内收入的盘子，这部分企业负担的不公平性更加难以解决。

在体制转轨过程中，国有企业税负暂时偏重是正常的。但由此引出的两个理论问题值得注意。

首先，人们在利用改革开放以来的实证数据研究国有制企业经济效益时，企业“暗负”问题必须充分考虑。在没有剔除这一因素的影响之前，许多结论值得怀疑，说实践已经证明国有经济低效率，或者公有制经济低效率是有失公允的。在这方面，张军等人近年来的研究思路值得称道（张军，1997）。

其次，认为国有资本天生应当负担，或者必须负担更多社会责任，包括更多公益性开支，因此注定低效率的思维定势值得商榷。

国外经济学关于国有企业必要性的论证，是建立在私有制市场经济天生有效率的微观理论基础上的，除非在提供公共产品时市场失效，或者市场无法有效解决信息不对称造成的代理问题，国有企业才有其存在的理由。按此理论，国有经济只能被限制在绝对必要的最小限度内。它提供市场无法有效供给的公共产品，因此天生具有满足特定社会偏好的非市场目标，为保证企业担负起这些额外负担，政府的管制是必要的，企业与政府的分离是相对的，事实上许多国有企业直接由政府机构管理，因此成为名副其实的国营企业。一些国有企业虽然有独立的公司法人地位，但由于生产经营中与政府行政千丝万缕的联系，其国有资本的性质，与我们在计划经济中的国有企业一样，是不完整的。从这个意义上说，国有经济必须承担更多社会责任，其社会效益与经济效率存在固有矛盾，至少在逻辑上是可以成立的。即使如此，资本主义经济中的国有经济仍然有超出这一最低限度的可能，个别企业在竞争性领域的成功仍然备受世人瞩目。

我们关于公有制经济主体地位，以及国有经济主导地位必要性的论证，有着与此完全不同的理由，因此，社会主义市场经济中公有制经济的比重虽然不能说越大越好，但也绝不是越小越好。只要国有资本在平等的市场竞争中具有与其他经济成分同等的竞争力，超出资本主义经济中国有经济的最小容量，保持国有资本在竞争性领域的适当份额，应当是合乎情理的。而在竞争性领域中，国有资本要想与私有资本保持大体相当的竞争力，一个重要前提是，它不应当年复一年地承担比私有资本更为沉重的社会负担。[①]既然一个税负公平的有效的税收体系能够满足现代经济庞大的公共开支，社会主义者为什么一定要让自己的国有资本承担更多社会责任，以至于严重伤害它的积累能力与竞争能力呢。笔者相信，竞争性领域国有资本的过度负担问题，随着我国市场经济体制的发育，最终是能够解决的，一个与其他经济成分平等赋税的国有资本，将放开手脚在市场竞争中一显身手，它有能力成为竞争的优胜者。

这样，我们理解的社会主义市场经济中的国有制，事实上包括两种实现形式，一种是主要在自然垄断领域生产经营的，由政府机构直接管理的国有官营经济，这类企业即使成为独立的法人实体，它与政府财政间的产权边界也不可能是完全明确的，所谓政企分开只有相对意义。政府管制着企业的经营决策、经营范围、产品（或者服务）价格、劳动工资政策，等等。国有资产在这类企业中不具备完整的资本性质。根据国际经验，这种类型的国有经济可以被压缩到占国民经济的 10%~15% 的较小比例。另一种是进入竞争性领域的国有经济，它一般不以纯粹国有企业的形式出现，而是表现为投入大型股份制企业的参股的或者相对控股的国有股份资本。由于这类国有资产具有完整的资本性质，它们不适于通过任何一种形式的政府机构进行管理。国家股权管理机构最终应当建设成为完全脱离政府行政系列、直接向社会负责的资本经营机构，一个适用于《信托法》与《信托业法》调整的社会信托投资基金。这类国有经济的比重（按资本量计算）应当可以超出前一类国有经济的比重，达到 20% 甚至更高的水平。

竞争性领域的国有资本是纯粹营利性资本，纯粹为增殖而增殖的资本。它没有利润上交任务，却有通过资本积累最大限度自我扩张的责任。国家在设立社会信托投资基金时除像一般公司制企业章程所规定的那样，赋予营利性目标之外，不应赋予它任何其他社会责任，相应地也不应当赋予它超出一般营利性企业的任何特权。在这一点上，它甚至比私有制经济中的资本范畴更加彻底，它的利润不需要满足资本家及其家庭的消费需要，在它体内只有一个灵魂，那就是增殖与扩张的灵魂，为生产而生产的灵魂。由于产权上与国家财政完全分开，治理上与政府机构真正脱钩，国有资本将与斯蒂格利茨讨论的政府经济不同，既不会因为公平压力与道义压力而削弱管理者的判断力，又不会因为组织目标的多重化而模糊对绩效的评价（斯蒂格利茨，1998）。大规模公司制企业中国有资本的进入或者退出，不会对其效率造成重大影响。

① “转变政府以国有经济为主要收入来源的格局，是进一步深化国有经济改革的前提。”参见王全斌：“从政府收入的角度探讨国有经济问题”，载于《社会经济体制比较》1999 年第 1 期。

那么，公有资本的社会功能究竟是什么呢？根据以上的讨论，至少有两点已经明确：第一，为了公有制的激励效率，即激发劳动者的生产积极性与创造精神，我们需要一种劳动平等的制度环境，适当比重的国有经济的存在，有利于在一国范围内营造一种劳动平等的社会氛围，从宏观层面上提高公有制的激励效率。第二，为了适应现代经济增长中生产的物的要素与人的要素协调发展的要求，我们有必要限制社会范围内资本与劳动的阶级矛盾与阶级对抗，使积累与消费的矛盾更多地在劳动者阶级自身利益的范围内解决。没有资本家的资本关系的扩展，有利于社会更好处理资本报酬与劳动报酬的关系，保证生产的物的要素与人的要素随着社会生产力的发展而同步发展。以上两点正是我们所理解的公有制经济中公平与效率同一性的含义，因而也是公有资本的公平与效率同一性的体现。但是，这里还要特别强调公有资本的另一种社会责任，即通过资本增殖与扩张推动社会经济的持续增长。我们是发展中国家，经济赶超战略是我们在很长时期内满足人民需要、实现国家利益的基本手段。资本短缺正是落后国家实现经济赶超的瓶颈，没有资本的持续高比例的积累，没有资本竞争机制所蕴含的连续不断地创新过程，实现国家现代化就是空话。增殖、积累、扩张，为生产而生产，这正是植入国有资本躯干内的全民意志，表现在国有资本行为中的社会偏好，它本身就构成社会主义市场经济中国有资本最重要的社会职能。由于与激励效率、配置效率、创新效率的高度统一，它应当有能力担负起自己的使命。

参考文献：

[1] Henry Hansmann: “Ownership of the Firm”, *Journal of Law, Economies and Organization*, Vol.4, No.2 Fall 1988.

[2] 阿尔钦、德姆塞茨：“生产、信息费用与经济组织”，选自《财产权利与制度变迁》，上海三联书店、上海人民出版社 1994 年版。

[3] 阿林 · 杨格：《报酬递增与经济进步》，载于《经济社会体制比较》1996 年第 2 期。

[4] 中共中央马克思列宁恩格思斯大林著作编译局：《布哈林文选》（上册），东方出版社 1988 年版。

[5] 菲吕博腾和威金斯：“工厂关闭、工人再配置成本和董事会中的工人参与”，选自《新制度经济学》，上海财经大学出版社 1998 年版。

[6] 汉克 · 托马斯、克里斯 · 劳甘：《蒙德拉贡——对现代工人合作制的经济分析》，上海三联书店 1991 年版。

[7] 蒋一苇：“企业本位论”，载于《中国社会科学》1980 年第 1 期。

[8] 列宁：“国家与革命”，选自《列宁选集》第 3 卷，人民出版社 1972 年版。

[9] 罗纳德·科斯："企业的性质"，选自《生产的制度性结构》，上海三联书店 1994 年版。
[10] 林毅夫等:《充分信息与国有企业改革》，上海三联书店、上海人民出版社 1997 年版。
[11] 莱斯特·瑟罗:《资本主义的未来》，中国社会科学出版 1998 年版。
[12] 马克思:《哥达纲领批判》，选自《马克思恩格斯选集》第三卷，人民出版社 1972 年版。
[13]《资本论》第一卷，人民出版社 1975 年版。
[14]《马克思恩格斯全集》第 46 卷（下），人民出版社 1980 年版。
[15] 曼瑟尔·奥尔森:《集体行动的逻辑》，上海三联书店、上海人民出版社 1995 年版。
[16] 奥斯卡·兰格："计算机和市场"，选自《社会主义经济理论》，中国社会科学出版社 1981 年版。
[17] 奥塔·锡克:《一种未来的经济体制》，中国社会科学出版社 1989 年版。
[18] 荣兆梓、李洪峰："企业产权理论：关于'惠顾者'与所有者的研究"，载于《上海经济研究》1991 年第 5 期。
[19] 荣兆梓等:《企业性质研究——结构、主体、人际关系》，安徽人民出版社 1992 年版。
[20] 荣兆梓："论公有产权的内在矛盾"，载于《经济研究》1996 年第 9 期。
[21] 荣兆梓："国有资产管理体制进一步改革的总体思路"，载于《中国工业经济》2012 年第 1 期。
[22] 荣兆梓："以管资本为主的体制如何建立"选自《政治经济学报》，第 5 卷社会科学文献出版社 2015 年版。
[23] 斯蒂格利茨:《社会主义向何处去》，吉林人民出版社 1998 年版 .
[24] 王全斌："从政府收入的角度探讨国有经济问题"，载于，《社会经济体制比较》1999 年第 1 期。
[25] 习近平："对发展社会主义市场经济的再认识"，载于《东南学术》2001 年第 4 期。
[26] 熊彼特:《经济发展理论》，商务印书馆 1990 年版，第 73~74 页。
[27] 杨小凯、黄有光:《专业化与经济组织——一种新兴古典微观经济学框架》，经济科学出版社 1999 年版。
[28] 张军:《国有企业的亏损：对现有理论的评论和新解释》，选自《国有企业，你的路在何方》，经济出版社 1997 年版。

数理政治经济学

两大部类生产资料增长率的关系

朱殊洋 *

摘　要　生产资料优先增长问题是两大部类生产资料增长率关系的一个极限问题，只是这一关系解集中的一个元素。但是不管这一极限的结果如何，人们都很难借助于这一结果进行有效地预测和控制。这是因为，现实经济问题通常不是一个极限问题而是一个过程问题。因此两大部类增长率关系的过程函数就显得非常重要了。事实上，知道了过程函数也就可以得到两大部类增长率关系集合的全部信息。两大部类增长率关系可以表示为一个黎卡提方程，而这一黎卡提方程的解恰恰就是所求的过程函数即过程解。

关键词　两部类生产资料增长率的关系　黎卡提方程　过程解　极限解

一、引言

两大部类生产资料增长率关系问题是马克思经济增长理论中的一个基本问题，这一问题的一个极限解是生产资料优先增长命题，这一命题是列宁首先提出来的。[①] 列宁根据马克思再生产图式，进行了有限步推导进而给出了这一结果。显然，用有限步推导具有启发意义，但是却不具有一般性。我国著名数理经济学家周方依据马克思再生产理论证明第一部类生产资料的增长率总是高于第二部类生产资料的增长率，但是周教授推导出的解不具有大范围稳定性。[②] 朱殊洋证明两大部类生产资料增长率关系的极限解是平衡增长，而不是生产资料优先增长，而且平衡增长是大范围稳定的。[③]

自从列宁提出该命题以来的所有证明都是围绕有限解或者极限解进行的。然而遗憾

---

*　朱殊洋，广州行政学院经济学部教授，研究方向为劳动价值论和剩余价值论。

①《列宁全集》第 1 卷，人民出版社 1984 年版，第 66 页。

②　周方："论两大部类同步增长规律和生产资料优先增长规律存在之充分必要条件"，载于《数量经济技术经济研究》1988 年第 2 期；周方："论扩大再生产理论中两条客观规律的数学证明"，载于《系统工程理论与实践》1984 年第 1 期。

③　朱殊洋："两大部类生产资料只存在平衡增长规律—对周方教授优先增长条件的考察"，载于《政治经济学报》2016 年第 7 卷。

的是，有限解不具有一般性，极限解的意义也是很有限的，这是因为极限解只表明一种无穷远的状态，而不能说明向无穷远过渡的变化过程。比如虽然朱殊洋证明了当无穷远时两大部类增长率处于平衡增长，但是究竟在什么时候开始进入平衡增长阶段我们无法得知。事实上，人们关心的主要不是极限解而是过程解，也就是人们更关心向目标的过渡过程，这是因为过程解既包含了现有信息，也包含了未来信息，因而有了过程解，就可以推导出极限解；反之，有了极限解并不能推导出过程解。总之，过程解包含了两大部类增长率关系的全部信息。不过，推导出过程解是一件极为困难的工作，毫不夸张地说，这是一个世界性难题——这也许就是广大经济学者们将注意力只是集中于有限解或者极限解而不研究过程解的根本原因。本文的工作在于，尝试着将两大部类增长率的关系转化为一个非线性微分方程，然后采用初等变换方法，推导出两大部类增长率关系的过程解。

二、准备工作

（一）将再生产方程组变换为黎卡提方程

本文采用的初始模型是周方模型，即周方教授根据马克思再生产原理推导出来的两大部类模型：

$$\begin{cases} C_1'(x) = w(f-1)C_1(x) - wC_2(x) \\ C_2'(x) = (1-w)(f-1)C_1(x) - (1-w)C_2(x) \end{cases} \tag{1}$$

方程组（1）中，对于$i=1,2$，$C_i(x)$表示在x年第i部类不变资本的价值；$V_i(x)$表示x年第i部类活劳动的补偿价值；$m_i(x)$表示x年第i部类创造的剩余价值；$\Delta C_i(x) = C_i(x+1) - C_i(x)$，$w(x) = \dfrac{\Delta C_1(x+1)}{\Delta C_1(x+1) + \Delta C_2(x+1)}$表示$x$年第一部类生产资料的积累份额，简称积累比，它反映了x +1 年重工业内部的积累构成，$f(x) = \dfrac{C_1(x) + V_1(x) + m_1(x)}{C_1(x)}$。

方程组（1）是一个一阶变系数线性方程组，直接求解是很困难的，为此将其变换为一个非线性一阶方程。

引理 1 方程组（1）可以变换为如下黎卡提方程：

$$y'(x) = b_2(x)y^2 + b_1(x)y + b_0(x) \tag{2}$$

证明：将方程组（1）变换为：

$$\begin{cases}\dfrac{C_1'(x)}{C_1(x)}=w(f-1)-w\dfrac{C_2(x)}{C_1(x)}\\ \dfrac{C_2'(x)}{C_2(x)}=(1-w)(f-1)\dfrac{C_1(x)}{C_2(x)}-(1-w)\end{cases} \tag{3}$$

将方程组（3）两边相减得：

$$\frac{C_2'(x)}{C_2(x)}-\frac{C_1'(x)}{C_1(x)}=(1-w)(f-1)\frac{C_1(x)}{C_2(x)}+w\frac{C_2(x)}{C_1(x)}-(1-w)f \tag{4}$$

设$\dfrac{C_2(x)}{C_1(x)}=y$，则$\dfrac{C_2'(x)}{C_2(x)}-\dfrac{C_1'(x)}{C_1(x)}=\dfrac{y'}{y}$，将其代入式（4）得：

$$\frac{y'}{y}=(1-w)(f-1)\frac{1}{y}+wy-(1-w)f \tag{5}$$

记$b_2=(1-w)(f-1),b_1=w,b_0=-(1-w)f$，即得到方程(2)。证毕。

方程（2）是一个著名的黎卡提方程，该方程问世三百年，无数数学工作者致力于求解此方程，但是至今没有得到一般解，这意味着解决两大部类经济增长关系问题是一个极为具有挑战性的工作。为了求解方程（2），我们将方程（2）变换为简单形式。

（二）将一般黎卡提方程变换为一个特殊形式

引理2 方程（2）可以变换转化为方程（6）形式：

$$u'=u^2+D(x) \tag{6}$$

其中$D(x)=b_2b_0+[\dfrac{b_1+b_2^{-1}b_2'}{2}]'-\dfrac{(b_1+b_2^{-1}b_2')^2}{4}$。

证明：设$y=b_2^{-1}z$，$z(x)$为未知函数，对其求导得$y'=-b_2^{-2}b_2'z+b_2^{-1}z'$，代入方程（2）得：

$$-b_2^{-2}b_2'z+b_2^{-1}z'=b_2^{-1}z^2+b_1b_2^{-1}z+b_0 \tag{7}$$

化简得

$$z'=z^2+(b_1+b_2^{-1}b_2')z+b_2b_0 \tag{8}$$

对式（8）右边配方得：

$$z'=[z+\frac{b_1+b_2^{-1}b_2'}{2}]^2+b_2b_0-\frac{(b_1+b_2^{-1}b_2')^2}{4} \tag{9}$$

令$z+\dfrac{b_1+b_2^{-1}b_2'}{2}=u(x)$，求导有$z'+[\dfrac{b_1+b_2^{-1}b_2'}{2}]'=u'$，将其代入式（9）得：

$$u'=u^2+b_2b_0-\frac{(b_1+b_2^{-1}b_2')^2}{4}+[\frac{b_1+b_2^{-1}b_2'}{2}]' \tag{10}$$

记$b_2b_0-\frac{(b_1+b_2^{-1}b_2')^2}{4}+[\frac{b_1+b_2^{-1}b_2'}{2}]'=D(x)$，即得方程（6）。证毕。

三、两大部类生产资料增长率的关系

下面来求解方程（6）。先找到一个可积方程，然后由该可积方程推导出一个与方程（6）形式相同的方程，这时如果被推导出来的方程的系数函数与方程（6）的系数函数相等，则被推导出来的方程就与方程（6）等价，于是被推导出来的方程的解就是方程（6）的解。最后往回推导，即可得到方程（6）的解。

（一）方程（6）的等价形式

引理3 方程（6）有如下等价方程：

$$(\frac{s'-\overline{a}'}{s-\overline{a}})=s+\frac{\overline{B}}{\overline{A}} \tag{11}$$

其中各个参数的含义均在证明中给出。

证明：方程（11）是本文求解方程（6）的关键，所以下面详细给出推导过程。

第一步：推导出方程（6）的等价条件。令：

$$C\frac{s'-a'}{s-a}=As+B \tag{12}$$

其中A、B　C　a均为待定函数。式（12）展开得

$$\begin{aligned}&Cs'-Ca'=(s-a)(As+B)=As^2+(B-aA)s-aB\\&\Rightarrow Cs'=As^2+(B-aA)s+Ca'-aB\end{aligned} \tag{13}$$

对式（13）配方得：

$$\begin{aligned}&Cs'=A[s^2+\frac{B-aA}{A}s+(\frac{B-aA}{2A})^2-(\frac{B-aA}{2A})^2]+Ca'-aB\\&\Rightarrow Cs'=A(s+\frac{B-aA}{2A})^2+Ca'-A(\frac{B-aA}{2A})^2-aB\end{aligned} \tag{14}$$

令$s+\frac{B-aA}{2A}=u$，则$s'=u'-(\frac{B-aA}{2A})'$代入式（14）得：

$$\begin{aligned}&Cu'-C(\frac{B-aA}{2A})'=Au^2+Ca'-A(\frac{B-aA}{2A})^2-aB\\&\Rightarrow u'=\frac{A}{C}u^2+a'+(\frac{B-aA}{2A})'-\frac{A}{C}(\frac{B-aA}{2A})^2-\frac{aB}{C}\end{aligned} \tag{15}$$

令$C=A$，则式（15）得：

$$u'=u^2+a'+\frac{1}{2}(\frac{B}{A}-a)'-\frac{1}{4}(\frac{B}{A}-a)^2-\frac{aB}{A} \tag{16}$$

整理得

$$u' = u^2 + a' + \frac{1}{2}(\frac{B}{A} - a)' - \frac{1}{4}(\frac{B}{A} + a)^2 \tag{17}$$

对照方程（6）与方程（17）可知，如果式（6）与式（17）同解，则需且只需：

$$a' + \frac{1}{2}(\frac{B}{A} - a)' - \frac{1}{4}(\frac{B}{A} + a)^2 = D \tag{18}$$

第二步：建立一个混合方程组。令：

$$B = \frac{aA(1+2mA)}{2A-1} \tag{19}$$

其中 m 为待定函数。将此式代入式（18）得：

$$a' + \frac{1}{2}(\frac{a(1+2mA)}{2A-1} - a)' - \frac{1}{4}(\frac{a(1+2mA)}{2A-1} + a)^2 = D$$

$$\Rightarrow a' + [a(\frac{1+(m-1)A}{2A-1})]' - a^2(\frac{(m+1)A}{2A-1})^2 = D \tag{20}$$

对于式（20），如果令 $a' = D$，这时 $[a(\frac{1+(m-1)A}{2A-1})]' - a^2(\frac{(m+1)A}{2A-1})^2 = 0$，再取 $m = m(A)$ 使得 $a\frac{1+(m-1)A}{2A-1} = [a\frac{(m+1)A}{2A-1}]^2$，则式（20）必然可以求解。根据这一思路，设 $a' = D$，积分得到：

$$a = \int D dx \tag{21}$$

将式（21）代入式（20）得：

$$[a(\frac{1+(m-1)A}{2A-1})]' - a^2(\frac{(m+1)A}{2A-1})^2 = 0 \tag{22}$$

令

$$a\frac{1+(m-1)A}{2A-1} = (a\frac{(m+1)A}{2A-1})^2 \tag{23}$$

将式（19）、式（21）、式（22）和式（23）联立得：

$$\begin{cases} a = \int D dx \\ B = \dfrac{aA(1+2mA)}{2A-1} \\ [a(\dfrac{1+(m-1)A}{2A-1})]' - a^2(\dfrac{(m+1)A}{2A-1})^2 = 0 \\ a\dfrac{1+(m-1)A}{2A-1} = (a\dfrac{(m+1)A}{2A-1})^2 \end{cases} \tag{24}$$

第三步：求解方程组（24）。由方程组（24）中第四式得：

$$(1-A+Am)(2A-1)=aA^2(m^2+2m+1)$$

$$\Rightarrow m^2+\frac{(2aA-2A+1)}{aA}m+\frac{(a+2)A^2-3A+1}{aA^2}=0 \tag{25}$$

对方程（25）配方得：

$$m^2+\frac{2aA-2A+1}{aA}m+[\frac{2aA-2A+1}{2aA}]^2=[\frac{2aA-2A+1}{2aA}]^2-\frac{(a+2)A^2-3A+1}{aA^2}$$

$$\Rightarrow [m+\frac{2aA-2A+1}{2aA}]^2=\frac{(4-16a)A^2+(16a-4)A+1-4a}{4a^2A^2} \tag{26}$$

由此得到 m 与 A 的显式关系：

$$m=\frac{2(1-a)A-1+\sqrt{(4-16a)A^2+(16a-4)A+1-4a}}{2aA} \tag{27}$$

这说明，若使方程组（24）中第四式成立，需且只需式（27）成立。因此在式（27）成立的情况下可将方程组（24）中第四式代入方程组（24）中第三式得：

$$a(\frac{1+(m-1)A}{2A-1})=\int a\frac{1+(m-1)A}{2A-1}\mathrm{dx} \tag{28}$$

令 $a\frac{1+(m-1)A}{2A-1}=M'(x)$，代入式（28）得：

$$M'=M \tag{29}$$

对式（29）求导数得：

$$M=e^x \tag{30}$$

式（30）中取积分常数等于1。将 $\frac{1+(m-1)A}{2A-1}=M$ 代入式（30）得：

$$a\frac{1+(m-1)A}{2A-1}=e^x$$

$$\Rightarrow m=\frac{2e^x}{a}-(\frac{e^x}{a}+1)\frac{1}{A}+1 \tag{31}$$

将式（31）代入式（27）得：

$$\frac{2e^x}{a}-(\frac{e^x}{a}+1)\frac{1}{A}+1=\frac{2(1-a)A-1+\sqrt{(4-16a)A^2+(16a-4)A+1-4a}}{2aA}$$

$$\Rightarrow (4e^x+2a)A-(2e^x+2a)=2(1-a)A-1+\sqrt{(4-16a)A^2+(16a-4)A+1-4a}$$

$$\Rightarrow \sqrt{(4-16a)A^2+(16a-4)A+1-4a}=(4e^x+4a-2)A-(2e^x+2a+1) \tag{32}$$

将式（32）两边平方得：

$$(4-16a)A^2+4(4a-1)A+1-4a$$
$$=(4e^x+4a-2)^2A^2-2(2e^x+2a+1)(4e^x+4a-2)A+(2e^x+2a+1)^2$$
$$\Rightarrow A^2+\frac{[(2e^x+2a)^2+4a-2]}{(3-10a-2e^x)^2}A=\frac{(e^x+a+1)(e^x+a)+a}{(3-10a-2e^x)^2} \quad (33)$$

将方程组（24）中第一式代入式（33）得：

$$A^2+\frac{[(2e^x+2\int Ddx)^2+4\int Ddx-2]}{(3-10\int Ddx-2e^x)^2}A=\frac{(e^x+\int Ddx+1)(e^x+\int Ddx)+\int Ddx}{(3-10\int Ddx-2e^x)^2} \quad (34)$$

记$D_1=\frac{[(2e^x+2\int Ddx)^2+4\int Ddx-2]}{(3-10\int Ddx-2e^x)^2},D_2=\frac{(e^x+\int Ddx+1)(e^x+\int Ddx)+\int Ddx}{(3-10\int Ddx-2e^x)^2}$，则式（34）为：

$$A^2+D_1A=D_2 \quad (35)$$

求式（35）容易得到解$\overline{A}$：

$$A^2+D_1A+(\frac{D_1}{2})^2=D_2+(\frac{D_1}{2})^2$$
$$\Rightarrow \overline{A}=\frac{-D_1+\sqrt{4D_2+D_1^2}}{2} \quad (36)$$

将式（36）和方程组（24）中第一式代入式（31），其解$\overline{m}$为：

$$\overline{m}=\frac{2e^x}{\int Ddx}-\frac{2(e^x+\int Ddx)}{\int Ddx(\sqrt{4D_2+D_1^2}-D_1)}+1 \quad (37)$$

将式（36）、式（37）和方程组（24）中第一式代入方程组（24）中第二式，其解$\overline{B}$是：

$$\overline{B}=\frac{(\int Ddx)\overline{A}(1+2\overline{m}\overline{A})}{2\overline{A}-1} \quad (38)$$

为了保持解的记法的统一，将方程组（24）中第一式记为：

$$\overline{a}=\int Ddx \quad (39)$$

将式（36）、式（37）、式（38）、式（39）代入式（17），得到方程（6）等价形式：

$$u'=u^2+\overline{a}'+\frac{1}{2}(\frac{\overline{B}}{\overline{A}}-\overline{a})'-\frac{1}{4}(\frac{\overline{B}}{\overline{A}}+\overline{a})^2 \quad (40)$$

已知方程（11）与方程（40）等价，因而方程（11）与方程（6）等价。证毕。

（二）等价方程（11）的解

引理4 方程（11）的解为：

$$s=\overline{a}-\frac{e^{\int(\overline{a}+\frac{\overline{B}}{\overline{A}})dx}}{\int e^{\int(\overline{a}+\frac{\overline{B}}{\overline{A}})dx}dx+c_0} \tag{41}$$

证明：方程（11）变形为：

$$(\ln(s-\overline{a}))'=s+\frac{\overline{B}}{\overline{A}} \tag{42}$$

令$v=s-\overline{a}$，则$v+\overline{a}=s$，代入式（42）得

$$(\ln v)'=v+\overline{a}+\frac{\overline{B}}{\overline{A}}$$

$$\Rightarrow v'=v^2+(\overline{a}+\frac{\overline{B}}{\overline{A}})v \tag{43}$$

这是一个伯努利方程，采用常数变易法求解。对方程（39）取线性部分得：

$$v'=(\overline{a}+\frac{\overline{B}}{\overline{A}})v \tag{44}$$

对式（44）积分得：

$$v=C(x)e^{\int(\overline{a}+\frac{\overline{B}}{\overline{A}})dx} \tag{45}$$

其中$C(x)$为任意函数。将式（44）代入式（43）得：

$$C'(x)e^{\int(\overline{a}+\frac{\overline{B}}{\overline{A}})dx}=C^2e^{2\int(\overline{a}+\frac{\overline{B}}{\overline{A}})dx}$$

$$\Rightarrow C^{-2}C'(x)=e^{\int(\overline{a}+\frac{\overline{B}}{\overline{A}})dx} \tag{46}$$

对式（46）积分得：

$$C(x)=\frac{-1}{\int e^{\int(\overline{a}+\frac{\overline{B}}{\overline{A}})dx}dx+c_0} \tag{47}$$

其中c_0为任意积分常数。将式（47）代入式（45）得：

$$v=\frac{-e^{\int(\overline{a}+\frac{\overline{B}}{\overline{A}})dx}}{\int e^{\int(\overline{a}+\frac{\overline{B}}{\overline{A}})dx}dx+c_0} \tag{48}$$

将式（48）代入$v=s-\overline{a}$即得到式（41）。证毕。

（三）一般黎卡提方程的解

引理 5　方程（2）的解是：

$$y=b_2^{-1}[\frac{\bar{a}}{2}+\frac{\bar{B}}{2\bar{A}}-\frac{e^{\int(\bar{a}+\frac{\bar{B}}{\bar{A}})dx}}{\int e^{\int(\bar{a}+\frac{\bar{B}}{\bar{A}})dx}dx+c_0}-\frac{b_1+b_2^{-1}b_2'}{2}] \tag{49}$$

证明：将式（41）代入 $s+\frac{\bar{B}-\bar{a}\bar{A}}{2\bar{A}}=u$ 得：

$$u=\frac{\bar{B}}{2\bar{A}}+\frac{\bar{a}}{2}-\frac{e^{\int(\bar{a}+\frac{\bar{B}}{\bar{A}})dx}}{\int e^{\int(\bar{a}+\frac{\bar{B}}{\bar{A}})dx}dx+c_0} \tag{50}$$

将式（50）代入 $z+\frac{b_1+b_2^{-1}b_2'}{2}=u(x)$ 得：

$$z=\frac{\bar{B}}{2\bar{A}}+\frac{\bar{a}}{2}-\frac{e^{\int(\bar{a}+\frac{\bar{B}}{\bar{A}})dx}}{\int e^{\int(\bar{a}+\frac{\bar{B}}{\bar{A}})dx}dx+c_0}-\frac{b_1+b_2^{-1}b_2'}{2} \tag{51}$$

将式（51）代入 $y=b_2^{-1}z$ 得到式（49）。证毕。

（四）两大部类生产资料增长率关系的过程解

定理　两大部类生产资料增长率有如下关系即过程解为：

$$\frac{C_2'(t)}{C_2(t)}-\frac{C_1'(t)}{C_1(t)}=-\frac{b_2'}{b_2}+[\ln(\frac{\bar{a}}{2}+\frac{\bar{B}}{2\bar{A}}-\frac{e^{\int(\bar{a}+\frac{\bar{B}}{\bar{A}})dx}}{\int e^{\int(\bar{a}+\frac{\bar{B}}{\bar{A}})dx}dx+c_0}-\frac{b_1+b_2^{-1}b_2'}{2})]' \tag{52}$$

证明：对式（49）取对数并求导得：

$$\frac{y'}{y}=-\frac{b_2'}{b_2}+[\ln(\frac{\bar{a}}{2}+\frac{\bar{B}}{2\bar{A}}-\frac{e^{\int(\bar{a}+\frac{\bar{B}}{\bar{A}})dx}}{\int e^{\int(\bar{a}+\frac{\bar{B}}{\bar{A}})dx}dx+c_0}-\frac{b_1+b_2^{-1}b_2'}{2})]' \tag{53}$$

将 $\frac{C_2'(t)}{C_2(t)}-\frac{C_1'(t)}{C_1(t)}=\frac{y'}{y}$ 代入式（53）得式（52）。证毕。

四、结论

第一，两大部类生产资料增长率关系的过程解是存在的且可以求出来的。有了过程解，只需给出第一部类积累份额和第一部类资本占本部类总资本比重，就可以得到两大部类生产资料增长率关系的过程解和解的图像，这时两大部类生产资料增长率关系便一目了然：由关系图可以看出生产资料优先增长区间和平衡增长区间以及不同区间的拐点。在控制系统中，为了研究两大部类生产资料增长率关系对作为控制变量的两大部类积累率的响应，可以将两大部类积累率作为参数，然后给出不同的值，来考察两大部类生产资料增长率关系的变化情况。这种响应分析是建立在过程解基础上的。

第二，本文是在实数域中求出的过程解，而且开根号时只取正号。这样做显然缩小了解集，这意味着省略了解曲线的切换过程和周期解的出现。但是这样做并不失一般性。事实上，将过程解扩展到复数域不存在任何实质性的困难，只是限于篇幅才省去了复数域的讨论。

第三，从形式上看，过程解是比较复杂的——这是可以预料的，如果很简单，那么它早就被经济学者们推导出来了。过程解的复杂形式并不影响其应用价值，事实上，我们可以采用级数法对过程解做近似处理。这一近似处理与原始微分方程的近似处理是大不相同的。前者是结果近似，后者为初始近似。计算方法表明，微分方程的结果近似的误差要比初始近似的误差小得多，因而无论从理论分析还是从实际应用的角度看，这一过程解都是有效的。

参考文献

[1]《列宁全集》第1卷，人民出版社1984年版。

[2] 周方："论两大部类同步增长规律和生产资料优先增长规律存在之充分必要条件"，载于《数量经济技术经济研究》1988年第2期。

[3] 周方："论扩大再生产理论中两条客观规律的数学证明"，载于《系统工程理论与实践》1984年第1期。

[4] 朱殊洋："两大部类生产资料只存在平衡增长规律——对周方教授优先增长条件的考察"，载于《政治经济学报》2016年第7卷。

社会再生产的动态最大投资效果与最高增长率

——基于生产资料优先增长规律的考察*

陶为群**

摘　要　社会再生产的动态最大投资效果与动态最高增长率，是最大投资效果与最高增长率从静态范畴转换到动态范畴的结果。动态最大投资效果、动态最高经济增长率分别是能够持续获得的最大投资效果、最高经济增长率。生产资料优先增长是获得动态最大投资效果与动态最高经济增长率的路径。动态最高经济增长率与动态最大投资效果之间具有确定的关系式。借助《资本论》中的一个举例，计算并验证了给出的主要结论。

关键词　投资效果系数　经济增长率　动态优化 生产资料优先增长　单调函数

一、引言

经济增长以投资为前提，投资效果系数是评价宏观投资效益的综合指标，一般被定义为新增国民收入与当年投资额的比率。刘慧勇（1985）提出，这样定义的投资效果系数，同资金（资本）有机构成、工资利润率（或剩余价值率）的关系密切。工资利润率越高，投资效果系数越大；资本有机构成越高，投资效果系数越小。[①] 钟学义（1986）提出，这样定义的投资效果系数没有考虑时间因素，不妨称之为静态投资效果系数。[②] 新增国民收入意味着经济增长，因此静态投资效果系数和经济增长是同步形成的。陶为群、陶川（2012）提出：对于经典的马克思社会再生产公式而言，在两个部类的不变资本产出率不相同的条件下，可以通过使某一部类取得最高积累率而获得静态全社会最高经济增长率。[③] 陶为群（2015）指出，静态投资效果系数是两个部类的不变资本产出率的加权

* 本文系国家社会科学基金后期资助项目《马克思社会再生产理论深化与拓展的数理分析》（15FJL008）。

** 陶为群，中国人民银行南京分行研究员，主要研究马克思主义经济学、数量经济。

① 刘慧勇："论投资效果系数"，载于《数量经济技术经济研究》1985 年第 3 期。

② 钟学义："论静态投资效果系数"，载于《技术经济》1986 年第 6 期。

③ 陶为群、陶川："马克思经济增长模型中的静态最高与最低增长率"，选自《外国经济学说与中国研究报告（2012）》，社会科学文献出版社 2012 年版。

平均数，可以通过优化全社会投资结构获得静态最优投资效果。①

社会再生产是一个持续不断进行的过程，因此需要将最优经济增长率和投资效果的概念从静态范畴发展到动态范畴。寻求动态最大投资效果和动态最高经济增长率，具有重要的理论意义。鉴于社会再生产要持续不中断进行，只有能够持续获得的最大投资效果、最高经济增长率才具有实际意义，所以这里把动态最大投资效果、动态最高经济增长率分别定义为能够持续获得的最大投资效果、最高经济增长率。动态最大投资效果、动态最高经济增长率必须分别基于对静态投资效果、经济增长率的持续优化而获得，而对静态投资效果、经济增长率的持续优化需要选择恰当的资本积累模式。对于持续进行的社会扩大再生产而言，可以把两大部类资本积累模式划分为不确定型、确定型两类。不确定型的两大部类资本积累模式只要求两大部类完成资本积累，而对于两大部类资本积累的结构没有意向要求，因此不能够形成某种确定的静态投资效果和经济增长率。此类资本积累模式也可以称为一般资本积累模式。确定型的两大部类资本积累模式不但要求两大部类完成资本积累，而且对于两大部类资本积累的结构有明确意向要求，因此能够形成某种确定的静态投资效果和经济增长率。此类资本积累模式也可以称为特定的资本积累模式。具体来讲，两大部类平衡增长、生产资料优先增长、消费资料优先增长都属于确定型的资本积累模式。对于经典的马克思社会再生产公式而言，由于不确定型的资本积累模式不能够形成持续不变的静态投资效果或者经济增长率，所以不可能获得动态最大投资效果或者动态最高经济增长率。平衡增长的资本积累模式会使两个部类之间的比例关系保持固定不变，从而各年度的静态投资效果和经济增长率也都保持固定不变，因此同样不可能获得动态最大投资效果或者动态最高经济增长率。假如采取消费资料优先增长的资本积累模式，持续下去就会使生产资料在社会总产品中的比重逐年降低，可用于扩大再生产的追加生产资料数量就相对越来越少，从而社会扩大再生产就越来越趋向简单再生产，越来越背离“生产生产资料部类的可变资本和剩余价值大于生产消费资料部类的不变资本”这一扩大再生产的前提条件。②所以，消费资料优先增长的资本积累模式也不可能获得动态最大投资效果或者动态最高经济增长率。以上分析说明，只有生产资料优先增长的资本积累模式才有可能获得动态最大投资效果或者动态最高经济增长率。

① 陶为群：“基于《资本论》的社会资本扩大再生产的投资效果与最优投资”，《〈资本论〉研究》第11卷，陕西师范大学出版总社2015年版。

② 程恩富、冯金华、马艳：《现代政治经济学新编（完整版·第二版）》，上海财经大学出版社2012年版，第195~207页。

尽管对于在社会再生产过程中是否需要生产资料优先增长的认识并非一致，但是生产资料优先增长的观点得到比较广泛的认同。吴栋（1990）提出，生产资料优先增长是社会生产发展的客观要求。[①] 裴小革（2013）提出，虽然生产生产资料的部类在社会再生产中占有先行地位，但从长期趋势来看，它的生产却是与生产消费资料的部类的生产以同一程度增加的。[②] 余斌（2014）提出，不仅在技术进步的情况下，生产资料要优先增长，即便没有技术进步，生产资料也可以优先增长。④为了避免含糊，需要明确界定生产资料优先增长的内涵。已有的文献对于这一内涵的一般表述是，生产资料优先增长指在两大部类互相协调的情况下，生产资料的增长速度高于消费资料的增长速度。[③] 这样界定生产资料优先增长的内涵是不够准确和不够完整的。“生产资料优先增长”具有明确的意向性，而生产资料、消费资料的增长速度对比是一个实际结果。一个实际结果不仅取决于意向，还取决于满足意向的条件。所以，界定生产资料优先增长的内涵，需要体现意向与结果的统一性。在有些条件下，尽管已经充分满足了意向，但受到条件的制约就没有达到“生产资料的增长速度高于消费资料的增长速度”的结果。已经有研究结果揭示：两大部类互相协调意味着两大部类的资本积累均衡，从而每个部类相应获得自身的增长速度；每个部类的资本积累（积累率）受到两大部类之间比例的影响和制约，在两大部类之间比例是某些特别值的条件下，即便充分满足生产资料优先增长的意向，使其获得可能取得的最高增长速度，生产资料的增长速度也会不高于甚至低于消费资料的增长速度。[④] 那么对于这样情形，使生产资料获得最高增长速度并且与之匹配地确定消费资料的增长速度，就已经是充分满足生产资料优先增长意向的最好结果，“生产资料优先增长”应当涵盖这样的结果。所以，可以用“使生产资料获得尽可能高的增长速度”界定生产资料优先增长的内涵。这样界定的内涵以充分满足“生产资料优先增长”的意向为前提，涵盖了生产资料的增长速度高于消费资料的增长速度、生产资料获得最高增长速度但仍然不高于消费资料的增长速度两种结果。对于经典的马克思社会再生产公式而言，由于生产生产资料、消费资料的两个部类的资本利润率都是固定不变的，每个部类的增长率只由剩余价值积累率决定，因而一个部类获得尽可能高的增长速度与获得尽可能高的积累率是等价的。鉴于此，为了研究社会扩大再生产的过程清晰起见，这里用“使生产生产资料的部类获得最高积累率”表示“生产资料优先增长”的具

① 吴栋：“生产资料优先增长规律及其数学论证”，载于《数量经济技术经济研究》1990 年第 6 期。

② 裴小革：“马克思社会生产两大部类对比速度问题探析”，载于《学习与探索》2013 年第 5 期。

③ 参见吴栋（1990）、裴小革（2013），以及余斌：“生产资料优先增长与按比例配置资源”，载于《马克思主义研究》2014 年第 6 期。

④ 陶为群：“两大部类扩大再生产的按比例发展定理”，载于《经济数学》2015 年第 2 期。

体含义。

陶为群（2016）提出并证明了“使生产生产资料的部类获得最高积累率”能够使两大部类之间比例收敛到最小值，为推导社会再生产的动态最大投资效果与动态最高增长率提供了路径和结果的启示。①

二、社会再生产的投资及其效果

马克思社会再生产理论集中体现在两大部类社会再生产公式上。按照马克思社会再生产理论，社会生产部门划分成生产生产资料和生产消费资料的两个部类，分别记为第Ⅰ部类和第Ⅱ部类。第j部类（$j=$Ⅰ，Ⅱ，下同）在t年初时点的总资本分解成用于购买生产资料的不变资本、购买劳动力的可变资本两个部分，分别记为$C_j^{(t)}$和$V_j^{(t)}$，$C_j^{(t)}$和$V_j^{(t)}$都是每年周转一次；$V_j^{(t)}$带来剩余价值$M_j^{(t)}$。第j部类产品当中消耗的不变资本对于可变资本的固定不变倍数h_j表示该部类的资本有机构成。剩余价值$M_j^{(t)}$与可变资本$V_j^{(t)}$之间保持固定不变的比率，以e_j表示，是第j部类的剩余价值率。以$Y_j^{(t)}$表示第j部类的新创造价值，是$V_j^{(t)}$与$M_j^{(t)}$之和。每个部类的不变资本与新创造价值之和是总产值。对确定了含义的字母前面加符号Δ表示在当年再生产过程中所形成的增量，以$M_{xj}^{(t)}$表示第j部类企业所有者将本部类的剩余价值中用于个人消费的部分。由于剩余价值$M_j^{(t)}$是形成本部类的新增资本和企业所有者的剩余价值消费的唯一来源，所以有剩余价值使用的行为方程：

$$\Delta C_j^{(t)}+\Delta V_j^{(t)}+M_{x\,j}^{(t)}=M_j^{(t)},\quad j=\text{I},\text{II} \tag{1}$$

扩大再生产是有剩余价值用作资本积累，成为新增不变资本和可变资本。以$\mu_j^{(t)}$表示第j部类的剩余价值积累率，那么$\mu_j^{(t)}$是扩大再生产的决策变量，根据式（1）和每个部类内部总产值的各构成部分之间保持固定不变关系，得到变量替换式：

$$\Delta C_j^{(t)}=M_j^{(t)}\frac{h_j}{1+h_j}\mu_j^{(t)},\quad j=\text{I},\text{II} \tag{2}$$

根据式（1）、式（2），以及生产资料、消费资料的供求均衡条件，能够将社会再生产公式简化成一个两大部类当年资本积累均衡方程：

$$\Delta C_{\text{I}}^{(t)}+\Delta C_{\text{II}}^{(t)}=Y_{\text{I}}^{(t)}-C_{\text{II}}^{(t)} \tag{3}$$

由于每个部类内部各构成部分之间保持固定不变关系，用两大部类新创造价值之间的比例：

---

① 陶为群：“基于利润最大化的两大部类比例收敛及其启示”，选自《政治经济学报》第7卷，社会科学文献出版社2016年版。

$$\varphi^{(t)} = Y_{\text{II}}^{(t)} / Y_{\text{I}}^{(t)} \tag{4}$$

可以总体表示两大部类之间的结构，$\varphi^{(t)}$与资本有机构成、剩余价值率h_j，e_j共同体现了两大部类再生产系统的完整结构。$\varphi^{(t)}$表示了在t年初时点的两大部类比例，并且随着时间t变化，按运筹学的动态规划中的术语称为状态变量。由于总产值增量的各构成部分之间也保持同样的固定不变关系，将式（3）和式（4）代入资本积累均衡方程式（2），得到：

$$\frac{h_{\text{I}}e_{\text{I}}}{(1+h_{\text{I}})(1+e_{\text{I}})}\mu_{\text{I}}^{(t)} + \frac{h_{\text{II}}e_{\text{II}}}{(1+h_{\text{II}})(1+e_{\text{II}})}\varphi^{(t)}\mu_{\text{II}}^{(t)} = 1 - \frac{h_{\text{II}}}{1+e_{\text{II}}}\varphi^{(t)} \tag{5}$$

可以把$\mu_{\text{I}}^{(t)}$作为自由变量，从式（5）解出$\mu_{\text{II}}^{(t)}$：

$$\mu_{\text{II}}^{(t)} = \frac{1+h_{\text{II}}}{e_{\text{II}}}\{\frac{1+e_{\text{II}}}{h_{\text{II}}\varphi^{(t)}}[1 - \frac{h_{\text{I}}e_{\text{I}}}{(1+h_{\text{I}})(1+e_{\text{I}})}\mu_{\text{I}}^{(t)}] - 1\} \tag{6}$$

式（6）表明了两个部类积累率之间的关系。

在社会再生产公式中，全社会新创造价值（产品）（$Y_{\text{I}}^{(t)} + Y_{\text{II}}^{(t)}$）与现代宏观经济模型中的产品$Y^{(t)}$相对应。第Ⅰ部类的新创造产品扣除第Ⅱ部类的物质消耗之后剩余是（$Y_{\text{I}}^{(t)} - C_{\text{II}}^{(t)}$），必须用作两个部类新增不变资本（$\Delta C_{\text{I}}^{(t)} + \Delta C_{\text{II}}^{(t)}$），才能够实现社会扩大再生产。由于两个部类新增不变资本实物形态是作为投资品的生产资料，因此就是净额口径的全社会投资即净投资$I^{(t)}$。第j部类新增不变资本$\Delta C_j^{(t)}$就是该部类的净投资。即：

$$I^{(t)} = Y_{\text{I}}^{(t)} - C_{\text{II}}^{(t)} = \Delta C_{\text{I}}^{(t)} + \Delta C_{\text{II}}^{(t)} \tag{7}$$

投资会给下一年带来新增产品，第j部类新增的产品就是新增的新创造价值$\Delta Y_j^{(t)}$。根据变量替换式（2）以及每个部类内部总产值的各构成部分之间保持固定不变关系，得到：

$$\Delta Y_j^{(t)} = \frac{e_j}{1+h_j}\mu_j^{(t)}Y_j^{(t)}, \quad j = \text{I,II} \tag{8}$$

全社会新增的新创造价值是两个部类新增的新创造价值之和。

$$\Delta Y^{(t)} = \Delta Y_{\text{I}}^{(t)} + \Delta Y_{\text{II}}^{(t)} \tag{9}$$

根据定义，全社会的投资效果系数是$\Delta Y^{(t)}$与净投资$I^{(t)}$之间的比率$\Delta Y^{(t)} / I^{(t)}$。将式（7）、式（8），以及变量$\mu_{\text{II}}^{(t)}$与$\mu_{\text{I}}^{(t)}$的关系式式（6）和两大部类比例$\varphi^{(t)}$的表达式式（4）代入全社会的投资效果系数，得到静态投资效果系数的表达式。

$$\frac{\Delta Y^{(t)}}{I^{(t)}} = \frac{1+e_{\text{II}}}{h_{\text{II}}} + \frac{1}{1-\varphi^{(t)}\frac{h_{\text{II}}}{1+e_{\text{II}}}}[1 - \frac{h_{\text{I}}(1+e_{\text{II}})}{h_{\text{II}}(1+e_{\text{I}})}]\frac{e_{\text{I}}}{1+h_{\text{I}}}\mu_{\text{I}}^{(t)}, \quad t=1, 2, 3, \cdots \tag{10}$$

需要指出，在经典的马克思社会再生产公式里，每个部类产品的价值构成是以价值表示的，而为了实现社会再生产的两大部类之间的产品交换是以价格进行的，所以在公式当中价值可以替代价格使用。这就隐含假定了已经完成了价值向生产价格的转化，也就是假定了马克思《资本论》中的价值转形问题已经获得解决。[①] 这是运用马克思社会再生产公式时都隐含使用的假定。

三、社会再生产的动态最大投资效果和最优投资结构

根据本文引言中的分析，仅有生产资料优先增长的资本积累模式有可能形成动态的最优投资效果与经济增长，所以，现在就以生产资料优先增长的资本积累模式寻求动态最大投资效果和最高经济增长率。根据静态投资效果系数的表达式式（10），第t年的投资效果系数是两大部类比例$\varphi^{(t)}$与积累率$\mu_{\mathrm{I}}^{(t)}$的函数，因此可以通过$\varphi^{(t)}$与$\mu_{\mathrm{I}}^{(t)}$的变动寻求增大各年的静态投资效果系数，从而可能获得动态最大投资效果。

根据式（10），在第Ⅰ部类不变资本产出率不低于第Ⅱ部类即$(1+e_{\mathrm{I}})/h_{\mathrm{I}} \geqslant (1+e_{\mathrm{II}})/h_{\mathrm{II}}$的条件下，投资效果系数是$\varphi^{(t)}$与$\mu_{\mathrm{I}}^{(t)}$的单调增函数，因此当生产资料优先增长，使$\mu_{\mathrm{I}}^{(t)}$取得最高值$\max(\mu_{\mathrm{I}}^{(t)})$，当年就获得最大投资效果$\max(\Delta Y^{(t)}/I^{(t)})$。

$$\max\left(\frac{\Delta Y^{(t)}}{I^{(t)}}\right)=\varphi^{\max}+\frac{1}{1-\varphi^{(t)}/\varphi^{\max}}\left[1-\frac{h_{\mathrm{I}}(1+e_{\mathrm{II}})}{h_{\mathrm{II}}(1+e_{\mathrm{I}})}\right]\frac{e_{\mathrm{I}}}{1+h_{\mathrm{I}}}\max(\mu_{\mathrm{I}}^{(t)})$$

$$\text{当}\frac{1+e_{\mathrm{I}}}{h_{\mathrm{I}}}\geqslant\frac{1+e_{\mathrm{II}}}{h_{\mathrm{II}}},\quad t=1,2,3,\cdots \tag{11}$$

第j部类的资本利润率是剩余价值$M_j^{(t)}$与资本（$C_j^{(t)}+V_j^{(t)}$）之间的比率，是$e_j/(1+h_j)$。陶为群（2015）证明了：对于任何t年，在第Ⅰ部类资本利润率不高于第Ⅱ部类即$e_{\mathrm{I}}/(1+h_{\mathrm{I}})\leqslant e_{\mathrm{II}}/(1+h_{\mathrm{II}})$的条件下，社会扩大再生产持续进行的充分必要条件是：

$$\varphi^{\min}\leqslant\varphi^{(t)}<\varphi^{\max} \tag{12}$$

式（12）中$\varphi^{\min}=\frac{1}{1+e_{\mathrm{I}}}\left(\frac{1+e_{\mathrm{II}}}{h_{\mathrm{II}}}\right)\frac{1+e_{\mathrm{I}}/(1+h_{\mathrm{I}})}{1+e_{\mathrm{II}}/(1+h_{\mathrm{II}})}$，$\varphi^{\max}=\frac{1+e_{\mathrm{II}}}{h_{\mathrm{II}}}$，并且变量$\mu_{\mathrm{I}}^{(t)}$的定义域是：

$$\max\left\{0,\frac{(1+h_{\mathrm{I}})(1+e_{\mathrm{I}})}{h_{\mathrm{I}}e_{\mathrm{I}}}\left[1-\frac{\varphi^{(t)}}{\varphi^{\max}}\left(1+\frac{e_{\mathrm{II}}}{1+h_{\mathrm{II}}}\right)\right]\right\}\leqslant\mu_{\mathrm{I}}^{(t)}\leqslant\min\left\{\frac{(1+h_{\mathrm{I}})(1+e_{\mathrm{I}})}{h_{\mathrm{I}}e_{\mathrm{I}}}\left(1-\frac{\varphi^{(t)}}{\varphi^{\max}}\right),1\right\},\quad \mu_{\mathrm{I}}^{(t)}>0 \tag{13}$$

而在第Ⅰ部类利润率高于第Ⅱ部类即$e_{\mathrm{I}}/(1+h_{\mathrm{I}}) > e_{\mathrm{II}}/(1+h_{\mathrm{II}})$的条件下，社会扩大再生产持续进行的充分必要条件是：

$$\varphi^{**}\leqslant\varphi^{(t)}<\varphi^{\max} \tag{14}$$

① 严金强、马艳：《价值转形理论研究》，上海财经大学出版社 2011 年版，第16~33页。

式（14）中$\varphi^{**}=\dfrac{\varphi^{\max}}{1+e_{\mathrm{II}}/(1+h_{\mathrm{II}})}[1-\dfrac{h_{\mathrm{I}}}{1+e_{\mathrm{I}}}(\dfrac{e_{\mathrm{II}}}{1+h_{\mathrm{II}}})]$，并且决策中的自由变量$\mu_{\mathrm{I}}^{(t)}$的定义域是：

$$\max\left\{0,\frac{(1+h_{\mathrm{I}})(1+e_{\mathrm{I}})}{h_{\mathrm{I}}e_{\mathrm{I}}}[1-\frac{\varphi^{(t)}}{\varphi^{\max}}(1+\frac{e_{\mathrm{II}}}{1+h_{\mathrm{II}}})]\right\}\leqslant\mu_{\mathrm{I}}^{(t)}\leqslant\min\left\{\mu_{\mathrm{I}}{}^{*},\ \frac{(1+h_{\mathrm{I}})(1+e_{\mathrm{I}})}{h_{\mathrm{I}}e_{\mathrm{I}}}(1-\frac{\varphi^{(t)}}{\varphi^{\max}})\right\},\quad \mu_{\mathrm{I}}^{(t)}>0 \tag{15}$$

（15）[①]

陶为群（2015）又根据式（13）和式（15），明确地写出了$\max(\mu_{\mathrm{I}}^{(t)})$的表达式。[②]在第Ⅰ部类资本利润率不高于第Ⅱ部类的条件下，

$$\max(\mu_{\mathrm{I}}^{(t)})=\begin{cases}1 \\ \text{当}\varphi^{\min}\leqslant\varphi^{(t)}\leqslant\dfrac{\varphi^{\max}}{1+e_{\mathrm{I}}}(1+\dfrac{e_{\mathrm{I}}}{1+h_{\mathrm{I}}}) \\ \dfrac{(1+h_{\mathrm{I}})(1+e_{\mathrm{I}})}{h_{\mathrm{I}}e_{\mathrm{I}}}(1-\dfrac{\varphi^{(t)}}{\varphi^{\max}}) \\ \text{当}\dfrac{\varphi^{\max}}{1+e_{\mathrm{I}}}(1+\dfrac{e_{\mathrm{I}}}{1+h_{\mathrm{I}}})\leqslant\varphi^{(t)}<\varphi^{\max}\end{cases}$$

$$\text{当}\frac{e_{\mathrm{I}}}{1+h_{\mathrm{I}}}\leqslant 1+\frac{e_{\mathrm{II}}}{1+h_{\mathrm{II}}} \tag{16}$$

而在第Ⅰ部类利润率高于第Ⅱ部类的条件下，

$$\max(\mu_{\mathrm{I}}^{(t)})=\begin{cases}\mu_{\mathrm{I}}{}^{*} \\ \text{当}\varphi^{**}\leqslant\varphi^{(t)}\leqslant\varphi^{**}(1+\dfrac{e_{\mathrm{II}}}{1+h_{\mathrm{II}}}) \\ \dfrac{(1+h_{\mathrm{I}})(1+e_{\mathrm{I}})}{h_{\mathrm{I}}e_{\mathrm{I}}}(1-\dfrac{\varphi^{(t)}}{\varphi^{\max}}) \\ \text{当}\varphi^{**}(1+\dfrac{e_{\mathrm{II}}}{1+h_{\mathrm{II}}})\leqslant\varphi^{(t)}<\varphi^{\max}\end{cases}$$

$$\text{当}\frac{e_{\mathrm{I}}}{1+h_{\mathrm{I}}}>1+\frac{e_{\mathrm{II}}}{1+h_{\mathrm{II}}} \tag{17}$$

所以，区别第Ⅰ部类利润率不高于、高于第Ⅱ部类两种不同条件，分别用$\max(\mu_{\mathrm{I}}^{(t)})$替换式（11）中的$\mu_{\mathrm{I}}^{(t)}$，就得到静态最大投资效果$\max(\Delta Y^{(t)}/I^{(t)})$的表达式。

$$\max(\frac{\Delta Y^{(t)}}{I^{(t)}})=\begin{cases}\varphi^{\max}+\dfrac{e_{\mathrm{I}}}{1+h_{\mathrm{I}}}[1-\dfrac{h_{\mathrm{I}}(1+e_{\mathrm{II}})}{h_{\mathrm{II}}(1+e_{\mathrm{I}})}]\dfrac{1}{1-\varphi^{(t)}/\varphi^{\max}},\ \text{当}\varphi^{\min}\leqslant\varphi^{(t)}\leqslant\dfrac{\varphi^{\max}}{1+e_{\mathrm{I}}}(1+\dfrac{e_{\mathrm{I}}}{1+h_{\mathrm{I}}}) \\ \dfrac{1+e_{\mathrm{I}}}{h_{\mathrm{I}}},\ \text{当}\dfrac{\varphi^{\max}}{1+e_{\mathrm{I}}}(1+\dfrac{e_{\mathrm{I}}}{1+h_{\mathrm{I}}})\leqslant\varphi^{(t)}<\varphi^{\max}\end{cases}$$

---

① 陶为群："两大部类扩大再生产的按比例发展定理"，载于《经济数学》2015年第2期。

② 陶为群："两大部类持续扩大再生产的优化"，载于《经济数学》2015年第3期。

$$当\frac{e_{\mathrm{I}}}{1+h_{\mathrm{I}}}\leqslant 1+\frac{e_{\mathrm{II}}}{1+h_{\mathrm{II}}}，\ t=1,2,3,\cdots \tag{18}$$

$$\max(\frac{\Delta Y^{(t)}}{I^{(t)}})=\begin{cases}\varphi^{\max}+\frac{e_{\mathrm{II}}}{1+h_{\mathrm{II}}}[1-\frac{h_{\mathrm{I}}(1+e_{\mathrm{II}})}{h_{\mathrm{II}}(1+e_{\mathrm{I}})}]\frac{1}{1-\varphi^{(t)}/\varphi^{\max}}，当\varphi^{**}\leqslant\varphi^{(t)}\leqslant\varphi^{**}(1+\frac{e_{\mathrm{II}}}{1+h_{\mathrm{II}}})\\ \frac{1+e_{\mathrm{I}}}{h_{\mathrm{I}}}，当\varphi^{**}(1+\frac{e_{\mathrm{II}}}{1+h_{\mathrm{II}}})\leqslant\varphi^{(t)}<\varphi^{\max}\end{cases}$$

$$当\frac{e_{\mathrm{I}}}{1+h_{\mathrm{I}}}>1+\frac{e_{\mathrm{II}}}{1+h_{\mathrm{II}}}，\ t=1,2,3,\cdots \tag{19}$$

陶为群（2016）提出并且证明：当生产资料优先增长即“使生产资料的部类获得最高积累率”，则从初始第 1 年的下一年起两大部类比例 $\varphi^{(t+1)}$（t=1,2,3,⋯）形成的数列 $\{\varphi^{(t+1)}\}$ 是单调递减的；并且分别在第Ⅰ部类利润率不高于、高于第Ⅱ部类的条件下，经过 N 年 (N 是由初始两大部类比例 $\varphi^{(1)}$ 所决定的一个自然数)，两大部类比例 $\varphi^{(1+N)}$ 分别缩减成为 $\frac{1+e_{\mathrm{II}}}{h_{\mathrm{II}}(1+e_{\mathrm{I}})}$ 和式（14）中的区间左端点 φ^{**}，并从此保持固定不变。[①] 其经济含义是，生产资料优先增长必然使生产资料占社会总产品的比重不断增大，直到收敛。根据此结果和式（18）与式（19），静态最大投资效果 $\max(\Delta Y^{(t+1)}/I^{(t+1)})$ 形成的数列也是单调递减的并且收敛成为某个常数；该常数是 $\max(\Delta Y^{(t+1)}/I^{(t+1)})$ 的最小值。于是，分别用 $\frac{1+e_{\mathrm{II}}}{h_{\mathrm{II}}(1+e_{\mathrm{I}})}$ 和 φ^{**} 替换式（18）、式（19）当中的两大部类比例 $\varphi^{(t)}$，就得到静态最大投资效果 $\max(\Delta Y^{(t+1)}/I^{(t+1)})$ 的最小值 $\min[\max(\Delta Y^{(t+1)}/I^{(t+1)})]$ 的表达式。

$$\min[\max(\frac{\Delta Y^{(t+1)}}{I^{(t+1)}})]=\begin{cases}\frac{1}{1+h_{\mathrm{I}}}(\frac{1+e_{\mathrm{I}}}{h_{\mathrm{I}}}\times h_{\mathrm{I}}+\frac{1+e_{\mathrm{II}}}{h_{\mathrm{II}}}\times 1)，当\frac{e_{\mathrm{I}}}{1+h_{\mathrm{I}}}\leqslant\frac{e_{\mathrm{II}}}{1+h_{\mathrm{II}}}\\ \frac{1}{1+h_{\mathrm{I}}+e_{\mathrm{I}}}[\frac{1+e_{\mathrm{I}}}{h_{\mathrm{I}}}\times h_{\mathrm{I}}(1+\frac{e_{\mathrm{II}}}{1+h_{\mathrm{II}}})+\frac{1+e_{\mathrm{II}}}{h_{\mathrm{II}}}\times(1+e_{\mathrm{I}}-h_{\mathrm{I}}\frac{e_{\mathrm{II}}}{1+h_{\mathrm{II}}})]\\ 当\frac{e_{\mathrm{I}}}{1+h_{\mathrm{I}}}>\frac{e_{\mathrm{II}}}{1+h_{\mathrm{II}}}\end{cases}$$

$$t=1,2,3,\cdots \tag{20}$$

由生产资料优先增长而获得的最大投资效果的最小值 $\min[\max(\Delta Y^{(t+1)}/I^{(t+1)})]$ 是基于各年取得静态最大投资效果也就是基于“大中取小”原则的动态化结果，并且是能够持续获得的投资效果，所以它是在第Ⅰ部类不变资本产出率不低于第Ⅱ部类的条件下，能够持续获得的最大投资效果，也就是动态最大投资效果。

根据静态投资效果系数的表达式式（10），在第Ⅰ部类不变资本产出率低于第Ⅱ部

① 陶为群：“基于利润最大化的两大部类比例收敛及其启示”，选自《政治经济学报》第 7 卷，社会科学文献出版社 2016 年版。

类即$(1+e_{\rm I})/h_{\rm I}<(1+e_{\rm II})/h_{\rm II}$的条件下，恰好与第Ⅰ部类不变资本产出率不低于第Ⅱ部类的条件下相反，投资效果系数是两大部类比例$\varphi^{(t)}$与积累率$\mu_{\rm I}^{(t)}$的单调减函数。所以在这样的条件下反过来，当生产资料优先增长使$\mu_{\rm I}^{(t)}$取得最高值$\max(\mu_{\rm I}^{(t)})$时，会使从初始第1年的下一年起两大部类比例$\varphi^{(t+1)}$逐年缩减，成为导致静态投资效果系数增大的因素；但是当年却导致静态投资效果系数降低，获得最小静态投资效果。所以，生产资料优先增长对于静态投资效果系数产生既有增大又有降低的双重结果。在第Ⅰ部类不变资本产出率低于第Ⅱ部类的条件下，式（18）和式（19）的右边反过来分别表示在第Ⅰ部类资本利润率不高于、高于第Ⅱ部类的条件下的最小投资效果$\min(\Delta Y^{(t)}/I^{(t)})$。这时候式（18）和式（19）表明：在第Ⅰ部类不变资本产出率低于第Ⅱ部类的条件下，当年最小投资效果是两大部类比例$\varphi^{(t)}$的单调减函数。同样因为，当生产资料优先增长即“使生产生产资料的部类获得最高积累率”，则从初始第1年的下一年起两大部类比例$\varphi^{(t+1)}$（t=1,2,3,…）形成的数列$\{\varphi^{(t+1)}\}$是单调递减的；并且分别在第Ⅰ部类利润率不高于、高于第Ⅱ部类的条件下，经过N年两大部类比例$\varphi^{(t+N)}$分别缩减成为$\frac{1+e_{\rm II}}{h_{\rm II}(1+e_{\rm I})}$和式（14）中的区间左端点$\varphi^{**}$，所以根据式（18）和式（19），各年静态最小投资效果$\min(\Delta Y^{(t+1)}/I^{(t+1)})$形成的数列是单调递增的；并且，随着两大部类比例$\varphi^{(t+1)}$缩减成为最低值而增大到最大值。于是在第Ⅰ部类不变资本产出率低于第Ⅱ部类的条件下，式（20）的右边反过来表示各年静态最小投资效果的最大值$\max[\min(\Delta Y^{(t+1)}/I^{(t+1)})]$。需要指出，虽然静态最小投资效果的最大值和静态最大投资效果的最小值有相同的表达式，但是产生二者的条件是互斥的，所以不可能二者同时存在；并且实际上二者数值也不相同。

在第Ⅰ部类不变资本产出率低于第Ⅱ部类的条件下，静态最小投资效果的最大值是导致静态投资效果系数增大的因素两大部类比例$\varphi^{(t+1)}$发挥最强作用而获得的，是基于“小中取大”原则能够持续获得的最大投资效果。所以，静态最小投资效果的最大值$\max[\min(\Delta Y^{(t+1)}/I^{(t+1)})]$就是在这样的条件下的动态最大投资效果。它的经济含义是：在第Ⅰ部类不变资本产出率低于第Ⅱ部类的条件下，尽管从每个年度单独来看，生产资料优先增长的资本积累模式使当年取得静态最小投资效果，但能够使下一年的两大部类比例$\varphi^{(t+1)}$不断缩减，因而下一年的静态最小投资效果随之逐年提高，直到提高到最大值并从此保持固定不变。

综合以上分析说明：当采取生产资料优先增长的资本积累模式，在第Ⅰ部类不变资本产出率不低于、低于第Ⅱ部类的条件下，能够分别基于“大中取小”“小中取大”原则获得动态最大投资效果；动态最大投资效果由式（20）的右边表示。

需要指出，根据式（10），在第Ⅰ部类不变资本产出率低于第Ⅱ部类即$(1+e_{\text{I}})/h_{\text{I}}<(1+e_{\text{II}})/h_{\text{II}}$的条件下，静态投资效果系数是第Ⅰ部类积累率$\mu_{\text{I}}^{(t)}$的严格单调减函数，当且仅当积累率$\mu_{\text{I}}^{(t)}$取得最低值$\min(\mu_{\text{I}}^{(t)})$时取得静态最大投资效果$\max(\Delta Y^{(t)}/I^{(t)})$。而根据式（6），第Ⅰ部类积累率$\mu_{\text{I}}^{(t)}$与第Ⅱ部类积累率$\mu_{\text{II}}^{(t)}$之间有明确的反函数关系；当积累率$\mu_{\text{I}}^{(t)}$取得最低值$\min(\mu_{\text{I}}^{(t)})$时对应着$\mu_{\text{II}}^{(t)}$取得最高值$\max(\mu_{\text{II}}^{(t)})$，也就是消费资料优先增长。而消费资料优先增长会使两大部类比例$\varphi^{(t+1)}$逐年增大，从而根据式（10）又反过来导致静态最大投资效果$\max(\Delta Y^{(t+1)}/I^{(t+1)})$缩小。前面已经指出：假如消费资料优先增长，持续下去就会越来越背离社会扩大再生产的必要条件，越来越向简单再生产迫近。所以，在第Ⅰ部类不变资本产出率低于第Ⅱ部类的条件下，无法通过消费资料优先增长持续地获得静态最大投资效果$\max(\Delta Y^{(t+1)}/I^{(t+1)})$，也就是无法基于“大中取小”原则获得动态最大投资效果。

由于每个部类内部各构成部分之间保持固定不变关系，静态投资效果系数是两个部类的投资效果系数（不变资本产出率）的加权平均数。即：

$$\frac{\Delta Y^{(t)}}{I^{(t)}}=\frac{\sum_{j=\text{I}}^{\text{II}}\Delta Y_j^{(t)}}{\sum_{j=\text{I}}^{\text{II}}\Delta C_j^{(t)}}=(\frac{1+e_{\text{I}}}{h_{\text{I}}})\frac{\Delta C_{\text{I}}^{(t)}}{\sum_{j=\text{I}}^{\text{II}}\Delta C_j^{(t)}}+(\frac{1+e_{\text{II}}}{h_{\text{II}}})\frac{\Delta C_{\text{II}}^{(t)}}{\sum_{j=\text{I}}^{\text{II}}\Delta C_j^{(t)}} \tag{21}$$

所以，寻求动态最大投资效果也就是将可持续的最大投资效果作为目标函数的投资结构动态优化问题。早已有研究把每个部类的新增不变资本在全社会新增不变资本中所占的比例称为积累比。[①]而获得的动态最大投资效果正是这个投资结构动态优化问题的最优解。因为动态最大投资效果和每个部类的投资效果系数都是已知的常数，所以可以根据动态最大投资效果的表达式式（20），确定最优解中每个部类的投资（新增不变资本）在全社会投资中所占的比例。这样的比例是动态意义上的最优比例或者称为动态最优积累比，也就是动态最优投资结构。

动态最大投资效果的表达式式（20）表明：在第Ⅰ部类资本利润率不高于第Ⅱ部类的条件下，动态最优投资结构是第Ⅰ部类、第Ⅱ部类投资分别占全社会投资的$h_{\text{I}}/(1+h_{\text{I}})$和$1/(1+h_{\text{I}})$比例；在第Ⅰ部类资本利润率高于第Ⅱ部类的条件下，动态最优投资结构是第Ⅰ部类、第Ⅱ部类投资分别占全社会投资的$h_{\text{I}}\times(1+\frac{e_{\text{II}}}{1+h_{\text{II}}})/(1+h_{\text{I}}+e_{\text{I}})$和$(1+e_{\text{I}}-h_{\text{I}}\frac{e_{\text{II}}}{1+h_{\text{II}}})/(1+h_{\text{I}}+e_{\text{I}})$比例。

① 周方：“论两大部类同步增长规律和生产资料优先增长规律存在之充分必要条件”，载于《数量经济技术经济研究》1988年第2期。

四、社会再生产的经济增长率和动态最高经济增长率

根据马克思社会再生产公式，静态全社会经济增长率是：

$$\frac{\Delta Y^{(t)}}{Y^{(t)}}=\frac{\Delta Y_{\mathrm{I}}^{(t)}+\Delta Y_{\mathrm{II}}^{(t)}}{Y_{\mathrm{I}}^{(t)}+Y_{\mathrm{II}}^{(t)}} \quad j=\mathrm{I},\mathrm{II} \tag{22}$$

将式 (8) 和 $\varphi^{(t)}$ 的表达式式 (4) 代入式（21），得到全社会的经济增长率，是两个部类增长率的加权平均数。

$$\frac{\Delta Y^{(t)}}{Y^{(t)}}=\frac{\mu_{\mathrm{I}}^{(t)}e_{\mathrm{I}}/(1+h_{\mathrm{I}})}{1+\varphi^{(t)}}+\varphi^{(t)}\frac{\mu_{\mathrm{II}}^{(t)}e_{\mathrm{II}}/(1+h_{\mathrm{II}})}{1+\varphi^{(t)}} \tag{23}$$

将积累率 $\mu_{\mathrm{II}}^{(t)}$ 与 $\mu_{\mathrm{I}}^{(t)}$ 之间的关系式 (6) 代入式（23），得到全社会的静态经济增长率与第 I 部类积累率 $\mu_{\mathrm{I}}^{(t)}$ 之间的函数关系式：

$$\frac{\Delta Y^{(t)}}{Y^{(t)}}=\frac{1}{1+\varphi^{(t)}}\{1+\frac{1+e_{\mathrm{II}}}{h_{\mathrm{II}}}+[1-\frac{h_{\mathrm{I}}(1+e_{\mathrm{II}})}{h_{\mathrm{II}}(1+e_{\mathrm{I}})}]\frac{e_{\mathrm{I}}}{1+h_{\mathrm{I}}}\mu_{\mathrm{I}}^{(t)}\}-1 \tag{24}$$

根据静态经济增长率的表达式式（24），第 t 年的经济增长率是两大部类比例 $\varphi^{(t)}$ 与积累率 $\mu_{\mathrm{I}}^{(t)}$ 的函数，因此可以通过 $\varphi^{(t)}$ 与 $\mu_{\mathrm{I}}^{(t)}$ 的变动寻求增大各年的经济增长率，从而可能获得动态最高经济增长率。式（24）表明：在第 I 部类不变资本产出率不低于第 II 部类的条件下，静态经济增长率是第 I 部类积累率 $\mu_{\mathrm{I}}^{(t)}$ 的单调增函数；是两大部类比例 $\varphi^{(t)}$ 的单调减函数。因此，当采取生产资料优先增长的资本积累模式，当年取得静态最高经济增长率 $\max(\Delta Y^{(t)}/Y^{(t)})$；又会使从初始第 1 年的下一年起两大部类比例 $\varphi^{(t+1)}$ 逐年缩减，成为导致静态最高经济增长率逐年增大的因素。于是，分别用第 I 部类资本利润率不高于、高于第 II 部类条件下的第 I 部类最高积累率 $\max(\mu_{\mathrm{I}}^{(t)})$ 式（16）和式（17）替换式（24）当中的 $\mu_{\mathrm{I}}^{(t)}$，就得到最高经济增长率 $\max(\Delta Y^{(t)}/Y^{(t)})$ 表达式。

$$\max(\frac{\Delta Y^{(t)}}{Y^{(t)}})=\begin{cases}\frac{1}{1+\varphi^{(t)}}(1+\frac{e_{\mathrm{I}}}{1+h_{\mathrm{I}}})[1+\frac{1+e_{\mathrm{II}}}{h_{\mathrm{II}}(1+e_{\mathrm{I}})}]-1, & 当\varphi^{\min}\leqslant\varphi^{(t)}\leqslant\varphi^{\max}\frac{1}{1+e_{\mathrm{I}}}(1+\frac{e_{\mathrm{I}}}{1+h_{\mathrm{I}}})\\ \frac{1+e_{\mathrm{I}}}{h_{\mathrm{I}}(1+e_{\mathrm{II}})}[\frac{1+h_{\mathrm{II}}+e_{\mathrm{II}}}{1+\varphi^{(t)}}-h_{\mathrm{II}}], & 当\varphi^{\max}\frac{1}{1+e_{\mathrm{I}}}(1+\frac{e_{\mathrm{I}}}{1+h_{\mathrm{I}}})\leqslant\varphi^{(t)}<\varphi^{\max}\end{cases}$$

$$当\frac{e_{\mathrm{I}}}{1+h_{\mathrm{I}}}\leqslant\frac{e_{\mathrm{II}}}{1+h_{\mathrm{II}}} \tag{25}$$

$$\max(\frac{\Delta Y^{(t)}}{Y^{(t)}})=\begin{cases}\frac{1}{1+\varphi^{(t)}}[1+\frac{e_{\mathrm{II}}}{1+h_{\mathrm{II}}}+\varphi^{**}(1+\frac{e_{\mathrm{II}}}{1+h_{\mathrm{II}}})], & 当\varphi^{**}\leqslant\varphi^{(t)}\leqslant\varphi^{**}(1+\frac{e_{\mathrm{II}}}{1+h_{\mathrm{II}}})\\ 1-\frac{h_{\mathrm{II}}(1+e_{\mathrm{I}})}{h_{\mathrm{I}}(1+e_{\mathrm{II}})}+\frac{(1+e_{\mathrm{I}})(1+h_{\mathrm{II}}+e_{\mathrm{II}})}{(1+\varphi^{(t)})h_{\mathrm{I}}(1+e_{\mathrm{II}})}, & 当\varphi^{**}(1+\frac{e_{\mathrm{II}}}{1+h_{\mathrm{II}}})\leqslant\varphi^{(t)}<\varphi^{\max}\end{cases}$$

$$当\frac{e_{\mathrm{I}}}{1+h_{\mathrm{I}}}>\frac{e_{\mathrm{II}}}{1+h_{\mathrm{II}}} \tag{26}$$

使用与在第Ⅰ部类不变资本产出率不低于第Ⅱ部类的条件下获得动态最大投资效果同样的方法和依据，可以获得动态最高经济增长率，它是静态最高经济增长率$\max(\Delta Y^{(t+1)}/Y^{(t+1)})$的最大值$\max[\max(\Delta Y^{(t+1)}/Y^{(t+1)})]$，是基于“大中取大”原则而获得。

$$\max[\max(\frac{\Delta Y^{(t+1)}}{Y^{(t+1)}})]=\begin{cases}\frac{e_{\mathrm{I}}}{1+h_{\mathrm{I}}}, & 当\frac{e_{\mathrm{I}}}{1+h_{\mathrm{I}}}\leqslant\frac{e_{\mathrm{II}}}{1+h_{\mathrm{II}}}\\ \frac{e_{\mathrm{II}}}{1+h_{\mathrm{II}}}, & 当\frac{e_{\mathrm{I}}}{1+h_{\mathrm{I}}}>\frac{e_{\mathrm{II}}}{1+h_{\mathrm{II}}}\end{cases}\quad t=1,2,3,\cdots \tag{27}$$

根据静态经济增长率的表达式式（24），在第Ⅰ部类不变资本产出率低于第Ⅱ部类即$(1+e_{\mathrm{I}})/h_{\mathrm{I}}<(1+e_{\mathrm{II}})/h_{\mathrm{II}}$的条件下，恰好与第Ⅰ部类不变资本产出率不低于第Ⅱ部类的条件相反，静态经济增长率是积累率$\mu_{\mathrm{I}}^{(t)}$的单调减函数。所以在这样的条件下反过来，当$\mu_{\mathrm{I}}^{(t)}$取得最高值$\max(\mu_{\mathrm{I}}^{(t)})$时，获得静态最低经济增长率。从而式（25）和式（26）的右边反过来分别表示在第Ⅰ部类资本利润率不高于、高于第Ⅱ部类的条件下的静态最低经济增长率$\min(\Delta Y^{(t)}/Y^{(t)})$。使用与在第Ⅰ部类不变资本产出率低于第Ⅱ部类的条件下获得动态最大投资效果同样的方法和依据，就可以获得动态最高经济增长率，它是静态最低经济增长率$\min(\Delta Y^{(t+1)}/Y^{(t+1)})$的最大值$\max[\min(\Delta Y^{(t+1)}/Y^{(t+1)})]$，是基于“小中取大”原则而获得。而在此条件下式（27）的右边就表示静态最低经济增长率的最大值。需要指出，虽然静态最低经济增长率的最大值和静态最高经济增长率的最大值有相同的表达式，但是产生二者的条件是互斥的，所以不可能二者同时存在；并且实际上二者数值也不相同。

综合以上分析说明：当采取生产资料优先增长的资本积累模式，在第Ⅰ部类不变资本产出率不低于、低于第Ⅱ部类的条件下，能够分别基于“大中取大”“小中取大”原则获得动态最高经济增长率；动态最高经济增长率由式（27）的右边表示。式（27）与陶为群（2015）证明的最高平衡增长率的表达式完全相同，[①]因而动态最高经济增长率也是社会再生产的最高平衡增长率，这是动态最高经济增长率所具备的一条有特殊意义的优良性质。

① 陶为群：“两大部类再生产平衡增长的充要条件及其应用”，载于《政治经济学报》第5卷，社会科学文献出版社2015年版。

五、社会再生产的动态最大投资效果与动态最高增长率之间的关系

动态最大投资效果与动态最高增长率都是由于采取生产资料优先增长的资本积累模式而获得的结果，并且都是因为两大部类比例收敛成为最低值而获得，因此二者之间应当存在某种确定的关系并且应当同时形成。下面，先运用逻辑关系推导出这种确定的关系具体是怎样的；再使用动态最大投资效果、动态最高增长率的表达式，验证推导出来的确定的关系以及二者同时形成。

经济增长率可以分解为当年投资效果系数与投资占国民收入比例的乘积。

$$\frac{\Delta Y^{(t)}}{Y^{(t)}}=\frac{\Delta Y^{(t)}}{I^{(t)}}\times\frac{I^{(t)}}{Y^{(t)}} \tag{28}$$

前面已经指出$(Y_{\mathrm{I}}^{(t)}-C_{\mathrm{II}}^{(t)})$就是净额国民收入核算中的投资$I^{(t)}$。因而对于第 t 年，投资占国民收入的比例$I^{(t)}/Y^{(t)}$是投资率，它是相对既定的。根据式（7）和两大部类比例$\varphi^{(t)}$的表达式式（4），得到静态投资率表达式：

$$\frac{I^{(t)}}{Y^{(t)}}=\frac{1-\varphi^{(t)}/\varphi^{\max}}{1+\varphi^{(t)}}=\frac{1}{1+e_{\mathrm{II}}}\{\frac{1+h_{\mathrm{II}}+e_{\mathrm{II}}}{1+\varphi^{(t)}}-h_{\mathrm{II}}\} \tag{29}$$

这表明第 t 年全社会投资率$I^{(t)}/Y^{(t)}$是由两个部类的有机构成、剩余价值率和两大部类比例所确定，当年投资率是两大部类比例$\varphi^{(t)}$的单调减函数。

根据前面的解析，当采取生产资料优先增长的资本积累模式，在第Ⅰ部类不变资本产出率不低于第Ⅱ部类的条件下，既使当年获得最大投资效果$\max(\Delta Y^{(t)}/I^{(t)})$，又同时使下一年获得最高经济增长率$\max(\Delta Y^{(t)}/Y^{(t)})$。所以根据式（28）表明的下一年经济增长率与当年投资效果系数之间的关系，按照逻辑关系应当有：

$$\max(\frac{\Delta Y^{(t)}}{Y^{(t)}})=\frac{I^{(t)}}{Y^{(t)}}\times\max(\frac{\Delta Y^{(t)}}{I^{(t)}})\qquad\frac{1+e_{\mathrm{I}}}{h_{\mathrm{I}}}\geqslant\frac{1+e_{\mathrm{II}}}{h_{\mathrm{II}}} \tag{30}$$

前面的解析已经指出：在持续社会再生产过程中，两大部类比例$\varphi^{(t+1)}$形成的数列$\{\varphi^{(t+1)}\}$单调递减，从而随之各年最大投资效果$\max(\Delta Y^{(t+1)}/I^{(t+1)})$、最高经济增长率$\max(\Delta Y^{(t+1)}/Y^{(t+1)})$分别单调递减、单调递增；并且分别随着$\varphi^{(t+1)}$缩减成为最小值而缩减成为最小值、提高到最大值并从此保持固定不变。再根据全社会投资率的表达式式（29），投资率$I^{(t+1)}/Y^{(t+1)}$随着$\varphi^{(t+1)}$缩减成为最小值而达到最高值$\max(I^{(t+1)}/Y^{(t+1)})$。所以，按照逻辑关系和式（30）表明的乘积关系，推导出最高经济增长率的最大值与最大投资效果的最小值之间应当具有确定的关系式：

$$\max[\max(\frac{\Delta Y^{(t+1)}}{Y^{(t+1)}})]=\max(\frac{I^{(t+1)}}{Y^{(t+1)}})\times\min[\max(\frac{\Delta Y^{(t+)}}{I^{(t+1)}})]$$

$$当\frac{1+e_{\mathrm{I}}}{h_{\mathrm{I}}}\geqslant\frac{1+e_{\mathrm{II}}}{h_{\mathrm{II}}}，\ t=1,2,3,\cdots \quad (31)$$

同样道理，当采取生产资料优先增长的资本积累模式，在第Ⅰ部类不变资本产出率低于第Ⅱ部类的条件下，按照逻辑关系应当有：

$$\min(\frac{\Delta Y^{(t)}}{Y^{(t)}})=\frac{I^{(t)}}{Y^{(t)}}\times\min(\frac{\Delta Y^{(t)}}{I^{(t)}}) \quad 当\frac{1+e_{\mathrm{I}}}{h_{\mathrm{I}}}<\frac{1+e_{\mathrm{II}}}{h_{\mathrm{II}}} \quad (32)$$

并推导出最低经济增长率的最大值与最小投资效果的最大值之间应当具有确定的关系式：

$$\max[\min(\frac{\Delta Y^{(t+1)}}{Y^{(t+1)}})]=\max(\frac{I^{(t+1)}}{Y^{(t+1)}})\times\max[\min(\frac{\Delta Y^{(t+)}}{I^{(t+1)}})]$$

$$当\frac{1+e_{\mathrm{I}}}{h_{\mathrm{I}}}<\frac{1+e_{\mathrm{II}}}{h_{\mathrm{II}}}，\ t=1,2,3,\cdots \quad (33)$$

式（31）和式（33）分别是从动态意义上对于式（30）、式（32）的发展；分别表明了在第Ⅰ部类不变资本产出率不低于、低于第Ⅱ部类的条件下，动态最高经济增长率与动态最大投资效果之间具有确定的关系。它们具有共同的经济含义是：

动态最高经济增长率 = 动态最高投资率 × 动态最大投资效果 （34）

现在运用动态最大投资效果的表达式式（20）、动态最高增长率的表达式式（27），以及静态投资率表达式式(29)，证明式（34）成立。因为，当采取生产资料优先增长的资本积累模式，在第Ⅰ部类资本利润率不高于、高于第Ⅱ部类的条件下，两大部类比例 $\varphi^{(t+1)}$（t=1,2,3,⋯）形成的数列在第 1+N 年分别缩减成为 $\frac{1+e_{\mathrm{II}}}{h_{\mathrm{II}}(1+e_{\mathrm{I}})}$ 和 φ^{**}；分别用二者替换式（29）当中的两大部类比例 $\varphi^{(t)}$，就获得动态最高投资率 $\max(I^{(t+1)}/Y^{(t+1)})$ 表达式。

$$\max(\frac{I^{(t+1)}}{Y^{(t+1)}})=\begin{cases}\dfrac{h_{\mathrm{II}}e_{\mathrm{I}}}{h_{\mathrm{II}}e_{\mathrm{I}}+(1+h_{\mathrm{II}}+e_{\mathrm{II}})}，当\dfrac{e_{\mathrm{I}}}{1+h_{\mathrm{I}}}\leqslant\dfrac{e_{\mathrm{II}}}{1+h_{\mathrm{II}}}\\ \dfrac{e_{\mathrm{II}}(1+h_{\mathrm{I}}+e_{\mathrm{I}})}{(1+\varphi^{**})(1+e_{\mathrm{I}})(1+h_{\mathrm{II}}+e_{\mathrm{II}})}，当\dfrac{e_{\mathrm{I}}}{1+h_{\mathrm{I}}}>\dfrac{e_{\mathrm{II}}}{1+h_{\mathrm{II}}}\end{cases} \quad t=1,2,3,\cdots \quad (35)$$

将式（35）与最大投资效果的最小值和最小投资效果的最大值的相同表达式式（20）的右边相乘，正好得到最高经济增长率的最大值和最低经济增长率的最大值相同的表达式式（27）。于是，分别验证了在第Ⅰ部类不变资本产出率不低于、低于第Ⅱ部类的条件下，动态最高经济增长率与动态最大投资效果之间的关系式（34）都成立，并且二者之间的关系式是在第 1+N 年形成。

根据动态最高经济增长率与动态最大投资效果之间的关系式看出：动态最高经济增长率是在投资率达到最高并收敛、并且形成动态最优投资结构情形下的经济增长率。这是动态最高经济增长率所具备的另一条有特殊意义的优良性质。

六、借助《资本论》中举例验证动态最大投资效果与动态最高增长率以及二者关系

下面借助马克思《资本论》第二卷第二十一章中的第一例，验证动态最大投资效果与最高增长率以及二者。此例设定两个部类资本有机构成是 h_{I} =4 倍和 h_{II} =2 倍，剩余价值率是 $e_{\mathrm{I}}=e_{\mathrm{II}}$ =100%。马克思用此例做了连续五年的计算，说明一般情形下两个部类的扩大再生产过程。[①] 此例具有第Ⅰ部类不变资本产出率、资本利润率都低于第Ⅱ部类的条件。根据前面的论述，采取生产资料优先增长的资本积累模式，可以基于“小中取大”原则同时获得动态最大投资效果和动态最高经济增长率。

先验证动态最大投资效果以及最优投资结构。按照前面给出的结论，此例中扩大再生产持续进行的充分必要条件是式（12）并且最高积累率 $\max(\mu_{\mathrm{I}}^{(t)})$ 的表达式是式（16）；两大部类比例 $\varphi^{(t+1)}$ 收敛数值是 $\dfrac{1+e_{\mathrm{II}}}{h_{\mathrm{II}}(1+e_{\mathrm{I}})}$ =0.5；动态最大投资效果是基于各年静态最小投资效果和“小中取大”原则获得的各年静态最小投资效果的最大值 $\max[\min(\Delta Y^{(t+1)}/I^{(t+1)})]$。第 1 年两大部类社会再生产的结构状态变量 $\varphi^{(1)}$ =0.75, 按照原例的计算，是从第 1 年起第Ⅰ部类积累率为 50% 并保持不变，导致从第 2 年起两大部类比例保持不变；从第 2 年起全社会投资效果系数保持为 8.3% 不变。现在改为采取使第Ⅰ部类取得最高积累率的资本积累模式。按照式（16）确定各年 $\mu_{\mathrm{I}}^{(t)}$ 取值，再按照式（6）确定各年 $\mu_{\mathrm{II}}^{(t)}$ 取值；进而按照变量替换式式（2）确定新增不变资本以及可变资本，从而确定各年的社会扩大再生产。基于各年社会扩大再生产的结果，根据定义计算投资效果系数，各年的计算结果列在表 1 中。得到的结果与按照式（18）计算出各年最小投资效果 $\min(\Delta Y^{(t+1)}/I^{(t+1)})$ 完全相同。结果表明：各年投资效果系数逐年提高；到第 4 年两大部类比例缩减成为 $\dfrac{1+e_{\mathrm{II}}}{h_{\mathrm{II}}(1+e_{\mathrm{I}})}$ 并从此保持不变，因而从第 4 年起投资效果系数提高到 60% 并从此保持不变。这个结果与按照式（20）的右边计算出来的最小投资效果的最大值完全相同。在此例中自然数 N=3。计算结果也表明：从第 4 年起第Ⅰ部类、第Ⅱ部类投资（新增不变资本）在全社会投资（新增不变资本）中所占的比例分别成为 $h_{\mathrm{I}}/(1+h_{\mathrm{I}})$ 和 $1/(1+h_{\mathrm{I}})$ 并从此保持不变，这就是动态最优投资结构。

再验证动态最高经济增长率及其与动态最大投资效果之间的关系。按照前面给出的

① 《资本论》第二卷，人民出版社 2004 年版，第 574~579 页。

结论，此例中动态最高经济增长率是基于各年最低经济增长率和“小中取大”原则获得的各年最低经济增长率的最大值 $\max[\min(\Delta Y^{(t+1)}/Y^{(t+1)})]$。根据表 1 中的各年全社会新创造价值计算，与按照式（25）的右边计算出的最低经济增长率 $\min(\Delta Y^{(t+1)}/Y^{(t+1)})$ 结果完全一致。各年经济增长率逐年提高，从第 5 年起经济增长率提高到 20% 并从此保持不变，与按照式（27）的右边计算出的最低经济增长率的最大值完全相同。于是，验证了动态最高增长率表达式式（27）正确。计算结果也表明：全社会投资率（新增不变资本占新创造价值的比重）从第 1 年的 14.3% 起逐年提高，在第 4 年投资率提高到 1/3 并从此保持不变；从第 4 年起，下一年经济增长率是当年投资率与投资效果系数的乘积，满足式（33）；下一年的动态最高增长率与当年的动态最大投资效果是在第 4 年（自然数 N=3）同时形成。

表 1　借助《资本论》中举例验证动态最大投资效果与动态最高增长率

年度 t	部类 j	不变资本 $C_j^{(t)}$	可变资本 $V_j^{(t)}$，剩余价值 $M_j^{(t)}$	新创造价值 $Y_j^{(t)}$	两大部类比例 $\varphi^{(t)}$	剩余价值积累率 $\mu_j^{(t)}$	投资 $\Delta C_j^{(t)}$	投资效果系数 $\frac{\Delta Y^{(t)}}{I^{(t)}}$	经济增长率 $\frac{\Delta Y^{(t-1)}}{Y^{(t-1)}}$
1	全社会	5500	1750	3500	3/4	35.7%	500	50%	--
	Ⅰ部类	4000	1000	2000		62.5%	500		
	Ⅱ部类	1500	750	1500		0	0		
2	全社会	6000	1875	3750	2/3	50%	750	50%	7.14%
	Ⅰ部类	4500	1125	2250		83.3%	750		
	Ⅱ部类	1500	750	1500		0	0		
3	全社会	6750	2062.5	4125	4/7	69.1%	1125	53.33%	10%
	Ⅰ部类	5250	1312.5	2625		100%	1050		
	Ⅱ部类	1500	750	1500		15%	75		
4	全社会	7875	2362.5	4725	1/2	87.7%	1575	60%	14.55%
	Ⅰ部类	6300	1575	3150		100%	1260		
	Ⅱ部类	1575	787.5	1575		60%	315		
5	全社会	9450	2835	5670	1/2	87.7%	1890	60%	20%
	Ⅰ部类	7560	1890	3780		100%	1512		
	Ⅱ部类	1890	945	1890		60%	378		
6	全社会	11340	3402	6804	1/2	87.7%	2268		20%
	Ⅰ部类	9072	2268	4536		100%	1814		
	Ⅱ部类	2268	1134	2268		60%	454		

以上全部研究结果说明：在第Ⅰ部类不变资本产出率不低于、低于第Ⅱ部类的条件下，生产资料优先增长都是获得动态最大投资效果与动态最高经济增长率的路径。动态最高经济增长率具备两条优良的性质。动态最高经济增长率是动态最高投资率与动态最大投资效果的乘积。

产品创新与利润率 *

中谷武　萩原泰治 **
高晨曦　译　孙小雨　校 ***

摘　要　马克思认为利润率因为技术变革而有下降趋势。置盐信雄指出，马克思忽略了引入新技术的利润率标准（profitability criterion）。他证明了新技术的引入将会提高以旧均衡价格测量的利润率，并且如果实际工资篮子保持不变，它同样会提高新均衡价格条件下的利润率（置盐定理）。但是，在他的论证中，技术创新只限于新的生产方法的创新，即工艺创新（process innovation），但是新产品的采用，即产品创新，并没有得到分析。因为产品创新与技术史相关，因此了解这种创新对利润率的最终影响非常重要。本文首先将用最简单的形式介绍置盐定理，并概括围绕该定理的一些争论。接着，我们将探讨引入产品创新时该定理是否依然成立。

关键词　利润率　产品创新　置盐定理

一、置盐定理的简单图解

置盐定理说明，在保持实际工资不变的条件下，若创新发生于基本品部门，那么成本节约型的技术变革一定会提高利润率。假定经济由两部门组成：资本品部门（第一部门）和消费品部门（第二部门）。投入系数的符号如表 1 所示。

表 1　　两部门经济投入系数

两部类	资本品	劳动
资本品	a_1	τ_1
消费品	a_2	τ_2

注：表名为译者添加。投入系数的含义：生产一单位资本品需要投入 a_1 单位的资本品、τ_1 单位的劳动；生产一单位消费品需要投入 a_2 单位的资本品、τ_2 单位的劳动。

---

* 原文出自：Takeshi Nakatani and Taiji Hagiwara，Product Innovation and the Rate of Profit, *Kobe University Economic Review* 43, 1997.

** 中谷武，日本神户大学荣休教授，尾道市立大学校长；萩原泰治，日本神户大学经济学研究生院教授。

*** 高晨曦，日本一桥大学经济学研究科院生；孙小雨，清华大学社科学院经济所，博士研究生。

劳动者每单位的劳动获到 b 单位消费品，则两部门的利润率 r_1 和 r_2 由以下方程决定：

$$p_1=(1+r_1)(a_1p_1+\tau_1bp_2) \quad (1)$$

$$p_2=(1+r_2)(a_2p_1+\tau_2bp_2) \quad (2)$$

我们应当注意，a_1 必须小于 1。如果 $a_1 \geqslant 1$，资本品将不会被再生产出来。如图 1 所示，均衡利润率 r 和均衡相对价格 $p(=p_1/p_2)$ 由线 L_1L_1 和 L_2L_2 相交的点 A 给出。现在，假设第一部门引进了由（a_1'，τ_1'）表示的工艺创新，为了使均衡价格 p 衡量的成本下降，即新技术必须是节约成本型的，那么需要满足：

$$a_1p=\tau_1b > a_1'p+\tau_1'b \quad (3)$$

图 1 表示了这个条件，即旧的 L_1L_1 线向上移动，形成代表新技术条件下利润率的 L_3L_3 曲线。

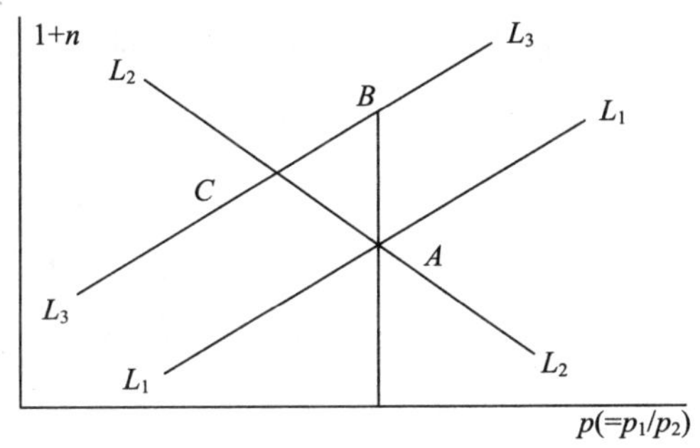

图 1　新技术条件下均衡利润率的形成

显然，由 L_3L_3 和 L_2L_2 相交得到的新均衡条件下的利润率增加，相对价格减少。如果技术创新发生在第二部门，这一结论同样成立。

二、争议的问题

针对该定理的疑惑或质疑可以列举如下：

（1）这一定理毫无意义，因为节约成本的技术变革提高了利润率。

（2）这一定理与马克思的一般利润率趋于下降理论有何联系。

（3）如果考虑耐用资本设备（durable capital equipment）或更一般的联合生产（joint production），该定理是否依然成立。

（4）在现实世界中，我们基于非均衡价格评估新科技。这种情况下，定理是否仍然成立。

（5）资本家在动态环境中进行决策，但他们对价格以及对耐用资本设备经济寿命的预期可能与事实不符。在不确定的动态世界里，这一定理可能不成立。

（6）科技变革往往带来全新的产品。这种情况下，定理可能不成立。

前两个问题涉及定理本身的内涵：它证明了什么以及没有证明什么。剩下的四个问题与定理的稳健性有关：在放松一个或更多原假定的条件下该定理是否依然有效。

我们将依次解决这些问题。

（1）第一个批评宣称置盐定理毫无意义，它忽略了短期利润率（temporal profit rate）和均衡利润率（equilibrium profit rate）的差别。当然，采用新技术显然会提高由旧价格衡量的短期利润率，但当我们考虑由新均衡价格衡量的均衡利润率是否提高时，这一问题的答案并非显而易见。事实上，非基本部门采用的新技术根本不会提高均衡利润率。这意味着置盐定理是有意义的。

（2）置盐定理与马克思的利润率趋于下降理论的逻辑存在关联。马克思指出，资本主义经济中的技术变革倾向于通过提高资本有机构成来抑制利润率的上升。然而，如果我们考虑到技术选择的标准，在实际工资率保持不变时，追求利润最大化的资本家不会采用上述技术变革。但是，置盐定理并未否定马克思主张的可能有效性。如果长期利润率下降，它一定是由实际工资率的上升导致的。这是置盐定理的隐含推论。

（3）置盐定理在考虑耐用资本设备的情况下依然成立（中谷，1978；罗默，1979）。然而，在考虑更一般的联合生产时，萨尔瓦多里（1981）提供了一个反例。如图2所示，他给出了一个有两种产品和两种生产方式的例子，这两种技术的利润率都是相对价格的增函数。

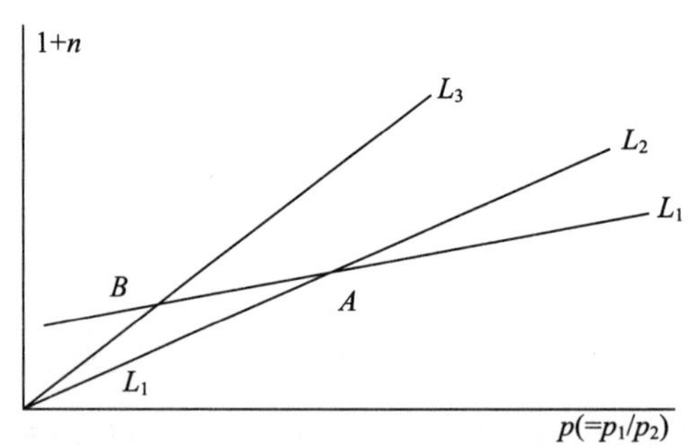

图2　萨尔瓦多里三种科技的利润率

注：图2表示的是三种科技的利润率，其中 L_1 是第一种科技的利润率；L_2 是第二种科技的利润率；L_3 是第三种科技的利润率。萨尔瓦多里（N. Salvadori）是著名的现代“古典”经济学的支持者，所谓的现代“古典”经济学是指通过对竞争性资本主义经济学的长期分析，研究支配积累速度的规律和产出在社会阶级之间进行分配的方式。

在置盐定理中，资本家基于旧均衡价格评估技术。但现实经济并非如此。如果他们基于普遍的非均衡价格选择新技术，新均衡利润率并不必然高于旧均衡利润率。例如，有的技术如果用非均衡价格衡量会降低单位成本，但用均衡价格衡量则增加单位成本。但是，如果部门间的利润率差别在技术变革前后保持不变，即：

$$r_1=\lambda_i r_i(i=2,3\ldots,n)，\lambda is \text{ 是常数} \quad (4)$$

如果基本部门采用成本节约型技术变革，经济中的一切利润率都必定会提高。置盐定理是 $\lambda_1=1$ 的特例。

（4）谢克（1978）、阿尔贝罗和皮尔斯基（1979）争论道，在动态竞争环境中置盐定理并不必然成立。一方面，谢克认为，利润率下降的根源在于企业在持续非均衡过程中采用了新技术，在这个过程中资本家之间战争般的竞争将会导致价格下降；另一方面，阿尔贝罗和皮尔斯基（1979）指出，利润率下降可能是对耐用资本设备经济寿命的预期和现实之间的偏差带来的。这些观点的难点在于这个假设，即预期和现实的偏差在长期持续存在（罗默，1979）。

（5）尽管产品创新在技术史上具有重要地位，但却很少得到研究，至少没有从理论视角进行研究。在这一点上，R. 布瓦耶（1979）表示该定理在产品创新的情况下可能不成立。

三、新资本品

我们讨论的产品创新对利润率的影响，首先假定新产品是资本品，消费品的情况将在下节讨论。为方便理解，我们讨论最简单的情况，并把更一般的情况放在附录。我们假定了方程（1）和方程（2）描述的两部门经济，并假定两部门的利润率因为竞争而相等。将价格除以名义工资率（$qi=pi/w$），用（$\beta=1/(1+r)$）表示 1 加上利润率之和的导数，我们可以得到：

$$\beta q_1=a_1q_1+\tau_1 \quad (5)$$

$$\beta q_2=a_2q_2+\tau_2 \quad (6)$$

$$1=bq_1 \quad (7)$$

我们认为（r, p_1, p_2, w）或（β, q_1, q_2）为旧的价格体系。现在，新资本品（第三部门）出现了。引进新产品需要满足什么条件呢？第一个条件是，生产新产品一定比旧产品更有利可图，否则，没有人敢冒险引进新商品。甚至在新的资本品发明出来之后，它也并不一定被市场接受。新产品必须找到它的市场；如果这一条件不能满足，新产品根本卖不出去，从而第三部门的利润无法实现。换言之，必须存在两种类型的创新者。第一种创新者将新产品引进市场；第二种是先于其他人使用新产品。我们称前者为生产创新者（producer-innovator），称后者用户创新者（user-innovator）。为了使这两种创新者的出现成为可能，有两个条件需要满足。我们假设生产1单位的新产品需要消耗 a_3 单位的旧资本品和 τ_3 单位的劳动。进而，就新产品的需求而言，我们假设生产1单位消费品需要 a_2' 单位的新资本品和 τ_2' 单位的劳动。这样我们得到：

$$\beta q_3 > a_3 q_1 + \tau_3 \tag{8}$$

$$\beta q_2 > a_2' q_3 + \tau_2' \tag{9}$$

前者意味着新产品保证了生产创新者获得额外的利润率 r_3（$>r$），后者意味着在旧的价格体系下用户创新者降低了单位成本。因此，我们称式（8）为新产品的供给条件，式（9）为需求条件。

若式（8）和式（9）同时满足，新产品就会被市场接受。这里，旧资本品仅用于生产新资本品。新均衡利润率 r' 或 β'，以及新价格 qi' 由以下方程决定：

$$\beta' q_1' = a_1 q_1' + \tau_1 \tag{10}$$

$$\beta' q_2' = a_2 q_3' + \tau_2' \tag{11}$$

$$\beta' q_3' = a_3 q_1' + \tau_3 \tag{12}$$

因为实际工资 b 保持不变，我们有

$$1 = b q_z'$$

如下，我们可以轻易证明 $r' > r$ 或 $\beta > \beta'$。

我们假定否命题 $\beta \leqslant \beta'$,。从式（9）、式（11）和 $q_2 = q_2'$ 中，我们有 $q_3' > q_3$，因此我们可以从式（8）和式（12）中得到 $q_1' > q_1$。接着，从式（10）和式（13）中得到，

$$\beta q_1 = a_1 q_1 + \tau_1 \tag{13}$$

我们有

$$(\beta' - a_1)(q_1' - q_1) = (\beta - \beta') q_1 \tag{14}$$

这与 $\beta \leqslant \beta'$ 和 $q_1' > q_1$ 矛盾，因为由式（10）可以推出 $\beta' - a_1 > 0$。因此我们知道 $\beta > \beta'$。

结论1，最终我们的证明必然和置盐（1961）的最初版本一致，因为如果我们用方程（12）消去方程（11）中的 q_3'，新资本品的引进可以被重新解释为消费品的工艺创新。即方程（11）和方程（12）意味着消费品由旧资本品和劳动生产。考虑到这样一种情况，即生产创新者和用户创新者是同一个人或同一家公司，同时创新的采用者都用新生产方式生产。在这种情况中，新产品可能不为公众所知，从而它看上去与生产工艺创新一样。

结论2，在工艺创新的情况中，相关商品支配的劳动量，即单价除以名义工资（p_i/w），在新均衡中必然较旧均衡下降。相反，在产品创新的情况中，却并不必然如此。新产品支配的劳动量可能增加。因为新产品的供给部门和需求部门都有特别利润。若新产

品售以较低的价格，需求部门占有很多特别利润，从而在新均衡中，以劳动衡量的新商品价格一定上涨。

结论 3，新均衡下新商品支配的劳动量可能增加。那么，若价格调整到新均衡价格后，是否存在再转换为旧产品的可能性呢？我们可以证明这是不可能的。若这一再转换发生，我们需要：

$$\beta' q_2' > a_2 q_1' + \tau_2 \tag{15}$$

另一方面，在旧的均衡下，我们有：

$$\beta q_2 = a_2 q_1 + \tau_2 \tag{16}$$

由式（15）和式（16），可得：

$$\beta' q_2' - \beta q_2 > a_2(q_1' - q_1) \tag{17}$$

已知 $q_1' > q_1$ 和 $q_2 = q_2'$，我们可以轻易发现式（17）与 $\beta > \beta'$ 矛盾，因此式（15）不能成立。

四、新消费品

接着，假设新产品是消费品。这里最简单的情况是一个包含两种消费品的经济，第一种是旧消费品；第二种是新消费品。生产每单位的新旧消费品分别只需要 τ_1 和 τ_2 单位劳动，不需要使用资本品。新消费品可以是工资品，也可以为奢侈品。众所周知，当它被归为奢侈品时，均衡利润率根本不会变动。那我们令新消费品为工资品。那么，我们不得不重新考虑置盐（1961）的初始假设，即劳动者的工资篮子不变。

我们应当如何认识这一点呢？假定每单位劳动获得的工资篮子由 b 单位旧商品变为由 b_1 单位旧商品和 b_2 单位新商品构成的工资篮子。如果可以按照旧均衡价格购买新的工资篮子（b_1，b_2），劳动者的显示性偏好为新篮子优于旧篮子，因为他们决定购买新消费品而非旧的。从效用的观点来看，我们可以说工资篮子的这种变动不会降低劳动者的效用。

在新消费品的例子中，我们将要介绍的命题是一个修正版的置盐定理，它用“劳动者效用从不下降的条件”替换了“实际工资率不变的条件”。证明如下。

在旧的均衡条件下，我们有：

$$\beta q_1 = \tau_1 \tag{18}$$

劳动者的预算约束为：

$$1 = b q_1 \tag{19}$$

生产创新者的供给条件可以写作：

$$\beta q_2 > \tau_2 \tag{20}$$

接着，用户创新者的需求条件是劳动者用现行价格购买（b_1，b_2），即：

$$1=b_1q_1+b_2q_2\ (b_2>0) \tag{21}$$

如果工资篮子由旧变新，新均衡价格（q_1'，q_2'）和新均衡利润率β'（$=1/(1+r')$）将由下列方程决定：

$$\beta'q_1'=\tau_1 \tag{22}$$

$$\beta'q_2'=\tau_2 \tag{23}$$

$$1=b_1q_1'+b_2q_2' \tag{24}$$

易证$r'>r$，将方程（20）代入方程（23）的等式两边，我们有：

$$\beta(q_2-q_2')>(\beta'-\beta)q_2' \tag{25}$$

类似地，从方程（18）到方程（22），我们有：

$$\beta(q_1-q_1')>(\beta'-\beta)q_1' \tag{26}$$

机构从式（21）到式（24）：

$$b_1(q_1-q_1')+b_2(q_2-q_2') \tag{27}$$

现在假定$\beta'-\beta\geqslant 0$，从式（25）和式（26）中我们知道$q_2-q_2'>0$和$q_1-q_1'\geqslant 0$，在$b_2>0$下，它与式（27）矛盾，因此，必然有$r'>r$。

结论1，从旧均衡到新均衡时，新消费品支配的劳动量必然下降，除了这种特殊情况即新商品是唯一的工资品。这很显然，因为由式（26）和式（27），我们得到$q_1-q_1'<0$和$q_2-q_2'\geqslant 0$。如果唯一的新商品是工资品（$b_1=0$），新产品q_2'支配的劳动量维持不变。

现行价格的超额利润率r_2^*或β_2^*由下式决定：

$$\beta_2^*q_2=\tau_2 \tag{28}$$

从而由式（23），我们有：

$$\beta>\beta'\geqslant\beta_2^* \text{ 或 } r<r'\leqslant r_2^*$$

现行价格下新均衡利润率低于超额利润率。它仍然高于旧均衡利润率。

结论2，随着新均衡条件下新产品价格下降，在新产品的扩散过程中，旧消费品逐渐被抛弃。即使最初新产品是作为奢侈品引进的，它也可能通过有利于新产品的相对价格变化成为基本品，这将导致劳动者的偏好从旧产品转变为新产品。

五、结论

我们已经表明当把产品创新考虑在内时，置盐定理依然成立。接着，若新产品是消费品，我们修改了原命题，用“在劳动者效用水平从不下降的条件”替换了“实际工资率不变的条件”。

重要的是，新产品的引入可以改变经济中基本品部门的构成。这通过两个阶段得以实现。首先，新产品取代旧的基本资本品或工资品。接着，在扩散过程中，新的非基本品逐渐替代旧产品，变为基本品。第二阶段一般紧随着第一阶段。在这一意义上，我们可以说产品创新引致了生产工艺创新。

附录：一般的例子

本附录将讨论 n 种商品的情况。显然，如果新产品是非基本品，它就不会影响利润率。因此，在接下来的讨论中我们假设新产品是基本品。产品创新有时是同时引入一篮子新产品。但为了简化解释，我们假设只向原来的 n 商品经济中加入 1 个新产品（标记为第 n+1 个商品）。用 $a_{i1}, a_{i2}, \cdots, a_{in}, \tau_i$ 分别表示生产 1 单位第 i 个商品所需的资本品数量和劳动，用 $b_1, b_2, \cdots, b_n$ 表示实际工资篮子，用 $q_i(=p_i/w)$ 表示名义工资率衡量的第 i 个价格，用 r 或 β（$=1/(1+r)$）表示均衡利润率，则我们用以下方程表示旧均衡体系：

$$\beta q_i=\Sigma_{j=1}^{n}a_{ij}q_j+\tau_i \quad \text{(A-1)}$$

$$1=\Sigma_{j=1}^{n}b_jq_j \quad \text{(A-2)}$$

令新产品的生产系数为（$a_{n+11}', a_{n+12} \cdots, a_{n+1n+1}', \tau_{n+1}'$）。新产品的供给条件可以写作

$$\beta q_{n+1} > \Sigma_{j=1}^{n+1}a_{n+1j}'q_j+\tau_{n+1}' \quad \text{(A-3)}$$

（一）新资本品

假定新产品用于第一部门，令新技术为（$a_{11}', a_{12}', \cdots, a_{1n+1}', \tau_1'$）。新产品的需求条件可以写作：

$$\beta q_1 > \Sigma_{j=1}^{n+1}a_{1j}'q_j+\tau_1' \quad \text{(A-4)}$$

这里，价格满足来自于（A-1）的以下条件：

$$\beta q_i=\Sigma_{j=1}^{n}a_{ij}q_j+\tau_i\ (i=2, 3, \cdots, n) \quad \text{(A-5)}$$

新均衡价格 q_i' 和利润率 r' 或 β'（$=1/(1+r')$）由以下方程决定：

$$\beta'q_1' > \Sigma_{j=1}^{n+1}a_{1j}'q_j'+\tau_1' \quad \text{(A-6)}$$

$$\beta'q_1'=\Sigma_{j=1}^{n+1}a_{1j}'q_j'+\tau_1'\ (i=2, 3, \cdots, n)\text{①} \quad \text{(A-7)}$$

$$\beta'q_{n+1}'=\Sigma_{j=1}^{n+1}a_{1j}'q_j'+\tau_{n+1}' \quad \text{(A-8)}$$

$$1=\Sigma_{j=1}^{n}b_jq_j' \quad \text{(A-9)}$$

由式（A-4）和式（A-6），

$$\beta(q_1-q_1') > \Sigma_{j=1}^{n+1}a_{1j}'(q_j-q_j')+(\beta'-\beta)q_1' \quad \text{(A-10)}$$

① 此处原文 q_i' 处没有上标，应为印刷错误。——译者注

由式（A-5）和式（A-7），

$$\beta(q_i-q_i')=\Sigma_{j=1}^{n}a_{ij}'(q_j-q_j')+(\beta'-\beta)\ (i=2, 3, \cdots, n) \quad (A-11)$$

由式（A-3）和式（A-8），

$$\beta(q_{n+1}-q_{n+1}')>\Sigma_{j=1}^{n+1}a_{n+1j}'(q_j-q_j')+(\beta'-\beta)q_{n+1} \quad (A-12)$$

由式（A-2）和式（A-9），

$$\Sigma_{j=1}^{n}(q_j-q_j')=0 \quad (A-13)$$

由式（A-10）到式（A-12）我们可以知道，若假定，$\beta'-\beta\geqslant 0$，$q_i-q_i'>0$（i=1, 2,⋯, n+1）成立，这与式（A-13）矛盾，因此我们有 $\beta'-\beta<0$。

（二）新消费品

这种情况中，需求条件是劳动者按照旧均衡价格购买新产品。

$$1=\Sigma_{j=1}^{n+1}b_jq_j \quad (A-14)$$

新均衡价格由以下方程决定：

$$\beta'q_i'=\Sigma_{j=1}^{n}a_{ij}q_j'+\tau_i \quad (A-15)$$

$$\beta'q_{n+1}'=\Sigma_{j=1}^{n}a_{n+1j}'q_j+\tau_{n+1}' \quad (A-16)$$

$$1=\Sigma_{j=1}^{n}b_jq_j' \quad (A-17)$$

由式（A-1）和式（A-15），

$$\beta(q_i-q_i')=\Sigma_{j=1}^{n}a_{ij}(q_j-q_j')+(\beta'-\beta)q_i'\ (i=2, 3, \cdots, n+1) \quad (A-18)$$

由式（A-3）和式（A-16），

$$\beta(q_{n+1}-q_{n+1}')>\Sigma_{j=1}^{n+1}a_{n+1j}'(q_j-q_j')+(\beta'-\beta)q_{n+1}' \quad (A-19)$$

由式（A-14）和式（A-17），

$$\Sigma_{j=1}^{n+1}b_j(q_j-q_j')=0 \quad (A-20)$$

同理，我们容易发现假设存 $\beta'-\beta\geqslant 0$ 在矛盾。因此可以得到 $\beta'-\beta<0$ 或 $r'-r<0$。

参考文献

［1］Alberro, J. and Persky, J.(1979), “The Simple Analytics of Falling Profit Rates: Okishio Theorem and Fixed Capital” , *The Review of Radical Political Economics*, Vol.11 No.3, pp.37-41.

［2］Boyer, R. (1979), “La crise actuelle: une mise en perspective historique”, Critiques del’economie politique, No.7-8, pp.5-113.

［3］Nakatani, T. (1978), “The Rate of Profit, Real Wages and Technical Change: Considering Durable Equipment”, *The Economic Review*, Vol.29, No.1.（日语）

[4] Okishio, N. (1961), "Technical change and the rate of profit", *Kobe University Economic Review*, No.7, pp.85-99.

[5] Roemer, J. (1978), "The Effect of Technological Change on the Real Wage and Marx's Falling Rate of Profit", *Australian Economic papers*, June, Vol.17, No.30, pp.152-166.

[6] Roemer, J. (1979), "Continuing Controversy on the Falling Rate of Profit: fixed capital and other issues", *Cambridge Journal of Economics*, December, Vol.3, No.4, pp.379-398.

[7] Salvadori, N. (1981), "Falling Rate of Profit with a constant real wage: An example", *Cambridge Journal of Economics*, March, Vol.5, No.1, pp.59-66.

[8] Shaikh, A. (1978), "Political Economy and Capitalism: Notes on Dobb's Theory of Crisis", *Cambridge Journal of Economics*, June, Vol.2, No.2, pp.233-251.

学术评论

超越一元决定论与多元决定论：对历史唯物主义核心思想的第三种解释

——评《历史唯物论与马克思主义经济学》

杨虎涛*

摘　要　孟捷教授的著作《历史唯物论与马克思主义经济学》通过区分生产关系的两重功能，试图对生产力和生产关系的相互关系提出一个新的解释，并在生产力一元决定论和新韦伯主义的多元论之间走出第三条道路。该书的要旨是提出了有机生产方式变迁的理论，一方面重新解释了生产力的归根结底的作用，另一方面也就基础和上层建筑的关系提出了新的看法。孟捷教授的这一大胆尝试具有重要的理论价值，并可为解释当代中国的制度变迁提供方法论的指引。

关键词　历史唯物主义　有机生产方式　国家　马克思主义经济学

历史唯物主义自其提出以来，一直面临着来自马克思主义外部和内部的争论，其争论的核心在于，历史唯物主义在何种意义上是一种生产力一元决定论。虽然在中国，标准教科书对历史唯物主义的解释一直秉承了斯大林在《辩证唯物主义和历史唯物主义》一书中的“决定与反作用”的观点，但中国学者一直未放弃对历史唯物主义的独立思考。在笔者看来，孟捷教授的新著《历史唯物论与马克思主义经济学》（由社会科学文献出版社 2016 年出版），代表了中国学者近年来对历史唯物主义核心思想所做的一个更为系统、也更具创新意义的阐释。该书对于理解生产力与生产关系、经济基础与上层建筑的功能及其相互间关系，对于理解当代中国制度变迁和国家在其中的作用，都具有重要的启发意义和理论价值。

一、《历史唯物论与马克思主义经济学》一书的思想来源

历史唯物主义的核心命题——生产力一元决定论，在马克思主义阵营内部和外部，都是一个长期存在争论的问题。在马克思主义阵营内，从恩格斯到列宁，以及卢卡奇、

*　杨虎涛，中南财经大学经济学院，教授。

布哈林直至科恩和布伦纳等人，都对这一原理的准确内涵、适用性和解释范围进行过深入讨论。在马克思主义阵营外，生产力一元决定论则长期被视为一种“解释性还原论”的代表（G.M.Hodgson，2004）而受到批评。与这种一元决定论相对的，则是以迈克尔·曼等人为代表的新韦伯主义的多元论，该理论认为，不存在具有决定性作用的社会领域（如经济），在历史过程中，经济的、政治的、军事的、意识形态的权力都可能发挥决定性作用，这些权力是相互依赖、彼此转化的（迈克尔·曼，2015）。

一元决定论与多元论的分歧也体现在经济发展与增长主题上。关于技术决定论、制度决定论，以及文化决定论、宗教决定论的种种不同观点，本质上是一元决定论和多元论之间分歧的折射。例如，新制度经济学家诺斯、阿西莫格鲁、罗宾逊等人认为“制度决定经济绩效”（诺斯，2009，Acemoglu, D., Johnson, S., Robinson, J.A., 2001），英格里哈特认为“文化决定经济绩效”，（Inglehart R. 1997），而演化发展经济学家赖纳特、张夏准等人则坚持“产业活动的质量决定经济绩效，进而决定经济制度乃至政治制度”（赖纳特，2010；张夏准，2009）。虽然我们可以用“何种因素发挥决定性作用，取决于特定约束条件”的方式对上述分歧进行调和，但事实上，这种调和就是对新韦伯主义多元论的一种默认。更为重要的是这种调和论既无助于解决历史唯物主义的根本问题，即长期历史发展中生产力和生产关系乃至上层建筑的作用机制是什么？也无法为长期历史发展中各因素的因果关系找到坚实的方法论基础。

《历史唯物论与马克思主义经济学》指出，“马克思主义阵营外对历史唯物主义的评论都是以传统的生产力一元决定论为对象的，这种批评完全忽略了马克思主义内部对历史唯物主义的其他解释。”[①] 这意味着，马克思主义内部对历史唯物主义的其他解释，构成了《历史唯物论与马克思主义经济学》主要的批判性思考和创造性转换的主要思想来源。大致上，我们可以将《历史唯物论与马克思主义经济学》一书的思想来源分为三类。

第一，在方法论层面，对卢卡奇的目的论思想、阿尔都塞的结构因果性思想、毛泽东在《矛盾论》中关于主要矛盾和次要矛盾的论断的借鉴和发展，使《历史唯物论与马克思主义经济学》的主要创新——生产关系的二重功能、有机生产方式及其系列概念——获得了坚实的方法论基础。具体而言，通过对卢卡奇“两种目的论”的再诠释，《历史唯物论与马克思主义经济学》赋予了生产关系双重功能，即促进生产力发展和帮助统治者获得剩余。这种功能的双重性特征，事实上构成了《历史唯物论与马克思主义经济学》一书逻辑体系的枢纽，其后续的两种生产关系、两种剩余的榨取方式等理论，

① 孟捷：《历史唯物论与马克思主义经济学》，社会科学文献出版社 2016 年版，第 79 页。

均建立在这一基础上。而在阿尔都塞的结构因果性思想和《矛盾论》的基础上，《历史唯物论与马克思主义经济学》一书区分了“归根结底起作用的矛盾”和“占主导地位的矛盾”，通过主次矛盾转换的必然性和可能性，《历史唯物论与马克思主义经济学》一书提出了系统因果性，并在此基础上提出了有机生产方式这一包含新的历史过程因果性的概念，根据这种概念，生产力作为历史发展的根本动因，不必一定在“事先”的意义上，也可以在“事后”的意义上体现出来。易言之，导致最初发生变化的因素，不一定是最终起决定性作用的因素。

第二，在具体观点上，张闻天关于生产关系和劳动关系的划分；吴易风和马家驹等学者将生产方式作为生产力和生产关系的中介的观点，巴里巴尔和阿尔都塞对生产方式概念的结构分析；布伦纳从类型学上对两种不同的生产关系的区分；戈德利耶的国家理论及其对传统历史唯物主义对经济基础和上层建筑在制度上的严格界分的批判，构成了《历史唯物论与马克思主义经济学》一书批判性建构和创造性综合的基础。具体而言，在借鉴和吸收张闻天、吴易风、马家驹，以及巴里巴尔、阿尔都塞和布伦纳对生产关系、生产方式的观点的基础上，《历史唯物论与马克思主义经济学》对生产方式的组成及其功能进行了新的界定，将生产方式界定为“以占有剩余为目的”，不仅保留了马克思主义的精髓，也为其分析生产方式变迁的动力机制提供了新的视角。将劳动关系视为生产力和生产关系的“交集”[①]，则为分析生产力和生产关系的相互作用架起了一个有效的桥梁。而戈德利耶的国家理论，及其对经济基础和上层建筑的“制度功能共性”的诠释，则不仅为《历史唯物论与马克思主义经济学》一书进一步“再解释”基础与上层建筑之间的关系，也为其建立制度变迁理论奠定了基础。

除上述之外，《历史唯物论与马克思主义经济学》一书中还涉及了调节学派、社会结构积累学派和新熊彼特学派的相关观点。作为西方马克思主义经济学的现代流派，前两者对于制度形式的调节作用的研究本质上也在生产关系—生产力框架之内，而新熊彼特学派关于技术—经济范式的研究同样也可视为一种生产力—生产关系的分析。需要指出的是，《历史唯物论与马克思主义经济学》一书对历史唯物主义进行“再解释”时，虽然并没有明确强调演化经济学家和演化哲学对其方法论和认识论的影响，然而纵观其分析过程，无论是对新古典的个体主义和静态均衡分析的批判，还是对历史动态分析和整体论思维的强调，以及大量的历史比较分析，都体现出鲜明的演化思想。事实上，《历史唯物论与马克思主义经济学》一书的核心词“有机”和一再强调的“不可逆”

① 孟捷：《历史唯物论与马克思主义经济学》，社会科学文献出版社 2016 年版，第 17 页。

观，就是标准的演化经济学术语，这或许是孟捷教授被冠以“演化的马克思主义”（薛宇峰，2009）的表现之一吧。

二、核心概念的重新界定：从内涵到方法论基础

《历史唯物论与马克思主义经济学》指出，其目的在于一方面要“摆脱传统的生产力一元决定论的束缚”；另一方面要“保留了生产力一元决定论的合理内容的同时，也为兼容历史唯物主义批评者的意见预留了空间”。[①]要实现这一目的，保留传统历史唯物主义的概念是必须的，但如果不对其内涵进行重新诠释，有创新意义的“再解释”就几无可能。

赋予原有概念新的含义，《历史唯物论与马克思主义经济学》一书是从生产方式入手的。作者认为，一方面生产力和生产关系是通过将这二者统摄在内的生产方式这一整体而互相联系的，将生产方式界定为以“占有剩余为目的的生产活动”，生产力的一切变化都必须有利于扩大这一剩余；另一方面，生产关系的改变也要服务于对剩余的更大规模的占有，在此意义上，生产力和生产关系的相互联系是以实现生产方式的这一目的为中介的。[②]正如鲍尔斯指出的那样：“高度关注剩余产品对于政治经济学具有根本的重要性。这种高度关注是政治经济学区别于新古典经济学的主要原因之一。通过剩余产品这个透镜考察社会，政治经济学家能够看到经济制度所具有的历史特殊性，并根据生产和控制剩余产品的方式将一个经济制度与另一个经济制度区别开来”。[③]在这种有目的的整体概念内，生产关系就具有了双重功能，即不仅在于适应和促进生产力的发展，而且在于增加统治阶级获取的剩余。

在确定这一点之后，《历史唯物论与马克思主义经济学》进一步对劳动关系进行了界定。认识到劳动关系的重要性及其与所有关系的区别，并非《历史唯物论与马克思主义经济学》一书的独创，而且，正如作者指出的那样，“把劳动关系和生产的社会关系或所有

① 孟捷：《历史唯物论与马克思主义经济学》，社会科学文献出版社2016年版，第2页。

② 在这一点上，《历史唯物论与马克思主义经济学》采取了不同于吴易风和马家驹的观点，在吴易风和马家驹看来，生产方式作为一种中介是体现出生产力和生产关系的作用与反作用的中间载体，而《历史唯物论与马克思主义经济学》则认为，斯大林的生产方式是生产力和生产关系的统一论与中介论不必对立，重要的是赋予生产方式以功能，从而使其获得与生产力、生产关系关联起来的可能性。与此同时，《历史唯物论与马克思主义经济学》认为，这种划分并没有扭曲马克思关于生产方式的论述，而是还原了马克思本就具有多种含义的生产方式概念，即生产的物质方式、生产的社会方式以及两者的结合。参见孟捷：《历史唯物论与马克思主义经济学》，社会科学文献出版社2016年版，第17页。

③ 鲍尔斯、爱德华兹、罗斯福：《理解资本主义》，孟捷、赵准、徐华译，中国人民大学出版社2010年版，第5页。

关系相区分，这在历史唯物主义研究中是一个重要步骤”[①]。但是，将劳动关系视为生产力和生产关系的交集，则是《历史唯物论与马克思主义经济学》一书的独到处理与创新。作者的依据在于，由于生产力是依循特定的劳动关系对这些要素进行开发、组合和利用的能力，在此意义上，劳动关系也在一定程度上是生产力的一种内嵌的、结构性的组成部分。同样的，由于劳动关系的形成也受着剩余占有关系，即所有关系的制约。因此，在劳动关系中也有表现所有关系、属于所有关系的部分。这样，劳动关系因此而形成生产力和生产关系的“交集”，同时也成为对接生产力和生产关系相互影响的一道桥梁。

无论是生产关系的双重功能，还是将劳动关系视为一种兼具生产力与生产关系双重特征，都需要建立在坚实的方法论基础上。在此，《历史唯物论与马克思主义经济学》一书从卢卡奇的“目的论”中得到了支持。按照卢卡奇的划分，经济领域存在着两种类型的目的论活动，第一种类型是劳动，即人与自然之间的物质变换。这是广义上的抽象的“人”和“物”的关系，目的的设定产生于社会的人的需要；第二种的目的论的活动，则是为了促成第一种目的论设定：“目的设定的对象不再是某种纯自然物，而是一群人的意识；这种目的设定的意图已不再是直接改变一个自然对象，而是促成人们做出一种当然是以自然对象为准的目的论设定”，[②]这是广义上的“人”和“人”的关系。在经济生活中，一切包含协作和分工的社会化生产都要以这种类型的目的论设定为条件。易言之，第一种目的论活动的动力，来自“物质资料的生产是满足人类社会存在和发展的需要”，这是从广义的、集体的、作为“类”意义上的人的目的划分；第二种目的论的动力，则归结为对剩余的占有。

作为第一种目的论的直接劳动，即生产力；作为第二种目的论的协同控制活动，即生产关系；兼具两者功能或两者的交集，即劳动关系。这样，目的论的活动，首先从人类社会共同体意义上具有以满足共同体需要的生产力功能；生产关系的功能，则是为了实现满足共同体需要的功能所需要的内部协调——控制，即针对共同体内部结构内所需要的功能。在这种划分中，劳动关系既是生产力（表现为有组织的集体生产），又是生产关系（表现为生产的组织形式）。生产关系既具有适应生产力的功能，这是就共同体整体而言，同时又必须服务于剩余生产和占有这一目的，实现生产组织和再生产所需的激励。生产关系（包括劳动关系和所有关系）实际上是促成两类目的论活动的制度条件，其中劳动关系横跨两类目的论活动，即在直接劳动和协调——控制活动当中都发挥作用，而所有关系则大体对应于第二种目的论活动，并作为一种权力关系促成和调节这

① 孟捷：《历史唯物论与马克思主义经济学》，社会科学文献出版社 2016 年版，第 7 页。

② 卢卡奇：《关于社会存在的本体论》下卷，白锡堃、张西平、李秋零等译，重庆出版社 1993 年版，第 51 页。

种活动。如此，《历史唯物论与马克思主义经济学》关于生产关系双重功能和劳动关系“交集”的判断，就和卢卡奇的“两类目的论”的活动建立了对应关系。

三、从两种类型的因果关系到有机生产方式变迁

在界定了上述概念之后，《历史唯物论与马克思主义经济学》一书接下来要回答的问题，则是要围绕上述概念之间的因果关系及其相互作用方式进行论述。在生产方式是以“剩余为目的”的前提下，《历史唯物论与马克思主义经济学》区分了生产力和生产关系之间两种类型的因果关系：第一种类型的因果关系遵从由生产力发展到生产关系改变的顺序，即最为直接的生产力决定生产关系；第二种类型的因果关系则遵从了从生产关系的变化到生产力变化的顺序，在这里，生产方式的变革是以生产关系，尤其是所有关系的质变居先，生产力的根本改变居后。

对第二种类型的因果关系的存在及其解释，无疑是旨在完成历史唯物论“再解释”的《历史唯物论与马克思主义经济学》一书的重中之重。作者首先从经济史和经典作家的论述中强调了第二种类型因果关系的客观存在，即在资本主义起源过程中，劳动对资本的形式隶属这一生产关系的一个质变先于生产力的发展。在此基础上，《历史唯物论与马克思主义经济学》进一步考察了科恩对生产力一元决定论的解释。依据生产关系的双重功能原理，作者将科恩的“生产力趋向发展贯穿整个历史”这一发展原理，改写为带有限定条件的“新发展原理”，即“在整个历史中，随着生产关系的变革，生产力有不断发展的趋势”。① 同样依据生产关系双重功能原理，科恩的生产力首要性原理的关键命题之一，即“某一类生产关系的流行，是因为促进了生产力”，就被改写为两个新的命题：（1）某一类生产关系的流行是因为扩大了对剩余的占有，但并不一定促进生产力；（2）某一类生产关系的流行，既促进了生产力，也扩大了对剩余的占有。这两种不同功能的生产关系，分别对应于绝对剩余生产（命题1）和相对剩余生产（命题2）。从理想的类型论上划分，生产关系就可分为两类：生产型生产关系和榨取型生产关系。生产型生产关系在功能上将剩余的增长和生产力的发展结合在一起，而榨取型生产关系则通过纯粹的剥削来实现剩余的增长。

如果两种因果关系的类型都客观存在，那么，在生产力和生产关系之间是否存在“决定”论关系？两种因果关系的类型之间是否存在主导性和非主导性？如果承认第一种类型的因果关系是主导性的，那么“再解释”就仍然回到了生产力一元决定论；如果

① 笔者对此解释是：这一改写，不仅解释了生产力发展的原因，还可以解释生产力得不到发展的原因。同时还避免了科恩的武断——把任何生产力的停滞或倒退都作为非典型情况预先从发展原理中予以排除。

承认第二种类型的因果关系，那么“再解释”无非只是生产关系决定论的翻版。既要避免“调和”论，同时避免“决定和反作用”的传统解释，《历史唯物论与马克思主义经济学》一书就必须寻找到新的方法论基础，更具体地说，需要对历史因果性概念做出不同的解释。从阿尔都塞的结构的因果性概念和毛泽东同志的《矛盾论》[①]中，作者得到了灵感，在区分了“归根结底起作用的矛盾”和“占主导地位的矛盾”，明确了主要矛盾和次要矛盾的区分及其相互转化的基础上，《历史唯物论与马克思主义经济学》一书提出了系统因果性的概念：导致某一系统最初发生改变的原因，并不必然等于这一系统在整体上发生变化的原因；只有后一类原因，才会带来系统的不可逆转化，即造成系统因果性。按照系统因果性概念，《历史唯物论与马克思主义经济学》一书对生产方式的变迁给出如下命题：不管最初造成生产方式变化的原因是什么，也不管在生产方式的变革中一直占据主导地位的因素是什么，只有当这些原因最终导致生产力也发生了根本的变化，生产方式才最终在整体上实现了不可逆的变迁，即“有机生产方式变迁”。

按照系统因果性逻辑，两种类型因果关系类型就无须对立，因为在这里，因果性的考察是以“系统”也即生产方式的不可逆变迁为主体的。导致生产方式（系统）最初发生改变的原因，可以是生产力，也可以是生产关系，包括所有关系和劳动关系，但都不必然等于生产方式这一系统在整体上发生“不可逆”变化的原因。生产方式的变迁可能存在多种情形：既增加了剩余又促进了生产力发展的变迁，增加剩余但并不促进生产力发展的变迁，促进生产力发展但不增加剩余的变迁等。但要以“占有剩余为目的”的生产方式发生“不可逆”的变化，就只有将剩余占有建立在生产力增长的基础上。如果生产方式的变迁不仅是通过生产关系的嬗变而实现的，而且最终显著地提高了生产力水平，那么这一变迁就获得了不可逆性。易言之，有机生产方式的变迁仍然以生产力的根本进步为前提，但在这里，生产力的决定性作用，不仅可以表现在“事前”，也可以表现在“事后”。如果生产关系的调节可以导致“事后”的生产力增长，那么将发生有机变迁，如果生产关系的调节并不导致“事后”的生产力增长，所发生的生产方式变迁就是可逆的，它无法获得“进化稳定性”。至此，生产力一元决定论的合理内核得到了另一种解释：生产力的归根结底的作用不同于在历史过程中的直接决定作用，推动生产方式改变的直接原因可能和生产力的发展无关，但一种生产方式要在整体上实现不可逆的改变，却必须以生产力的发展为最终条件。

---

① 孟捷认为，矛盾论的主要贡献在于，利用主要矛盾和次要矛盾的区分及其相互转化的观点，解释生产力和生产关系、经济基础和上层建筑的相互关系。而孟捷的有机生产方式概念，也是以这一方法论思想为依据的。参见孟捷：《历史唯物论与马克思主义经济学》，社会科学文献出版社 2016 年版，第 48 页。

有机生产方式的提出并不意味着“再解释”的结束，它仍需回答下列问题：第一，有机生产方式的变迁的动力是什么？第二，导致非有机生产方式出现及其维系的原因是什么？就此，《历史唯物论与马克思主义经济学》的解答是，阶级斗争（内部）和国家间竞争（外部）是推动有机生产方式变迁的两类最主要的直接历史动因，这两者又往往相互结合在一起。沿袭有机生产方式这一概念，《历史唯物论与马克思主义经济学》将阶级斗争区分为两种理想类型：直接促进了生产力发展和有机生产方式变迁的阶级斗争，以及对生产力单纯起破坏作用的阶级斗争，前者即“有机阶级斗争”，其特点是，成功地利用了生产力发展所提供的可能性，通过相应的制度变革，使对剩余的增长更多地建立在发展生产力的基础上，从而提高了相对剩余生产在整个生产方式中所占的比重。同样，面对阶级斗争或国家间竞争的压力，一国能创造性地利用和改变既有的制度形式，或者开启一个制度的“创造性毁灭”过程，使相关制度担负起切合生产力发展需要的新的生产关系职能，从而实现有机生产方式变迁，那么这种国家就是“有机国家”。

一旦上升到国家层面，接踵而来的就是经济基础和上层建筑的关系问题。孟捷进一步发展了法国马克思主义者、人类学家戈德利耶的重要观点，即主张基础和上层建筑（经济和政治、市场和国家）的区别，不是两种不同制度的区别，而是功能上的区别。在资本主义以前的社会形态，政治、宗教、血缘都可以在功能上担负生产关系的功能。孟捷较戈德利耶更前进了一步，认为这种解释不仅适用于理解前资本主义社会，而且适用于解释亚当·斯密以来的现代市场经济。破除对上述三对范畴，即经济和政治、基础和上层建筑、市场和国家在制度上的截然两分，不仅为解释当代中国市场经济的发展，乃至为解释近几百年来市场经济的普遍历史，提供了崭新的视角。这一崭新的解释，一方面在方法论上彻底拒绝了自由主义和新自由主义的理论；另一方面也给传统马克思主义理论注入了新的内容。

当然，《历史唯物论与马克思主义经济学》也存在一些不足之处。例如，作者认为，调节学派和社会积累结构学派的学说的严重弱点，即在强调阶级斗争和制度变迁的同时，相对忽略了生产力的因素。这一判断是不恰当的。事实上，调节学派的一个重要概念，工业生产范式，就代表了一种支配技术性、社会性劳动分工的模式，其实质就是对生产力的描述。在调节学派看来，福特制的衰落是制度形式和工业生产范式共同作用的结果，从生产力方面而言，就是福特主义时期以石化能源、汽车、钢铁为代表的工业生产，已经接近规模经济的极限。再如，《历史唯物论与马克思主义经济学》批评诺斯等新制度经济学家制度变迁理论中的成本——收益界定缺乏明确性，制度变迁的成本、收益概念需要体现阶级利益的分野，这一判断是对的。但《历史唯物论与马克思主义经济学》把制度收益界定为“在特定制度下，通过绝对剩余生产和相对剩余生产所带来的并为统治阶级所垄断的全部剩余”[①]，固然远离了他所批评的“中性”而体现出了阶级性，但这仅只考虑了“统治阶级”这一同样缺乏“明确性”主体的收益，而没有揭示出其他制度变迁主体的成本和收益。

尽管如此，作为对历史唯物论这一重大基础命题的探索，《历史唯物论与马克思主义经济学》一书仍堪称一部极具创新性的学术著作。该书通过指明生产关系的二重性，强调生产关系可以独立于生产力而变化的观点，以及将生产力作用区分为“事前”和“事后”的观点，是其“再解释”的重要创新所在。尤其值得强调的是，该书体现出了鲜明的中国视角和中国风格，例如，从历史唯物论视角对中国古代史的再解读，对中国学者如张闻天的重要思想的发掘和阐释，等等。最为重要的是，该书对历史唯物主义的重建，是以解释当代中国制度变迁为着眼点的，正如孟捷自己所说，这一新的解释——对经济决定论的批判和有机生产方式变迁论的提出——旨在为当代中国的制度变迁以及社会主义政治经济学的建立提供一个方法论的指引。书中提出的对经济和政治、基础和上层建筑乃至市场和国家的相互关系的重构，无疑刷新了我们对当代市场经济的认识。我们期待着此书能引发国内学术界的一场热烈的讨论。

参考文献

[1] 诺斯：《经济史上的结构和变革》，厉以平译，商务印书馆 2009 年版。

[2] 赖纳特：《富国为什么富，穷国为什么穷》，杨虎涛等译，中国人民大学出版社 2010 年版。

[3] 张夏准：《富国陷阱：发达国家为何踢开梯子？》，肖炼等译，社会科文献出版社 2009 年版。

[4] 孟捷：《历史唯物主义与马克思主义经济学》，社会科学文献出版社 2016 年版。

[5] 迈克尔 · 曼：《社会权力的来源》，刘北成等译，上海世纪出版集团 2015 年版。

[6] 薛宇峰，《当代中国马克思主义经济学的流派》，载于《经济纵横》2009 年第 1 期，第 31~40 页。

[7] Acemoglu, D., Johnson, S.,Robinson,J.A.,“The Colonial Origins of Comparative Development: An Empirical Investigation”[J]. *American Economic Review*, Vol.91, pp.1369-1401.

[8] Inglehart R.，*Modernization and postmodernization: Cultural, economic, and political change in 43 societies*[M]. Princeton, NJ: Princeton University Press.

[9] G.M.Hodgson.The Evolution of Institutional Economics: Agency, Structure and Darwinism in American Institutionalism[M], The evolution of institutional economics: Routledge, 2004.

① 孟捷：《历史唯物论与马克思主义经济学》，社会科学文献出版社 2016 年版，第 63 页。

历史唯物主义研究中的得与失

——与孟捷教授商榷

赵　磊*

摘　要　生产力与生产关系究竟“谁决定谁”？这个问题在马克思那里已经有了明确的答案。但是，就晚近以来所生发出来的学术分歧而言，如何正确把握马克思给出的答案，恐怕仍然是一个开放性的问题。在《历史唯物论与马克思主义经济学》中，孟捷教授对这个问题做了极有学术创意的重新解读和探索。该书观点不仅令人耳目一新，而且论证过程的思辨性也相当丰富和灵动。针对《历史唯物论与马克思主义经济学》中提出的命题，本文进一步展开了商榷性的讨论：（1）何谓历史唯物主义的本体论；（2）资本主义萌芽何以可能；（3）关系论抑或本体论；（4）生产关系的两类功能与因果关系的两种类型。

关键词　历史唯物主义　生产力　生产关系　本体论　关系论　有机生产方式

孟捷教授的新著《历史唯物论与马克思主义经济学》不仅观点极富启发性，理论逻辑令人耳目一新，论证过程的思辨性也相当丰富和灵动。尤其是孟教授对理论文献把握的广度和深度，给我留下了极为深刻的印象。在我看来，当今国内马克思主义政治经济学界中，能有马克思主义哲学和马克思主义经济学如此深厚功底的学者，实属罕见。按照《历史唯物论与马克思主义经济学》前三章的展开顺序，我认为以下问题值得进一步讨论。

一、何谓历史唯物主义的本体论

正如孟教授在第一章第四节所确认的那样，卢卡奇把“劳动”（实践）视为马克思主义的本体论来加以定义。[①] 在我看来，卢卡奇的这个定义是《历史唯物论与马克思主义经济学》的逻辑出发点，也是一个很有意思的出发点。如果我们抛开卢卡奇这个定义在

---

* 赵磊，西南财经大学《财经科学》编辑部，教授。

① 孟捷：《历史唯物论与马克思主义经济学》，社会科学文献出版社 2016 年版，第 13 页。

“目的论”维度上所隐含的主观意志不论，那么这个定义不仅是对历史唯物主义很到位的追问，而且也与马克思主义的原意基本相符（这个问题，我接下来阐述）。从卢卡奇所定义的本体出发，孟教授展开了对历史唯物主义的重新考察与解读。我们应当充分肯定这种考察和解读的学术贡献。因为生产力和生产关系究竟“谁决定谁”，虽然在马克思那里已经有了明确的答案，但是就其后来生发出来的学术分歧而言，这个问题仍然是一个开放性的问题。所以，进一步讨论是有益的。

关于历史唯物主义的本体论，马克思恩格斯在《德意志意识形态》中做了如下阐述：“我们首先应当确定一切人类生存的第一个前提也就是一切历史的第一个前提，这个前提就是：人们为了能够‘创造历史’，必须能够生活。但是为了生活，首先就需要衣、食、住以及其他东西。因此第一个历史活动就是生产满足这些需要的资料，即生产物质生活本身。同时这也是人们仅仅为了能够生活就必须每日每时都要进行的（现在也和几千年前一样）一种历史活动，即一切历史的一种基本条件”。[①] 在上面的论述中，马克思追问了“人类社会的前提是什么”这样一个属于社会本体论的问题。从“人的生存”出发，马克思强调人的物质生产活动——劳动（人类最基本的社会实践），才是人类生存的“第一个前提”。所谓“第一个前提”，其实也就是“本体”。

虽然马克思并没有明确地把实践定义为人类社会的“本体”，但是在马克思主义的语境中，实践这个范畴就是人类社会的本体论范畴。比如，马克思在《关于费尔巴哈的提纲》中有一句广为人知的名言：“全部社会生活在本质上是实践的。凡是把理论导致神秘主义方面去的神秘东西，都能在人的实践中以及对这个实践的理解中得到合理的解决”。[②] 在这里，马克思把实践作为全部社会生活的“本质”，这里的“本质”其实与“本体”是等价的。马克思对人类社会的终极追问，类似于物理学对宇宙本体的终极追问：“宇宙的最基本要素是什么？”回答：“粒子”是构成宇宙的最基本元素——现在据说已经找到了被称之为“上帝粒子”的“希克斯粒子”。马克思对人类社会的终极追问就是一个本体论的追问：什么是人类社会的本体呢？是人的实践活动，而劳动则是最基本的实践活动。实践是人类社会最基本的元素，到这里就无法再追问下去了。所以，马克思事实上是把实践或劳动作为人类社会的本体来定义的。西方马克思主义的代表人物卢卡奇对此有深刻的共鸣，他说：“劳动作为经济领域的最后的、无法再予分割的要素，乃是

① 《马克思恩格斯全集》第3卷，人民出版社1956年版，第31~32页。

② 马克思：《关于费尔巴哈的提纲》，选自《马克思恩格斯全集》第3卷，人民出版社1956年版，第5页。

基于目的论设定……”。①

有意思的是，《历史唯物论与马克思主义经济学》的论证过程表明，从“劳动”这个本体出发，既可以导出“社会存在决定社会意识”这个历史唯物主义的基本逻辑，也可以导出“社会意识决定社会存在”这个历史唯心主义的基本逻辑。众所周知，在有关历史唯物主义的传统和经典的解读中，前一个逻辑已经得到了比较充分地论证，而后一个逻辑应该属于另类。如果我没有理解错的话，那么在《历史唯物论与马克思主义经济学》中，孟教授的考察和解读其实是在对“后一个逻辑”做出创新性的努力。不论是否给出了限定条件，孟教授的论证事实上推演出了这样一个逻辑：“生产关系（也会）决定生产力”，进而言之：“社会意识（也会）决定社会存在”。按书中的语境理解，这个社会意识属于“目的论”的范畴，即“主观意志”。虽然这“后一个逻辑”与历史唯心主义的逻辑并无本质冲突，但是，与历史唯心主义不同的是，孟教授的出发点是历史唯物主义的本体论——实践（劳动），而不是历史唯心主义的本体论——观念（意识）。这就提出了一个值得讨论的问题：从同一个出发点出发，为什么推演出了不同的逻辑？

二、资本主义萌芽何以可能

在第一章和第二章中，孟教授在众多学者观点的基础上展开分析，以此说明某种生产关系的产生，至少在起点上并不一定是生产力发展的结果。我认为，这个看法是值得商榷的，有很多史实可以为此提供进一步商榷的依据。比如，中国古代很早就出现了资本主义生产关系萌芽（以下简称“萌芽”），但始终未能做大而成气候。问题的关键在于：是什么原因导致了“萌芽”的产生？按孟教授的看法，是“生产目的”——追求利润的主观要求导致了“萌芽”的产生。这个说法尚缺乏说服力：第一，在马克思的逻辑里，“萌芽”的产生，与其说是“生产目的”的结果，不如说是生产力发展的结果。第二，历史事实表明，随着商品经济和货币经济的发展，“萌芽”才随之开始出现（比如明清时期已经出现的工场手工业中的雇佣劳动关系）。第三，商品经济的发展，首先是生产力的发展；生产力的发展，首先并不是质变，而是量变。第四，即便在生产工具尚未出现“革命性”质变的背景下，生产力的量变也是显著的，这种量变表现为：劳动者人数的增加、劳动者技能的提升、劳动产品在质量上和数量上的扩展，以及市场的扩展和深化。用今天的话语说，就是GDP的增长。第五，生产力的量变为生产力的质变积累了条件并积蓄了动能。第六，正是由于生产力的这种量变，才为资本主义生产关系萌

① 卢卡奇：《关于社会存在的本体论》下卷，白锡堃、张西平、李秋零等译，重庆出版社1993年版，第392页。转引自孟捷：《历史唯物论与马克思主义经济学》，社会科学文献出版社2016年版，第13页。

芽的出现提供了必要的物质前提。第七，必须强调，也正是由于生产力的质变没有发生，所以中国古代的萌芽始终未成气候。而英国却因为发生了“机器”这种生产力的质变，才导致萌芽发展成为占统治地位的生产关系（关于“萌芽”产生的条件，可参考中国经济史的文献，这方面的研究成果累累，不赘述）。

马克思的很多论述，可以为生产力量变的重要“意义”提供佐证：“即使劳动方式不变，同时使用较多的工人，也会在劳动过程的物质条件上引起革命。”“在这里，结合劳动的效果要么是个人劳动根本不可能达到的，要么只能在长得多的时间内，或者只能在很小的规模上达到。这里的问题不仅是通过协作提高了个人生产力，而且是创造了一种生产力，这种生产力本身必然是集体力。”“在大多数生产劳动中，单是社会接触就会引起竞争心和特有的精力振奋，从而提高每个人的个人工作效率”。协作所产生的生产力的变化有：“是由于提高劳动的机械力，是由于扩大这种力量在空间上的作用范围，是由于与生产规模相比相对地在空间上缩小生产场所，是由于在紧急时期短时间内动用大量劳动，是由于激发个人的竞争心和集中他们的精力，是由于使许多人的同种作业具有连续性和多面性，是由于同时进行不同的操作，是由于共同使用生产资料而达到节约，是由于使个人劳动具有社会平均劳动的性质，在所有这些情形下，结合工作日的特殊生产力都是劳动的社会生产力或社会劳动的生产力。这种生产力是由协作本身产生的。”[①]

那么生产力的这些量变，对于资本主义萌芽的产生究竟意味着什么呢？对此马克思说：“生产方式的变革，在工场手工业中以劳动力为起点，在大工业中以劳动资料为起点。因此，首先应该研究，劳动资料如何从工具转变为机器”。[②]马克思所说的“以劳动力为起点”的“生产方式变革”，意味着在生产力尚未发生质变的情形下（即劳动资料尚未从工具转变为机器），由于生产力发生了量变（单个劳动力结合成为协作关系），导致生产方式开始出现变革，以及资本主义萌芽产生。所以马克思明确指出：“资本主义生产实际上是在同一个资本同时雇佣较多的工人，因而劳动过程扩大了自己的规模并提供了较大量的产品的时候才开始的。”[③]“就生产方式本身来说，例如初期的工场手工业，除了同一资本同时雇佣的工人较多而外，和行会手工业几乎没有什么区别。行会师傅的作坊只是扩大了而已。”[④]在这里，“较多的工人”“扩大的劳动大规模”“较大量的产品”，难道不就是生产力在发展过程中呈现出来的量变吗？虽然生产力的质变并没有发生，但是生产力的量变已经形成，并正在为进一步的质变积蓄动能。正是生产力的量变，成为

① 《马克思恩格斯全集》第 23 卷，人民出版社 1972 年版，第 360、第 362、第 362~363、第 366 页。

② 《马克思恩格斯全集》23 卷，人民出版社 1972 年版，第 408 页。

③④ 《马克思恩格斯全集》23 卷，人民出版社 1972 年版，第 358 页。

资本主义最初“萌芽”产生的物质前提，也就是马克思所说的：“资本主义最初是在历史上既有的技术条件下使劳动服从自己的，因此，它并没有直接改变生产方式”。[①]

在理解资本主义萌芽的问题上，马克思有一段话尤其值得我们注意：“起初，为了有足够的同时被剥削的工人人数，从而有足够的生产出来的剩余价值数量，以便使雇主本身摆脱体力劳动，由小业主变成资本家，从而使资本关系在形式上建立起来，需要有一定的最低限额的单个资本”。[②] 最低限度的单个资本当然是一种生产关系，这是毫无疑问的——这也正是马克思主义政治经济学与西方经济学的本质区别所在。但是，资本生产关系的物质前提必须是物质的生产能力，这也是毫无疑问的。离开了生产力这个物质前提，资本主义生产关系就什么也不是。正是在本体论的意义上，马克思把生产力的发展看做是“第一性”的要素。也就是说，最低限度的单个资本是资本关系在形式上建立起来的物质前提，没有这个最低限度的资本，资本主义生产关系就建立不起来。这个前提之所以是“物质”的，就在于它绝不是观念的力量、意志的力量、想象的力量。所以马克思说：“起初当资本家的资本一达到开始真正的资本主义生产所需要的最低限额时，他便摆脱体力劳动。”[③] 只有具备了“最低限额”的资本，才能使劳动者摆脱劳动而成为资本家。最低限度的资本来源于生产力的发展和财富的积累，而不是一个“主观目的”就可以搞定的事情。

三、关系论抑或本体论

在《历史唯物论与马克思主义经济学》中，孟教授对科恩的两个核心原理做了十分到位的解读[④]，尤其是对科恩“发展原理”内在逻辑的把握，显示出孟教授极为广阔的文献视野和极为深厚的理论功底。窃以为，就此而言，在国内经济学界或无人能够与之比肩。以我的理解，孟教授针对“发展原理”的问题指向在于：生产力发展的“动机”能否在脱离生产关系的语境下加以说明？这个追问必然引出另一个问题：如果不能，那么生产力发展的动机与生产关系究竟有什么样的关联？当然，正如学界已经存而不论的那样，在马克思的逻辑里，如果“生产力具有内在的发展倾向”[⑤] 已经是一个众所周知的结论的话，那么，有关生产力发展的动机问题，就进一步演化成了里格比所说的普列汉诺

① 《马克思恩格斯全集》第23卷，人民出版社1972年版，第344页。

② 《马克思恩格斯全集》第23卷，人民出版社1972年版，第367页。

③ 《马克思恩格斯全集》第23卷，人民出版社1972年版，第369页。

④ 孟捷：《历史唯物论与马克思主义经济学》，社会科学文献出版社2016年版，第28~29页。

⑤ 孟捷：《历史唯物论与马克思主义经济学》，社会科学文献出版社2016年版，第29页。

夫的问题——“生产的发展为什么会在不同的时间和地点上存在着非常大的不平衡”。[①]

孟教授讨论了科恩对发展原理的论证，并把这个论证提炼为三个命题：其一，人就其特性而言，多少是有理性的；其二，人的历史境遇就是一种稀缺性的境遇；其三，人具有的聪明才智使其有能力改善其境遇。[②]进一步地，孟教授将科恩的命题含义解读为：“历史发展的最终动力是知识的进步”[③]。如此看来，科恩的命题似乎有为主观意志在历史中的地位寻找某种理论依据的嫌疑。我没有读过科恩的原著，如果这就是科恩“发展原理”的学术含义的话，那么这个结论显然与马克思的原意并不相符，至少与马克思的原意有很大距离。众所周知，马克思把社会发展的终极动力归结于实践。然而，马克思的这个实践与科恩的“知识发展”“人类智慧”“个人理性”，显然不是一个层面的概念——尽管它们之间有着内在关联。在马克思看来，实践之所以是一个历史唯物主义的范畴，就在于我们应当把实践理解为客观的“对象性活动”，而绝不能像青年黑格尔派以及费尔巴哈那样，把实践理解为纯粹主观意志的活动（参见马克思恩格斯《德意志意识形态》）。

孟教授认为：“发展原理只解释了生产力发展的趋势，排除了生产力会出现停滞或倒退的情况”[④]，并指认马克思把“后一种趋势”的原因归咎于外部的偶然现象。除去偶然因素以外，在马克思有关“生产关系一定要适应生产力性质”的逻辑中，其实已经包含着这样一个结论：如果生产关系不适应生产力性质，那么生产力的发展就会出现停滞甚至倒退的情况。由此看来，诺斯和托马斯指责马克思“没有意识到生产关系的作用”[⑤]，显然是没有道理的。必须指出，虽然马克思从不否认生产关系的作用，但是，在生产力与生产关系的分析框架内，马克思始终把生产关系的作用定位在“第二性”的层面，而不是“第一性”的层面，也就是孟教授所定义的“第二类相互关系”的层面[⑥]。

在批判了科恩的“发展原理”之后，孟教授的结论是：生产力的发展或停滞趋势不能脱离既定的生产方式[⑦]。在我看来，这个结论与马克思历史唯物主义的逻辑并不矛盾。也就是说，马克思也承认生产力的发展“不能脱离”既定的生产关系。问题在于：“不能脱离生产关系”与“生产关系同样具有决定性作用”是不是一回事情？从“不能脱离生产关系”的论据中，我们能不能推导出“生产关系同样具有决定性作用”这个结论？我要强调的是，在马克思历史唯物主义的语境中，这是不容混淆的两个层面的问题：一个属于“本体论”层面的问题，另一个属于“关系论”层面的问题。换言之，生产力的决

---

①②③ 孟捷：《历史唯物论与马克思主义经济学》，社会科学文献出版社 2016 年版，第 30 页。

④⑤ 孟捷：《历史唯物论与马克思主义经济学》，社会科学文献出版社 2016 年版，第 32 页。

⑥⑦ 孟捷：《历史唯物论与马克思主义经济学》，社会科学文献出版社 2016 年版，第 33 页。

定作用（即所谓“生产力一元决定论”），属于“本体论”层面的问题，是历史唯物主义对“人类社会”所做的本体论追问。而“生产力发展不能脱离生产关系”，则属于“关系论”层面的问题，是历史唯物主义对“生产力与生产关系”所做的相关性分析。须知，A 和 B“谁才是第一性”这个本体论追问，与 A 和 B 具有“何种相关性”这个关系论问题，二者并不抵牾。观照人类社会“第一性”的本体论，并不否定生产方式内部的关系论，反之也一样。只不过二者所要阐述的问题域不同，如此而已。所以，孟教授引用马克思《雇佣劳动和资本》中的话来证明马克思的“失误”①，我以为值得商榷。因为马克思在这里所要强调的，是生产力的“本体论”地位，而不是生产力与生产关系的相互作用。

孟教授举了一个例子：“马克思发现，在古代社会，一些先进技术最早是在军队里得到运用的，而不是运用于生产。这种奇特的现象证明了奴隶制生产方式对于新技术的运用有一种内在的阻碍力量。”② 孟教授以此证明生产关系对生产力也具有“决定作用”，用他的话说：“生产力的发展采取何种具体形式，以及这种发展所具有的限度，是由生产关系的性质决定的”。③ 然而在我看来，与其说这个例子为生产关系的“决定作用”提供了证明，不如说为生产力发展的“本体论”地位提供了证明，因为：（1）“先进的技术最初是在军队里得到运用的”，这个事实说明，尽管是在落后的奴隶制生产关系下，新的生产力技术仍然“产生”了；（2）既然奴隶制生产关系必然会阻碍新技术的“运用”，那么很显然，新技术产生的动因就只能在奴隶制生产关系之外去寻找，而不能在奴隶制生产关系中得到说明；（3）奴隶制生产关系能够阻碍新技术的“运用”，却阻碍不了新技术的“产生”。这个事实说明，从演化的过程来看，生产关系必须适应生产力性质。否则，生产关系就会阻碍生产力的进一步发展。

应当进一步追问：为什么在“阻碍先进技术”的奴隶制生产关系中，先进技术却可以顶风作案，无视生产关系的性质而居然出现了呢？这是“生产关系的决定作用”没法回答的问题。这个问题，只能在马克思关于劳动（或者实践）的本体论中才能给予科学的回答。对此，马克思恩格斯在《德意志意识形态》等论述中，已经有过相当深刻的阐述（见前面的分析），我就不重复了。需要指出，在批判了科恩“发展原理”的有关命题之后，孟教授得出了如下结论：“我们的最终结论是：在整个历史中，随着生产关系的变革，生产力有不断发展的趋势”④。我有条件地接受孟教授的这个结论。如果抛开在

①② 孟捷：《历史唯物论与马克思主义经济学》，社会科学文献出版社 2016 年版，第 33 页。

③ 孟捷：《历史唯物论与马克思主义经济学》，社会科学文献出版社 2016 年版，第 34 页。

④ 孟捷：《历史唯物论与马克思主义经济学》，社会科学文献出版社 2016 年版，第 35 页。

"生产关系决定作用"上的根本分歧不谈，也就是说，在承认生产力的本体论地位的前提下，我认为，对于学界存在的机械理解"生产力决定生产关系"的倾向而言，孟教授的这个结论是有积极意义的。

四、生产关系的两类功能与因果关系的两种类型

在第二章的最后一节，孟教授独具慧眼地指出了这样一种情形：在比较静态分析的框架里，若变量 A 与变量 B 的逻辑关系反过来，即若设 B 为自变量的话，那么生产关系的决定作用也能被证明。这个"反过来"的证明在逻辑上是自洽的。但是，正如作者也承认的那样，问题在于："这一新的发展命题（即"生产关系的性质决定生产力的发展趋势"——引者注）和历史事实之间的符合程度"究竟如何？[①] 即二者在多大程度上一致？因此，与其说这是一个理论思辨问题，不如说这是一个历史实证问题。我要强调的是，历史实证应当是一个连续性的历史，而不是一个断点状的历史。就我有限的历史知识而言，目前人类历史所提供的证据，与其说证明了"生产关系的性质决定生产力的发展趋势"，不如说更能证明"生产力决定生产关系，生产关系反作用于生产力"这个马克思主义基本原理。我的这个观点可参拙文《经济增长的决定因素：制度抑或技术》（载《哲学研究》1997 年第 10 期），这里就不展开了。

孟教授强调：生产关系所具有的"扩大对剩余的攫取与生产力的发展绝非必然是并行不悖的，两者可能相互矛盾。"[②] 这个强调是值得重视的。事实上，两者矛盾的情形在历史上经常呈现出来。但是我以为，这种矛盾现象不仅没有证伪历史唯物主义的逻辑，而且可以在历史唯物主义的逻辑中得到有效解释：当"扩大对剩余的攫取与生产力之间出现了矛盾"，这就说明："扩大对剩余的攫取"这种生产关系正在阻碍生产力的进一步发展。因此，"变革生产关系"的诉求也随之产生并发展起来。顺便指出，孟教授从"沟洫农业""水患""治水"的必要性，引出了"井田制"建立的必然性[③]。我要强调的是，这一事实恰恰证明了生产力的本体论意义："沟洫农业""水患""治水"难道不正是生产力的内容（即劳动对象）么？

从科恩的命题（"某一类生产关系的流行，是因为促进了生产力"）中，孟教授引申出如下命题："（1）某一类生产关系的流行，是因为扩大了对剩余的占有，但并不一定促进生产力；（2）某一类生产关系的流行，既促进了生产力，也扩大了对剩余的占有"。

① 孟捷：《历史唯物论与马克思主义经济学》，社会科学文献出版社 2016 年版，第 39 页。
② 孟捷：《历史唯物论与马克思主义经济学》，社会科学文献出版社 2016 年版，第 41 页。
③ 孟捷：《历史唯物论与马克思主义经济学》，社会科学文献出版社 2016 年版，第 57 页。

孟教授进一步指出："生产关系的这两类功能，显然对应于马克思提到的两种取得剩余价值的方法——绝对剩余价值生产和相对剩余价值生产的方法"。[①] 由此出发，孟捷确认了布伦纳的理论贡献在于：布伦纳在马克思的两种方法的基础上，提出绝对剩余劳动与相对剩余价劳动的区分适用于前资本主义社会。孟教授由此建议，可以明确区分"两类生产关系"[②]。在我看来，对于进一步研究生产力与生产关系之间究竟是如何作用的细节，这个建议无疑是有理论价值的。然而我有必要指出的是：马克思所讲的两种剩余价值生产方法，恰恰是以生产力的发展水平为依据的，并不是一个仅凭主观意志就可以确定的范畴。在科技水平还不够发达的资本主义初期，资本家只能凭借"绝对剩余价值生产方法"来攫取更多的剩余价值。随着科技进步和劳动生产率的提高，"绝对剩余价值生产"的统治地位必然而且事实上已经被"相对剩余价值生产"所取代。主宰这个过程的，并不是"生产关系""主观意志""所有制"这类范畴，而是世俗的、以物质为"本体"的生产力。

在第三章一开始，孟教授着重区分了两种因果论，一种是认识论意义上的因果论，另一种是本体论意义上的因果论，并指出：认识论意义的因果论"导致他（穆勒）最终否定了因果关系的客观性"[③]。这个指认是很有见地的。但是，孟教授把阿尔都塞的"多元决定"归于本体论意义的因果论[④]，则值得商榷。事实上，按孟教授的解读，既然阿尔都塞坚持"各种要素交替占主导地位"的因果论，那么这种因果论就仍然属于认识论意义的因果论，而不是本体论意义的因果论。道理很简单：在阿尔都塞的"多元决定"中，已经没有了"本体"的位置。各种因素轮流坐庄而成为"本体"，"本体论"又何以可能？都是本体，就不存在本体。至于阿尔都塞在何种程度上受到毛泽东《矛盾论》的影响，以及毛泽东是如何理解生产关系的"决定性作用"的，问题的分歧集中在对《矛盾论》的理解上。对于毛泽东的这段论述，我在拙文《经济基础的决定作用与人的主观能动性》（载《天府新论》2012年第6期）中，已经做了分析，不赘述。

在这里我要隆重推荐的是孟教授提出的"系统因果性"概念。孟教授认为，应当区分"初始原因"和"整体原因"——只有后者"才会带来系统的不可逆转"，并由此提出"有机生产方式"的思想[⑤]。我以为这是极富见地的，也是很有创意的。尤其是"将

① 孟捷：《历史唯物论与马克思主义经济学》，社会科学文献出版社2016年版，第57页。
② 孟捷：《历史唯物论与马克思主义经济学》，社会科学文献出版社2016年版，第43页。
③ 孟捷：《历史唯物论与马克思主义经济学》，社会科学文献出版社2016年版，第46页。
④ 孟捷：《历史唯物论与马克思主义经济学》，社会科学文献出版社2016年版，第46~47页。
⑤ 孟捷：《历史唯物论与马克思主义经济学》，社会科学文献出版社2016年版，第49-50页。

不可逆转的历史性作为社会存在的根本原则”的这个观点[①]，我认为是对历史唯物主义决定论极为透彻、精准的把握。对于这种“不可逆转的历史性”，我在拙文《经济基础的决定作用与人的主观能动性》中（载《天府新论》2012年第6期），已经做过肯定性的分析，这里就不展开了。

五、结语

总的来看，除了马克思主义的历史唯物论之外，西方马克思主义的代表性人物卢卡奇，以及制度学派的诺斯等思想大师，是该书的重要思想来源之一。我以为，这或许正是孟教授对历史唯物主义的解读之所以不同于经典马克思主义的重要原因之一吧。然而不论存在何种分歧，在我看来，《历史唯物论与马克思主义经济学》都是一部极具启发性和理论深度的力作。这种启发在书中处处可见，比如，关于生产力是否完全中性概念的质疑，关于生产关系作为生产方式评价标准的必要性，关于成本收益分析具有阶级属性等的讨论[②]，关于有机生产方式的观点，以及关于阶级斗争在促进抑或破坏生产方式变革中的作用[③]，其理论创意都是值得学界重视的。

孟教授正确地看到，在有关生产力决定生产关系的解读上存在的理论分歧，或许造成了如下困境：或是坚持生产力的本体论地位，从而导致“生产力决定论”；或是放弃生产力的本体论地位，从而滑向韦伯式理论的陷阱。[④]《历史唯物论与马克思主义经济学》的要旨，就是想通过引入“有机生产方式变迁”的范畴，来解决这个困惑。这个目标是否实现或有不同争论，但是，这个努力所具有的学术价值和历史意义，我认为是不会被淹没的。

歌德有句名言：“理论是灰色的，生命之树常新”。在我看来，理论未必是灰色的，历史唯物主义常讲常新。而孟捷教授的《历史唯物论与马克思主义经济学》，就是这常讲常新的典范之一。

---

① 孟捷：《历史唯物论与马克思主义经济学》，社会科学文献出版社2016年版，第51页。

② 孟捷：《历史唯物论与马克思主义经济学》，社会科学文献出版社2016年版，第61~62页。

③ 孟捷：《历史唯物论与马克思主义经济学》，社会科学文献出版社2016年版，第62~68页。

④ 孟捷：《历史唯物论与马克思主义经济学》，社会科学文献出版社2016年版，第91页。